U0524437

俄国女皇
叶卡捷琳娜二世传

赫连飞飞　著

广东人民出版社
·广州·

图书在版编目（CIP）数据

俄国女皇：叶卡捷琳娜二世传 / 赫连飞飞著. — 2版. — 广州：广东人民出版社，2024.4
ISBN 978-7-218-17357-3

Ⅰ.①俄… Ⅱ.①赫… Ⅲ.①叶卡德琳娜二世（1729—1796）—传记 Ⅳ.①K835.127=41

中国国家版本馆CIP数据核字（2024）第011480号

EGUO NüHUANG: YEKAJIELINNA ERSHI ZHUAN

俄国女皇：叶卡捷琳娜二世传

赫连飞飞　著

版权所有　翻印必究

出 版 人：肖风华

责任编辑：朱东岳　范先鋆
责任技编：吴彦斌　马　健

出版发行：广东人民出版社
地　　址：广州市越秀区大沙头四马路10号（邮政编码：510199）
电　　话：（020）85716809（总编室）
传　　真：（020）83289585
网　　址：http://www.gdpph.com
印　　刷：天津丰富彩艺印刷有限公司
开　　本：880毫米 × 1230毫米　1/32
印　　张：12　　字　　数：258千
版　　次：2021年9月第1版　2024年4月第2版
印　　次：2024年4月第1次印刷
定　　价：68.00元

如发现印装质量问题，影响阅读，请与出版社（020-87712513）联系调换。
售书热线：（020）87717307

序　言

"那个时候，在我们伟大女皇的麾下，快乐的俄国曾戴着荣誉的冠冕，就像花儿盛开在寂静之中！俄国人在这里，踏出的每一步，都能够引起那些往昔的回忆……"对俄国人来说，几乎没有人不热爱他们这位令人骄傲的女皇——叶卡捷琳娜大帝，以及她所开创的那个朝气蓬勃、荣耀无比的时代。正如俄国著名诗人普希金在这首《皇村回忆》中描述的那样，那个时代至今仍然令人追忆。

那是距今200多年的18世纪的沙皇俄国时期，是俄国第二个，也是最后一个王朝——罗曼诺夫王朝的天下。这是俄国历史上的黄金时代。这段光辉岁月由被视为"俄罗斯帝国之父""俄国近代化之父"的彼得大帝开启。遗憾的是，彼得大帝没有留下可以继承他辉煌统治的血脉。幸运的是，彼得大帝的外孙媳——一位来自德意志的小公主经过百转千回的坎坷，继承了他的伟大事业，引领俄罗斯帝国再创辉煌。她就是俄国历史上与彼得大帝齐名的女皇——叶卡捷琳娜大帝。

叶卡捷琳娜大帝即叶卡捷琳娜二世，本是一位来自德意志普通贵族之家的小公主。相貌平平的她在14岁那年远嫁俄国，成为罗曼诺夫王朝的皇储彼得大公的妻子。她的出身并不显赫，但却凭借自己坚韧不拔的精神和不懈的努力在举目无亲的异国他乡登上皇位。成为女皇的她依然奋斗不息，用实际行动为自己赢得了"大帝"的称号，成为整个俄国历史上唯一一位与彼得大帝齐名的统治者，也是仅有的一名被冠以"大帝"称号的女皇。叶卡捷琳娜大帝精彩的奋斗史十分值得被今人借鉴。最难能可贵的是，历经磨难的她在拥有九五之尊的身份后依然保持着开明和理智，不滥用权力，不滥杀无辜，用爱和克制获得了俄国人民的敬仰。当今俄国总统普京将叶卡捷琳娜大帝视为偶像，在即位之初，他曾经说过："给我20年，还你一个强大的俄国！"普京总统的这番豪言壮语与叶卡捷琳娜大帝那句气壮山河的"给我200年，整个欧洲都会匍匐在我的脚下！"有着异曲同工之妙。

叶卡捷琳娜大帝统治俄罗斯帝国34年之久。在她成长为一名杰出统治者的背后，可以看到那个时代的俄罗斯帝国迸发出的最为独特的魅力——博大恢宏的气势和坚定昂扬的进取精神。虽然在俄国历史上，女性处于弱势地位，但相比我国古代来说，叶卡捷琳娜大帝作为一名女性在登基时遇到的阻力要小得多。在她之前，罗曼诺夫王朝已经产生过三位女皇。但她们在叶卡捷琳娜大帝耀眼的光环下显得微不足道。在叶卡捷琳娜大帝的统治下，俄国获得了两次对奥斯曼土耳其帝国的军事胜利，国家南部来自奥斯曼土耳其的威胁被解除；克里米亚被俄国收入囊中；俄国如愿以偿地建立了一支与波罗的海舰队相媲美的黑海舰队，获得了黑海霸权；三次瓜分波兰之后，俄国获得了波兰最多的土地。在她统治期间，俄罗斯帝国实现了16世纪中叶以来最大的领土扩张。普希金的诗中继续写道："叶卡捷琳娜大帝的友人和亲信，世世代代把你们传颂。哦，战争轰鸣的时代，俄国的荣誉的证人。你看见了奥尔洛夫、鲁缅采夫、苏沃洛夫。斯拉夫的雄赳赳的子孙，怎样用宙斯的雷攫取了战场的胜利。全世界都为他们的勇敢业绩所震惊！"这些围绕在叶卡捷琳娜大帝身旁的璀璨群星，还有他们创造的赫赫战绩是俄国人心中至今无法抹去的记忆。但叶卡捷琳娜大帝绝不仅仅是一个简单粗暴的版图扩张者，她还奉行开明君主专制，将启蒙思想引进落后的俄国，开启了俄国通往西欧文明世界的大门。当时的法国著名启蒙思想家伏尔泰是她忠实的吹捧者和崇拜者，狄德罗也不辞辛苦地为她效劳。为了改变俄国带给世人的野蛮落后形象，女皇在俄国这块贫瘠的土壤上推行了轰轰烈烈的立法运动；在那个天花病毒横行的时代，女皇顶住巨大的舆论压力率先接种天花疫苗，成为人类历史上第一个接种天花疫苗的封建君主，由此大大改变了欧洲人对俄国的看法。除了文治武功之外，女皇在爱情方面也有自己独到的见解，她那丰富多彩的情史为后人津津乐道。如果说彼得大帝赋予了俄国"欧化"的躯干，那么叶卡捷琳娜大帝注入俄国人体内的则是文明的灵魂。

叶卡捷琳娜大帝在世的18世纪是欧洲近现代史中最精彩的一个时期。那个时期，启蒙思想大放异彩，各国君主迎合时代的潮流推行开明君主专制，尤其以俄国的叶卡捷琳娜二世、普鲁士的腓特烈二世以及奥地利的约瑟夫二世最为突出。这三位君主领导下的三国开启了一场接一场的军事、经济、外交竞赛，其精彩程度不亚于我国的三国时期。

本书立足于 18 世纪欧洲的历史舞台，以叶卡捷琳娜大帝的一生为主线，讲述的内容不仅包括她的感情以及个人生活，还包含了当时欧洲各国的外交关系、对外战争、宫廷事件、启蒙思想以及建筑、文化等各方面。让读者通过阅读本书收获一些历史知识，同时达到愉悦身心的目的。拿破仑·波拿巴说过："阅读伟人的传记，会让人觉得自己也可以成为伟人。"如果本书可以引发大家对历史的思考，或者对正在奋斗的人们起到一些激励作用，那笔者将感到荣幸之至。

赫连飞飞
2021 年 3 月 28 日于家中书

目录

001　第一篇　童年时代

025　第二篇　初入俄国

053　第三篇　欲戴王冠　必承其重

085　第四篇　登顶之路

159　第五篇　天下易主

189　第六篇　稳坐江山

271　第七篇　黄金时代

343　第八篇　最后的时光

367　后　记

Екатерина II Алексеевна

第一篇
童年时代

菲琪来临

在距离中国遥远的西方，一个叫作安哈尔特 – 泽布斯特公国（现今德国萨克森 – 安哈尔特州下辖的一个地区）的地方，亲王克里斯蒂安·奥古斯都家的大女儿，也是他的第一个孩子，诞生了。

那是1729年4月21日的凌晨。亲王与妻子约翰娜·伊丽莎白一起为这个女婴取了一个名字，叫作索菲亚·奥古斯塔·弗雷德里卡。重男轻女的思想在这片土地上非常严重。索菲亚的母亲一心一意只想生个儿子，在承受了分娩之痛后，她发现生出来的竟然是个女儿，当场就对这个婴儿大失所望。她拒绝抱这个孩子，甚至不肯给她喂一口奶，就直接把她丢给了佣人和奶妈。好在索菲亚的爸爸奥古斯都亲王不像他的妻子那么失落。年近四十的亲王，面对这个可爱的小生命，他的脸上和内心都充满了慈爱。

索菲亚出生一年以后，奥古斯都亲王一家的好运就来临了。亲王被提拔为斯德丁镇（今波兰西北部的什切青）的长官，他们一家搬到了镇上的城堡里居住，生活条件改善了不少。不久之后，约翰娜生下了第二个孩子，这次是她梦寐以求的儿子。约翰娜非常疼爱他，将全部母爱倾注在儿子身上。看到母亲对弟弟如此偏爱，索菲亚的内心受到了很大的伤害，以至于这个弟弟在1742年夭折的时候，索菲亚也没有表现出太多痛苦。

随着索菲亚渐渐长大，母亲约翰娜发现她相貌平平，跟"美丽"两个字毫无关联，这让约翰娜更加沮丧了。每当不顺心的时候，她就习惯性地对着索菲亚大吼大叫，将她称为"平民丫头"，说她"又穷又丑"。这些刻薄的话给索菲亚年少的心灵带来不少伤害。她还给女儿取了不少"昵称"，比如"臭丫头""鸭子脸"等。这些昵称大多数在外人面前叫不出口，只有"菲琪"算是她众多称呼中最正常的一个了。"菲琪"的意思是"亲爱的索菲亚"。约翰娜几乎只会在她的贵族亲戚面前这样亲切地称呼女儿。索菲亚在她少女时代的日记里写到，她喜欢"菲琪"这个昵称。

索菲亚懂事之后，受母亲的影响，也觉得自己是一只丑小鸭。她在日记里写道："看着镜子里的自己，我感到很挫败。我一点都不漂亮，我的鼻子又长又窄，下巴还凸出来了，而且脸上还有粉刺。我的脸真的一点吸引人的地方都没有！"因为从小就没有得到母亲的爱护，父亲虽然疼爱她却并不经常与她交流，索菲亚对情感的需求非常强烈，而且比同龄的儿童显得更加懂事和早熟。在孩童时期，她就已经意识到自己并不能以美貌博得大家的喜爱。就像她在日记里写的："我知道自己不够美丽，所以要用知识武装自己。"

绞刑执行人

索菲亚七岁那年，得了一场严重的肺炎，这场肺炎让本就相貌平平的她更显憔悴。她在床上躺了很久，几乎全靠自己顽强的生命力挺了过来。索菲亚渐渐康复之后，家里的女仆将她扶起来，用海绵为她擦拭身体。女仆惊讶地发现小公主的脊椎竟然变形了。

对着镜子一看,索菲亚左边的肩膀比右边的肩膀矮了一大截,整个后背看上去像一个"Z"字。这是她长时间卧病在床,加上剧烈的咳嗽造成的。在那个年代,肺炎是足以置人于死地的重大疾病,索菲亚能够坚强地活下来已是万幸。但是对索菲亚的父母来说,这是天大的打击,尤其是对约翰娜来说更是如此。她一直都筹划着将来把这个女儿嫁到欧洲王室做王后,自己也可以跟着飞黄腾达。如今长相平平的索菲亚又变成了一个驼背,她的梦想可就真的没戏了。约翰娜为此日夜忧愁,到处打听为女儿治疗驼背的方案。

有一天,约翰娜领了一个神秘的人来到索菲亚的房间。那人认真地审视着索菲亚的身体,索菲亚惊恐地看着这个面部表情有些阴森的中年人。更让她感到惊讶的是从来不允许异性进入她房间的母亲竟然站在一旁无动于衷。接下来,那个人开始用他粗糙的手触摸她变形的身体部位。索菲亚诧异地看着母亲,约翰娜却依然一脸镇定地默许那人的做法。此前她跟平民的孩子一起玩耍母亲都会大发雷霆,如今却允许一个陌生男人到她的房间里做这种事。在索菲亚看来,这简直是太不可思议了。但她不敢询问母亲缘由。又过了几天,这个神秘人物再次来到他们家。这次他带来了一副和她的躯体一样大小的、类似束身胸衣一样的金属框架。神秘人物将框架套到索菲亚身上,又用绸带牢牢地固定好。原来他是用这种方法矫正索菲亚变形的脊椎。后来索菲亚听人说,母亲找来的这个神秘人物是当地的绞刑执行人。母亲听说他知道如何用绳子和滑轮矫正身姿,就把他请来为女儿量身定做了这副矫正框架。从那以后,索菲亚时时刻刻都要穿戴这个架子,只有女仆帮她换衣服时才能取下来。绞刑执行人每隔一段时间就会过来一次，检查矫正的进展，然后根据她的身形对架子做一些调整——通常是把它们调整得更紧。终于，经历了两年的煎熬之后，索菲亚的脊柱变直了。她的父母高兴坏了，母亲约翰娜即刻开始筹划带着女儿出去见世面。

贵族之家

索菲亚的父亲奥古斯都亲王是一个默默无闻的贵族，也是一个虔诚的路德教徒，为人本分、节俭、正直。虽说是贵族，但是奥古斯都并不富裕，属于那个时代典型的落魄贵族，这也是约翰娜讽刺索菲亚又穷又丑的原因。奥古斯都出生于1690年，效力于普鲁士国王腓特烈·威廉一世，也就是未来如雷贯耳的腓特烈大帝的父亲。奥古斯都亲王一直到了1727年才在家人的张罗下迎娶了荷尔斯泰因公国年仅15岁的公主约翰娜·伊丽莎白公主，也就是索菲亚的母亲。索菲亚出生一年以后，鉴于他的忠诚，普鲁士国王提拔他为步兵团团长，让他驻防斯德丁。此后，亲王一家就搬到了斯德丁的城堡。

与奥古斯都亲王不同，约翰娜出生于德意志的荷尔斯泰因家族。荷尔斯泰因家族是当时德意志的名门望族，但是约翰娜家在整个家族中属于不太显赫的一支。约翰娜从小就被过继给她的教母布伦瑞克公爵夫人。布伦瑞克公爵夫人的宫殿富丽堂皇，生活也很奢华。约翰娜自小就在宫廷舞会、表演、狩猎等各类社交生活的浸染之中长大。与奥古斯都亲王严肃刻板的性格不同，她的爱好极其广泛，性格活泼外向。不仅如此，约翰娜还是一个人见人爱的金发美人。她非常热爱社交，时时刻刻盼望着自己的美貌和才华可以得到展示，借此飞黄腾达。可是那个时代的人的婚姻无法自己做主。可想而知，当约翰娜嫁给这位与她年龄相差巨大又毫无地位的亲王时，她的心理落差有多大。与众多对自己的生活不满意的父母一样，约翰娜将希望寄托在子女身上，希望有一天女儿可以风光地嫁到王室，光耀门楣。

18世纪的欧洲，贵族家庭出身的孩子身边都配有保姆和家庭教师。家庭教师会教授他们宗教、音乐、舞蹈、马术以及欧洲宫廷礼仪，例如鞠躬和屈膝礼，确保他们可以在社交场合优雅熟练地做出标准的动作。当时，法语是整个欧洲上流社会和学术界的通用语言，因此成为各位公主和王子必须掌握的一门语言。而德语则被德意志的贵族们视为粗俗的语言，上流社会是不把它作为通用语言的。

与其他的贵族子女一样，索菲亚的父母给她安排了法语、宗教、音乐、礼仪等各个领域的家庭教师。这些家庭教师中对她的人生影响最大的是法语老师伊丽莎白·芭贝特·卡德尔。索菲亚人生的第一本日记本就是卡德尔送给她的。卡德尔鼓励她写日记，索菲亚在日记中也多次提到卡德尔的名字。这位法语老师对索菲亚人格塑造的影响极大，是她思想的启蒙老师。直到她做了女皇，在给朋友写信时，还时常署名为"卡德尔老师的小学生"。在女皇的回忆录里，她这样描述自己的这位启蒙老师："她灵魂高贵，富有教养，还有一颗金子般的心。她耐心、温柔、开朗、公正。所有人都希望能有这样一位家庭教师。"

西方的预言家

自从绞刑执行者将索菲亚的形体纠正之后，擅长社交的约翰娜就开始带着她去各位王室亲戚家见世面。约翰娜的目的当然是在社交过程中结识欧洲宫廷里与自己女儿年龄相仿的男孩。有一年，约翰娜在她的教母布伦瑞克公爵夫人家时，刚好遇到一个会算命的教士，于是约翰娜让他给索菲亚看相。这名教士端详了索菲亚的手相，说道："我在她的手掌中看到了'三顶王冠'。"约翰娜并没有把教士的话放在心上，小小年纪的索菲亚却对此深信不疑。

又有一次，在索菲亚祖母的家里，他们遇到了前来拜访的瑞典外交官亨宁·于伯里。在与索菲亚短暂交谈过后，颇具慧眼的于伯里恳请约翰娜多多留意这个女儿，因为他认为这个女孩非常聪明机智，以后极有可能大有作为。向来不看好女儿的约翰娜并没有把这些话当回事儿。这件事发生的时候，索菲亚已经13岁了。站在旁边听到瑞典外交官对她的评价之后，她把这些话牢牢地记在了心里。

看相、算命这种迷信行为虽然缺乏科学依据，却可以对人产生一种心理暗示。尤其是对那种志存高远的人来说，这种暗示的作用会更加显著。虽然此时的索菲亚仍然是一个不谙世事的小女孩，但她内心深处潜藏的某种野心和欲望已经渐渐萌发。正如后来她在回忆录中所写："虽然只是一个儿童，但是王冠、皇后之类的词对我有着强烈的吸引力。"这种预言对她有着极大的魔力，使她相信自己将来必定会有不平凡的成就。

命中注定的缘分

1739年,也就是索菲亚10岁那年,母亲约翰娜带索菲亚拜访了她的亲哥哥,也就是索菲亚的亲舅舅——阿道夫·腓特烈。这位舅舅刚刚成为一个11岁小男孩的监护人。这个11岁的小男孩的身份并不简单,他是荷尔斯泰因的公爵,名叫彼得·乌尔里希。他与比他小一岁的索菲亚有着不解之缘。

事实上,使彼得·乌尔里希不同凡响的并不是他荷尔斯泰因公爵的身份,而是因为他是俄罗斯帝国历史上赫赫有名的沙皇彼得大帝的亲外孙。也就是说,彼得的母亲是彼得大帝的女儿。彼得的父亲是瑞典国王的外甥,也是欧洲国家的皇亲国戚。从彼得父母的身份来看,11岁的彼得按照母亲的家谱,拥有俄国皇位的继承权,靠父亲的身份又拥有瑞典王位的继承权——因为瑞典国王没有子嗣,所以彼得的父亲是瑞典国王的第一顺位继承人。但是身份显赫尊贵的彼得也是一个不幸的人。他刚一出生,母亲便离开了人世,因此他没有享受过一天的母爱。他的父亲查理·腓特烈也在他11岁这年离开了人世。约翰娜的哥哥阿道夫·腓特烈之所以被指定为彼得的监护人,是因为他是彼得的叔父,也是在荷尔斯泰因与彼得血缘关系最亲近的人。自己的亲哥哥成为身份如此特殊的少年的监护人,嗅觉灵敏的约翰娜立刻意识到这是接近彼得的大好时机。她甚至已经在这个少年身上闻到了飞黄腾达的味道。

此前约翰娜曾将欧洲各地有可能正在找结婚对象的公爵、伯爵甚至国王的名字列成一个名单仔细对照揣摩。她还曾在女儿面前提到过法王路易十五："菲琪，你知道吗，如果路易十五现在有个什么侄子或者儿子愿意娶你的话，我就可以住进全欧洲最豪华的凡尔赛宫了。"但她知道这些想法都不现实，眼下这个与她的家族有所关联的彼得才是最有可能娶自己女儿的人。约翰娜之所以那么积极地为女儿张罗婚姻，也不仅仅是出于对自己未来光鲜生活的考虑，还有更加现实的原因。那个时候的欧洲，像索菲亚家这样的小贵族数量众多。由于不能与平民通婚，许多大龄的贵族女孩都嫁不出去。这些嫁不出去的女孩要么被打发到家族城堡最尽头的翼楼里生活，要么选择前往偏远的修道院了此一生。约翰娜就有不止一个处于这种境遇的姐姐。因此不仅约翰娜，就连年仅10岁的索菲亚都非常渴望婚姻。

在哥哥腓特烈家中聚会时，约翰娜特意将索菲亚带到了彼得面前，温柔地向她介绍这个与她年纪相当的小男孩。当约翰娜看到女儿同彼得攀谈的时候，心里不由自主地打起了小算盘。思想早熟的索菲亚也大概明白长辈们关于婚嫁的议论，或许年仅10岁的她已经开始对将来的婚姻有所憧憬了。

情窦初开

自从与彼得·乌尔里希相见以来，约翰娜就开始展望起自己的未来。她总喜欢谈起彼得和遥远的俄国，似乎只要能和彼得大帝扯上一丝关系就能使她感到荣耀无比。但那次相见之后，索菲亚与彼得在此后的几年时间里都没有任何联系。

索菲亚14岁的时候，和年长自己10岁的舅舅乔治·路易斯有了一段浪漫史。以现代人的观点来看，这是一段不伦之恋，但是在那个时代，只要得到父母同意，舅舅和外甥女是可以结婚的。乔治舅舅对索菲亚非常迷恋，甚至准备向她求婚。索菲亚也对这个朝气蓬勃的帅气舅舅充满好感。但是据她在日记中的记载，她与舅舅之间只有过单纯的拥抱和几个亲吻，仅此而已。情窦初开的索菲亚差一点就答应了舅舅的求婚。恰在此时，一封来自俄国圣彼得堡的信函改变了她的人生。

远方的来信

1744年1月1日，当索菲亚一家人在斯德丁的城堡欢庆新年之时，一位来自柏林的信使递给了奥古斯都亲王一叠信件。亲王看到其中一封信的封面上写着："十万火急！请尊贵的安哈尔特－泽布斯特公爵夫人伊丽莎白·约翰娜亲启！"坐在旁边的约翰娜一把抓过这封信，迫不及待地拆开，在心里默读道："鉴于女皇陛下（俄国伊丽莎白女皇）的旨意，由我来告知夫人，女皇希望您的长女公主在您的陪同下，立即起身前往俄国。相信您一定明白女皇召见二位殿下的真实用意。女皇陛下迫不及待地想要看到可爱的公主殿下。"信中的署名为布鲁默。布鲁默是荷尔斯泰因公爵，也就是索菲亚10岁那年见到的那个小男孩彼得·乌尔里希的家庭教师和现今俄国的大元帅。信中还特别强调了务必不可以让奥古斯都亲王同行，只可携带一名侍女、两名仆人、一名职员、一名厨师和三到四个脚夫，除此之外还要对此次行程守口如瓶。

信中附上了一张由柏林银行开出的价值一万卢布的汇票，这是伊丽莎白女皇给约翰娜一行提供的路费。这个金额不多不少，既可以满足他们路上的用度又不至于太过招摇。

就在约翰娜怀着激动的心情揣测伊丽莎白女皇写这封信的用意之时，信使又送来了第二封信。这封信来自普鲁士国王腓特烈二世。腓特烈二世是腓特烈一世的儿子，于1740年即位，是普鲁士王国的第三位国王。今后他将在欧洲的政治舞台上大放异彩。这封信的信封上同样指明"约翰娜亲启"。如果上一封信没有把事情讲明的话，腓特烈二世的这封信算是把情况说清楚了："我将不再隐瞒我对您以及您的女儿长期以来怀有的敬意。一直以来，我都希望能给您的女儿带来不同寻常的好运。我时常想，是否可以将她许配给俄罗斯帝国的皇位继承人彼得大公。"读到这里的时候，约翰娜的心脏几乎就要跳出来。她反反复复地阅读腓特烈二世写的这几句话，心情久久不能平静。

伊丽莎白女皇

她是一个真正的美女——一双天真无邪的蓝色大眼睛、甜美小巧的嘴巴、丰盈饱满的额头、高挑优雅的身姿，这使她赢得了"北方维纳斯"的美誉。她就是彼得大帝的女儿，此时俄罗斯帝国的主宰者——伊丽莎白女皇。

伊丽莎白女皇是彼得大帝与他的第二个妻子叶卡捷琳娜所生。他们一共生了12个孩子，只有两个女儿幸存下来，一个是出生于1709年的伊丽莎白，另一个是比她年长一岁的姐姐安娜。

伊丽莎白一世(1709—1762)

1721年，荷尔斯泰因公爵查理·腓特烈来到了圣彼得堡。查理·腓特烈不仅是荷尔斯泰因的公爵，还是瑞典国王查理十二世唯一的外甥。查理十二世是一名杰出的军事家，同时也是彼得大帝不共戴天的敌人。查理十二世没有子嗣，照理说他离世之后瑞典王位应该传给与他血缘关系最亲近的男性查理·腓特烈公爵，但是他死之后瑞典国会却将王位给予了他的妹妹。这让查理·腓特烈心生不满，他开始向与瑞典敌对的俄国示好，前往圣彼得堡拜见彼得大帝。彼得大帝之所以愿意接见这位资质平平的公爵，也是考虑到或许他将来可以成为对付瑞典的一枚棋子。见到伊丽莎白的姐姐安娜之后，查理对她大献殷勤，想要娶她为妻。彼得大帝虽然不喜欢查理，但还是在1725年1月亲自为安娜和查理举行了订婚仪式。彼得大帝知道自己时日无多了，很想在临终前看到自己其中一个心爱的女儿出嫁。然而他的心愿还是落空了。1725年2月8日，彼得大帝驾崩。在他驾崩四个月之后，安娜才正式嫁给查理·腓特烈公爵，并随他一同前往荷尔斯泰因公国。1728年，安娜生下一个男孩，取名查理·彼得·乌尔里希。他的名字承载了瑞、俄两个国家的希望。查理，取自父亲一方，表明他拥有瑞典王位继承权；彼得，源自母亲一方，表明他是彼得大帝的外孙，拥有俄国王位继承权。这个男孩，就是索菲亚10岁那年见到的那位11岁的彼得。

　　彼得大帝生前一直想把次女伊丽莎白嫁到法国宫廷。然而浮夸的凡尔赛王宫私底下认为伊丽莎白是彼得大帝和一个农民的私生女（伊丽莎白出生的时候，彼得大帝尚未与她的母亲正式成婚），法国宫廷是绝对不允许这种低级出身的私生女登上法国王后宝座的。将女儿嫁给法国王室的希望落空之后，彼得大帝始终未能给伊丽莎白物色到一门合适的亲事。

彼得大帝死后，伊丽莎白的母亲叶卡捷琳娜登基称帝，成为叶卡捷琳娜一世。为了尽快解决伊丽莎白的婚姻问题，她的姐夫查理·腓特烈将自己的堂弟——荷尔斯泰因的查理·奥古斯都亲王——介绍给她认识。查理·奥古斯都亲王正是索菲亚母亲约翰娜的亲哥哥。由于是亲姐姐的婆家人，伊丽莎白从心底里乐意接受这门亲事。叶卡捷琳娜一世迫不及待地邀请男方前往圣彼得堡。1726年10月，20岁的查理·奥古斯都应邀来到了圣彼得堡。从见到他的那一刻起，伊丽莎白就爱上了这个英俊又温和的小伙子。俄国皇室准备第二年为这对新人订亲。然而天不遂人愿，1727年4月，伊丽莎白的母亲叶卡捷琳娜一世由于过度纵酒狂欢而驾崩。更加糟糕的是，5月27日，伊丽莎白订婚的前夜，她的未婚夫查理·奥古斯都亲王染上了天花，4天之后便离开了人世。这一年，伊丽莎白才18岁，正是对爱情感觉最纯粹的年纪。也正是因为如此，伊丽莎白一生都没有忘记她的这个未婚夫。

未婚夫的离去对伊丽莎白的打击巨大，她开始放纵地在其他男人身上寻找慰藉。她的情人接连不断，从廷臣、外国大使到马车夫、男仆、宫廷侍卫等，任何被她看上的男人都可以拿来寻欢作乐。伊丽莎白还拥有一个属于自己的乌克兰唱诗班，唱诗班里的一名男低音歌者深深地吸引了她的注意力。这位男低音歌者是一名来自乌克兰的农奴，名叫阿列克谢·拉祖莫夫斯基。这个男人将成为她一生的伴侣，后来还获得了"夜间皇帝"的称号。拉祖莫夫斯基英俊帅气的容貌令所有女人为之倾倒，甚至不久之后来到俄国宫廷的索菲亚在第一眼见到他时都忍不住说："我从未见过如此帅气逼人的男人。"伊丽莎白整日沉浸在与各种男人的鱼水之欢中，以至于在母亲叶卡捷琳娜一世驾崩后本来拥有俄国皇位继承权的她对沙皇的宝座都毫无兴趣。直到后来她的人身安全受到威胁，她才不得不采取行动发动政变夺权。

1741年11月25日，伊丽莎白登基，成为伊丽莎白一世。这一年她已经32岁了。尽管她的情人无数，但她从来没有过怀孕的迹象。在封建王朝，安排合适的皇位继承人延续香火是君主的一项重要政治使命。如果伊丽莎白要诞下合法的继承人，就必须先结婚。可是加冕为女皇之后的她嫁人的希望更加渺茫。更致命的是，她清楚自己无法生育，即使结婚也无法诞下自己的孩子。因此即位不久之后，伊丽莎白女皇就开始着手从其他的皇室支脉中寻找帝国的继承人。此时最有资格继承俄国皇位，也是从血缘关系上与她最亲近的人就是她姐姐安娜的儿子、彼得大帝的外孙查理·彼得·乌尔里希了。此时彼得的父母都已离他而去，尚未成年的他继承了父亲的爵位——荷尔斯泰因公爵。

刚登基不久的伊丽莎白女皇十万火急地密诏查理·彼得·乌尔里希到俄国宫廷来。因为彼得同时拥有瑞典王位的继承权，她必须赶在瑞典前面把他急诏入宫，确保俄罗斯帝国后继有人。"我亲爱的外甥，我带着焦灼的心情等待你的到来。我是你温和可亲、百般支持你的姨母。"1742年2月，经历了漫长旅程的彼得终于抵达圣彼得堡。他的姨母立即让他接受东正教的洗礼，并赐予他彼得·费奥多罗维奇的教名。接着，伊丽莎白女皇正式指定彼得为俄国大公（等同于中国古代的太子）、俄罗斯帝国的继承人。这一年，彼得14岁。

在伊丽莎白女皇的宫廷里，各个派系为了自身的利益明争暗斗，而女皇本人则对治国理政没有多少兴趣。与继承皇位之前一样，她仍旧把大部分的时间用在那些充满魅力的异性身上。她热衷于奢华的舞会，朝政大事更像是她娱乐的间歇时间才去处理的"业余工作"。好在朝廷里有几个精明能干的大臣为她管理庞大的帝国。其中一人是副首相别斯杜捷夫。他是一个政治老手，圆滑狡诈但很有政治智慧和治国手段。在处理俄国的对外关系方面，他是亲奥地利派的代表，主张与奥地利结盟以对付法国和日渐强大的普鲁士。另外一派有影响力的廷臣以女皇的密友沃伦佐夫和她的私人医生莱斯托克为代表。他们在普鲁士和法国宫廷的贿赂之下，坚定地站在普鲁士和法国一边，反对与奥地利结盟。一直以来，伊丽莎白女皇的立场都倾向于她的副首相，赞同与奥地利结盟，直到一个宫廷阴谋的发生，副首相别斯杜捷夫失宠了。

与通过正常途径继位的君主不同，伊丽莎白女皇是通过宫廷政变取得的皇位，因此她对密谋、叛乱之类的事情特别敏感。她政变推翻的人是史称伊凡六世的"婴儿皇帝"。伊凡六世的母亲叫作安娜·利奥波多芙娜，是当时的摄政王。政变之后，伊丽莎白把他们母子二人囚禁在波罗的海之滨的一座要塞。伊丽莎白继位不久政权未稳之时，一名出身于显贵家族的上校伊凡·洛普金有一天在一家酒馆里向一个朋友发牢骚，说偌大的俄罗斯帝国竟然由一个出身卑贱的女人统治，真是令人感到不满。他的朋友出卖了他，向朝廷揭发了他对女皇的不敬。洛普金由此被捕入狱。刑讯之下，洛普金竟把自己的母亲洛普金娜伯爵夫人也牵扯了进来。后来，受到这起"洛普金阴谋"事件牵扯的人越来越多，其中包括副首相兄弟的妻子别斯杜舍娃。最终伊丽莎白判决所有与这起阴谋有关的人死刑。然而在刽子手即将行刑之时，她又突然宣布免除死刑这项刑罚。犯人们虽然保住了性命，但是肉刑难以免除，而且从某种程度上来说，肉刑比死刑更加残忍。伊丽莎白下令割掉女性犯人的舌头，因为舌头是女人飞短流长之源；至于男性犯人，则令人将他们绑在刑轮上用锤子打碎他们的骨头。这起事件之后，伊丽莎白更加忌惮废帝伊凡六世，令人将他单独囚禁在一个严密看守的牢房之中，从此与世隔绝。副首相别斯杜捷夫也因为他兄弟的妻子的原因失宠。副首相的失宠使俄国和奥地利的关系受到影响，普鲁士和法国则看到了拉拢俄国的希望。此时伊丽莎白女皇正为他的外甥、俄罗斯帝国未来的继承者彼得物色婚配对象。普鲁士国王腓特烈二世瞧准了时机，通过俄国亲普鲁士的大臣向伊丽莎白推荐了安哈尔特－泽布斯特公国的公主索菲亚，想要通过联姻的方式达到改善俄国与普鲁士关系的目的。

王室的婚姻是一场权力的游戏。对未来的俄国大公夫人的选择势必要考虑各种因素。大公夫人通常是平衡各方势力之后选定的政治筹码，不过最终的决定权还是在女皇手中。索菲亚公主的父亲奥古斯都亲王是普鲁士一名不起眼的贫困贵族，这一点恰好符合沙俄皇室选择婚配对象的标准。如果嫁进俄国的公主家族势力过于强大，会分走宫廷之中原有外戚势力的部分权力，这是女皇和她的宫廷都不愿意看到的。另一方面，万一见面之后对索菲亚不满意，最终把她打发回去，索菲亚微不足道的出身也不会在欧洲各国的宫廷掀起太大的风浪。这些因素虽然都是为彼得大公选妃需要考虑的条件，但都不是促成伊丽莎白女皇选择索菲亚最主要的理由。对伊丽莎白来说，之所以选择索菲亚，首要原因是索菲亚的母亲约翰娜是伊丽莎白18岁时深爱的未婚夫的亲妹妹。这么多年以来，伊丽莎白一直对她的未婚夫念念不忘。一想到他，伊丽莎白就对索菲亚一家有一种莫名的亲切感。索菲亚的母亲约翰娜也为促成此次的俄国之行起到了重要作用。早在伊丽莎白刚刚登基之时，约翰娜就向这位差点成为自己嫂子的女皇发去贺电。伊丽莎白也给予了她积极的回应，还向约翰娜要了一张她已故的姐姐安娜的画像。收到画像之后，伊丽莎白女皇还礼尚往来地派人送给约翰娜一幅镶在钻石相框里的自己的画像。善于抓住机遇的约翰娜请了一位宫廷画师为索菲亚画了一幅精美的画像送给女皇。双方就这样你来我往，增强了彼此的好感。在各种因素的综合作用之下，普鲁士安哈尔特-泽布斯特公国的公主索菲亚成为俄国大公夫人的首选。

告别家乡

1744年1月，约翰娜紧锣密鼓地为远行做着准备。两封信里都提到，要对这次行程绝对保密，因此府里上上下下都不知道即将发生什么事。年仅14岁的索菲亚表现出了她成熟的一面，在面对自己最信赖的法语老师芭贝特·卡德尔时，她也没有透露一句话。卡德尔与索菲亚心有灵犀，她知道一定有不寻常的事情要发生了。然而不论她如何追问，索菲亚都以一种万般无奈的痛苦表情保持沉默。从这时开始，索菲亚学会了保守秘密。对她来说，原则始终比情感重要。这将成为影响她一生的重要信条。

与兴奋不已的约翰娜不同，索菲亚的父亲奥古斯都亲王对女儿的前程焦虑重重。事关女儿命运的婚姻大事几乎都没有他参与的余地，这令他感到非常失落。两封来信都强调了不允许他一同前往俄国，因为俄普两国的君主都考虑到当时非常重要的宗教信仰问题。奥古斯都是一个虔诚的路德教徒，而俄国是东正教的世界。他的女儿若是嫁给俄国大公，伊丽莎白女皇一定会让她接受东正教的洗礼，成为一名东正教教徒，这一定是他难以接受的。为了避免宗教问题带来的麻烦，对方当然不愿意让他一同前往。但是奥古斯都亲王还是争取到了送女儿前往柏林的权利。临行前，奥古斯都一再要求索菲亚向他保证不可以改变自己的信仰。在他的想象中，俄国是一个遥远的荒蛮之地，伊丽莎白女皇是一个行为不检点的专制暴君。他认为女儿将来在俄国宫廷里生活肯定不是一件轻松的事。况且伊丽莎白在信中只是说让他们启程去俄国，想要亲眼见见索菲亚公主，并没有提及求婚一事。万一女儿没有被她相中，又被打发回普鲁士的话，不仅有辱女儿的名声，还会使整个家族蒙羞。奥古斯都越想越觉得女儿的前途黯淡无光。约翰娜的心态则与她的丈夫完全不同。虽然她也意识到此次俄国之行充满了各种不确定的因素，但她仍然兴奋多于烦恼。如果女儿可以成功地嫁给俄国大公，她的飞黄腾达之梦就会成真。而且女儿代表的是普鲁士，她们此行还肩负着改善两国外交关系的重大使命。在忍受了那么久的平凡生活之后，约翰娜仿佛看到了未来在欧洲外交政坛上大展风采的自己。

对索菲亚来说，离开家乡也是她一直以来期待的事。虽然与她童年的伙伴、老师、书籍还有爱她的父亲告别让她感到依依不舍，但她仍旧对未来充满了期待。在那个时代，欧洲像她这种不起眼的贵族家庭数不胜数，每个家庭都希望把女儿嫁入皇室飞黄腾达，而真正如愿的又有多少呢？如果她能嫁给彼得，自己就是其中的幸运儿之一。在她很小的时候，母亲就带她去过那些嫁不出去的老姑娘家里做过客。她们贵族的身份不允许她们下嫁，因此只能孤身终老，有人还孤单到与宠物为伴。想到这些，索菲亚更加渴望得到俄国皇室的认可，尽快将自己嫁出去。再者说，母亲重男轻女的思想严重，对她并不友好，或许换一片新天地会有不同的人生。

1744年1月10日，索菲亚一行正式启程前往柏林，接受国王腓特烈二世的召见。这一天，索菲亚与她心爱的老师卡德尔挥泪告别。自此之后，学生和老师此生未能再见。

腓特烈大帝与柏林之行

普鲁士国王腓特烈二世的一生都颇具传奇色彩。他于1740年即位，1744年召见索菲亚时他才32岁。腓特烈二世即位不久后就以他广博的学识、开明的思想、充沛的精力以及敏锐的政治判断力征服了他的臣民。后来他更是成为许多人崇拜的偶像式人物，并且赢得了欧洲历史上少有的"大帝"之称。

腓特烈二世从父亲腓特烈一世手中继承的普鲁士是一个国土七零八落地分散在莱茵河至波罗的海沿线之间的国家。国土的分散增加了治理国家和对外防御的难度。还好除了零零散散的国土资源以外，他的父亲还留给他一支由八万多人组成的、号称世界上最为训练有素的步兵。腓特烈二世杰出的军事才华使他把这支军队的作用发挥到极致。在任何地方、任何环境之下，他都可以指挥这些步兵在战场上赢得精彩的胜利。

18世纪的欧洲，各国普遍认为扩张领土就可以增强国力，因为领土的扩张意味着人口和财富的增加，这与人们热衷于一块又一块地购置房产的道理是一样的。虽然各国君主对邻国领土的侵占有自身贪婪的因素，但有时扩张领土又是出于自我保护而不得不采取的措施。各国君主要么选择对外扩张，要么就只能坐以待毙。在这种国际形势下，普鲁士零散分布的领土使历代的普鲁士国王都不得不对国家领土安全时刻保持警惕。颇具远见卓识的腓特烈二世在即位不久后就发现了一个扩张领土的契机。1740年10月，年仅23岁的玛利亚·特雷西亚继承了普鲁士的邻国奥地利。腓特烈二世判断新即位的奥地利女大公是一个没有执政经验的花瓶，于是召集军队准备进攻奥地利。他打算用武力征服资源丰富的西里西亚，将它纳入普鲁士的版图。

然而，腓特烈二世在一件事情上的判断严重失误，那就是奥地利女大公玛利亚·特雷西亚的性格与他的推断大相径庭。虽然拥有一副天真无邪、不经世事的美丽面孔，玛利亚却是一个头脑冷静、意志坚定，并且具有统治者强烈使命感的人。后来的事实证明，她是那个时代欧洲较为优秀的政治家之一。虽然腓特烈在玛利亚王位不稳、政局混乱之时趁火打劫了一番，最终侵占了奥地利西里西亚的领土，但这次辉煌的胜利也让他付出了代价。普鲁士对西里西亚的占领，使得玛利亚·特雷西亚怒火中烧，激起了她对腓特烈二世一生的仇恨，也导致了普奥两国长达百年的敌对状态。因为自身过于强大，腓特烈二世发现整个欧洲大陆的国家几乎都开始联合起来反对他，包括奥地利大公国、法兰西王国、瑞典王国以及俄罗斯帝国。腓特烈知道无论如何也无法凭借一己之力对抗整个联盟。他必须寻找盟友，或者至少减少与他敌对的国家的数量。普鲁士东南面的威胁来自奥地利，以玛利亚对他的憎恨之深，这个威胁是绝对无法解除的。因此腓特烈把目光投向了普鲁士的东北方——俄罗斯帝国。

腓特烈二世用雨点般的黄金贿赂伊丽莎白女皇身边的大臣，包括她的御医莱斯托克。在伊丽莎白为彼得大公选秀之时，他再次抓住俄国宫廷内部派系纷争的时机，通过亲普大臣向女皇推荐了德意志的索菲亚公主，试图借助俄普联姻改善两国的外交关系。鉴于索菲亚肩负的历史使命重大，在她启程去俄国之前，腓特烈特意召见她到柏林来接受他的第一轮"面试"。

索菲亚一行刚到柏林，腓特烈二世就迫不及待地召她们母女二人进宫。然而约翰娜却以索菲亚身体欠佳为由一再推脱。腓特烈失去了耐心，开始怀疑约翰娜不让女儿见他是因为这个小女孩太丑了，又或者她有什么特殊的疾病。他开始给约翰娜施压，最后约翰娜不得不尴尬地说出原因：索菲亚没有合适的礼服入宫。腓特烈即刻将自己妹妹的一套宫廷礼服赐给她。穿着打扮得体之后，索菲亚与约翰娜立即进宫觐见国王。见到索菲亚之后，腓特烈以一种睿智又不失亲切的目光对她上下打量了一番。索菲亚向国王行礼，她的羞涩反而为她增添了几分优雅。在与她做了一番简短的交谈之后，腓特烈确定他没有选错人。晚餐时间，腓特烈邀请索菲亚与他在同一张桌上用餐，这是一种无上的荣耀。约翰娜简直不敢相信，国王对一个14岁小女孩的兴趣竟然超过了她。一直以来，她都认为自己才是那个重要人物，女儿只不过是一颗棋子。当她看到女儿不仅坐在国王旁边，而且国王还与她热烈攀谈之时，更是惊讶得目瞪口呆。索菲亚也感觉到了周围的人向她投来的羡慕的目光。腓特烈还要求索菲亚递给站在他椅子后面的侍臣一碟美食，并且抬高声音说道："领受这份来自爱与优雅之手的馈赠吧！"他的赞美之辞，索菲亚一字一句地铭记了一生。这一晚，索菲亚就像童话里的灰姑娘，不断地接受着国王和众人的祝福，但天一亮就要脱下华美的衣服，变回普通的自己。

在柏林的几天时间里，腓特烈向约翰娜暗示她肩负着为普鲁士谋求利益的使命，并且向她大概讲解了俄国宫廷之中几位有影响力的大臣。腓特烈特别提到了伊丽莎白身边那位亲奥地利的副首相别斯杜捷夫。他对约翰娜说这个人对普鲁士充满了敌意，曾千方百计反对索菲亚嫁入俄国。不管腓特烈对她说的这些话究竟是出于什么目的，约翰娜都将其理解为普鲁士国王需要她的帮助，需要她为普鲁士提供俄国宫廷的情报，需要她发挥自己的才干把普鲁士的敌人别斯杜捷夫打倒。如果腓特烈二世果真是把约翰娜当作一名出色的间谍来看待的话，那么她将来在俄国的表现一定会令他大跌眼镜。

1744年1月16日，索菲亚一行离开了柏林。在柏林郊外的奥德河畔，奥古斯都亲王要启程返回家乡，索菲亚和她的母亲则要从这里出发前往遥远的圣彼得堡。父女二人在此道别。索菲亚知道自己此生或许再也见不到她善良朴实的父亲了。她的预感是对的，他们之后再也没能相见。

带着婆娑的泪眼，索菲亚离开了她生活了14年的家乡。她的人生将在启程的这一刻起翻开崭新的篇章。但在辉煌的人生开启之前，上帝总会设下种种障碍，对她也没有例外。

Екатерина II Алексеевна

第二篇
初入俄国

圣彼得堡

　　索菲亚在柏林的郊外与父亲告别后与母亲一行坐上了前往圣彼得堡的马车，一路向东疾驰而去。一月的欧洲，天气异常寒冷。他们一路上都在抱怨普鲁士境内像猪圈一样简陋的驿站，没有像样的床铺，缺乏取暖设施，屋子四面漏风等等。然而当马车将德意志抛在身后，驶入俄国境内时，他们才蓦然发现这里的情况更加糟糕——俄国境内压根没有什么驿站！他们要么只能在马车里过夜，要么就得借住在当地农民的家里（如果他们能够找到村落的话）。俄国境内一望无际的沼泽地和茂密的灌木丛组成了一幅原始粗犷的画卷。马车在这片土地上疾驰，可能一天都见不到一个村落。索菲亚母女望着窗外，惊叹于这个国家领土的辽阔，似乎永远都走不到边。这就是俄国带给索菲亚的初印象。俄国版图的庞大加上凛冽的寒冬和艰苦的食宿条件使这段旅程显得格外漫长。多年之后索菲亚在回忆录中写道："这次的旅程冗长又烦闷，我的脚因为久坐和严寒已经变得肿胀起来，上下马车都需要别人把我抬起来。对我来说这段行程痛苦难耐。"但是想到前方那个神秘又陌生的人造城市圣彼得堡，索菲亚对自己的前途又有着无限向往。

　　圣彼得堡本是瑞典近芬兰湾出海口的一片沼泽地。1703 年，为了抵御北方列强瑞典，沙皇彼得一世在名叫兔子岛的涅瓦河三角洲建造了一座要塞，成为圣彼得堡的雏形。关于这座城的兴建，有一个传说：

沙皇彼得一世割下两块泥炭，在沼泽地上摆成十字形，宣布："这里应该建一座城。"传说这时有一只鹰掠过他的头顶，停在两棵桦树的树顶，接着两棵桦树的树枝紧紧地交织在一起，形成了一个象征胜利的拱形。

这个故事发生在1703年。在彼得一世的指令下，他的士兵匆匆地建立了一座土木结构的要塞。这座六角棱堡被称为圣彼得堡，俄罗斯帝国未来的都城就以此为基础诞生了。

圣彼得堡的诞生之地位于涅瓦河汇入波罗的海的入海口，它曾是一片荒无人烟的沼泽地。这里寒冷、潮湿，每年还会遭受洪水之灾，几乎没有比这里更加不适合建都的地方了。然而彼得一世迫切地希望为俄国建立一个海港，因为他知道海港对一个国家的重要性。彼得一世为了给俄国这个多数领土是陆地的国家（虽然俄国北部是北冰洋，但它长年冰封，无法通航）打通一个出海口，与瑞典进行了长达21年的战争。在1703年的一次战役中，俄军终于占领了涅瓦河的出海口。为了守住这块来之不易的土地，彼得一世决定在此建城。自1704年起，彼得一世在全国征召了农奴、工匠、犯人以及瑞典战俘等所有能找到的劳动力，夜以继日地砍伐森林、挖掘运河、铺设道路、建造宫殿。圣彼得堡就这样奇迹般地拔地而起。然而这座城市下埋葬了成千上万名建造者的骸骨，他们多数死于疾病、严寒、劳累和事故。因为兴建圣彼得堡的过程太过艰辛，关于圣彼得堡的灵异故事在俄国的文学艺术作品中屡见不鲜。

在圣彼得堡拔地而起之前，俄国的首都本是莫斯科。但是彼得一世厌恶莫斯科。他认为莫斯科是保守、古旧、迷信和落后的象征。作为一个"欧化"的俄国人，彼得一世深刻地感受到当时俄国各地城建的落后和杂乱无序。他希望通过借鉴欧洲各国的建筑风格打造一座属于俄国的"欧化"大城市。当然，彼得一世兴建圣彼得堡的首要原因绝非只是个人好恶。17世纪、18世纪的欧洲，海上贸易逐渐成为各国财富和力量的源泉。谁拥有制海权，谁就是欧洲的强国。例如大不列颠王国、荷兰都是因为拥有众多的出海口成为当时的"海上霸主"。而彼得一世统治的俄国，虽然地域辽阔，却是一个被陆地包围的国家。作为一个自小接触欧洲先进科技、迷恋大海的君主，彼得一世深知出海口对俄国的重要性。他希望这座新城可以起到打开俄国通向欧洲门户的巨大作用，使俄国拥有争夺"海上霸主"的资格。

1712年，圣彼得堡的初期建设已经基本完成。彼得一世宣布将俄国首都从莫斯科迁往圣彼得堡。对于安土重迁的俄国人来讲，这项政策的推进难度极大。但彼得一世是一位意志坚定的沙皇，为了实现他的雄才伟略，他强行诏令拥有五百户以上农奴的贵族在新都修建两层的馆舍，并将他们强制性地迁往新都。事实证明，彼得一世高瞻远瞩，圣彼得堡起到了他建城伊始时设想的作用，不仅成为俄国当时最大的出海口，还起到了防御的门户作用。俄国因为圣彼得堡而拥有了在波罗的海的立足点，彼得大帝在此基础上打造了俄国第一支真正意义上的海军——波罗的海舰队。彼得一世的努力没有白费，到他1725年驾崩时，圣彼得堡已成为拥有四万人口的大城市。直到罗曼诺夫王朝（罗曼诺夫王朝是俄国历史上第二个也是最后一个王朝，得名于该王朝的第一代沙皇米哈伊尔·罗曼诺夫）寿命终结之前，它一直都是俄罗斯帝国的首都。

圣彼得堡的城市建设借鉴了欧洲各国大都市的建筑风格。奥地利洛可可风格、法国风情的装饰艺术，以及取自基辅和诺夫哥罗德的俄国传统样式，这些看起来不可融合的元素在圣彼得堡被成功地糅合在一起，创造出属于这座城市的全新风格。19世纪的作家评论道："圣彼得堡区别于其他欧洲城市的地方，就在于它跟它们每一个都很像。"外国游客将其视为一种剽窃，但这丝毫没有影响圣彼得堡的美丽。不过圣彼得堡的建筑质量却着实令人担忧。一位当时在这里工作的瑞典外交官员曾这样抱怨道："建筑物的质量如此之差，房间的墙面几年以来都是潮湿的。许多表面上看起来还算光鲜的房子在建造之时完全没有考虑实际需求。大门如此之窄以至于连一辆马车都无法驶入，所以只能从后门或者干脆从墙面的缺口处驾车驶入。"所有的一切，都是因为它是在沙皇的政令下仓促建设的。圣彼得堡不仅建筑质量低劣，而且还有一个致命的隐患——多数建筑的屋顶、楼梯、门厅都是用木头做的。这对冬季寒冷又漫长、需要用火炉取暖的地方来说可是相当危险的，因为人们取暖时会有不小心将整栋房子点燃的情况。这就导致了圣彼得堡的冬天经常火灾连连，就连涅瓦河畔沙皇的宫殿——冬宫都曾因供暖系统的缺陷而引发大火。索菲亚后来在回忆录中写到，她在1744年刚到圣彼得堡时，惊讶地发现这座城市只有三条大街是由石头砌成的，城里大多数的建筑和公共设施基本上是木制的。不过这似乎没有对当地的人们造成太大的困扰。房子被火烧毁之后，他们就在原地再建一座房子，还是用木头。

　　圣彼得堡的不完美也丝毫没有影响它在这个国家的重要地位。有了这个全新的国际贸易港口之后，彼得一世制定了许多鼓励国际贸易的政策，呼吁欧洲各国商人在波罗的海商路通商往来，开辟了属于俄罗斯帝国的"海上丝绸之路"。

彼得一世驾崩之后，他的继任者不断地建设完善圣彼得堡，俄国也按照他的设想从一个封闭落后的国家逐步跨入受西方启蒙的现代世界。

彼得大帝与俄罗斯帝国

彼得一世生于1672年，是俄国罗曼诺夫王朝第五位沙皇，也是俄国历史上第一位被冠以"大帝"称号的沙皇。彼得一世的父亲、沙皇阿列克谢生前先后娶过两名皇后。第一任皇后一共为他生育了13名子女。这位皇后死后，阿列克谢娶了第二任皇后纳雷什金娜。彼得一世就是这位新皇后所生的。

1676年沙皇阿列克谢驾崩后，两个皇后各自的家族势力展开了激烈的皇位争夺战。最终阿列克谢与第一位皇后所生的儿子费奥多尔胜出，成为下一任沙皇。然而这位天资聪颖的新沙皇虽然具有进取之心，却有一个致命的弱点——身体异常羸弱。在父皇临死之际，他自己也疾病缠身，以至于需要众人用担架把他抬到阿列克谢的遗体前继承皇位。从费奥多尔即位的第一天起，朝廷上下就时刻关注着他的身体状况。皇室内部也一直蠢蠢欲动，盯着这个随时可能驾崩的沙皇。果然，在即位后的第六个年头，这位年轻的沙皇便离开了人世。由于他没有留下子嗣，因此在他弥留之际，争夺皇位的大戏再次上演。这一次参与皇位争夺战的是阿列克谢的第一任皇后留下的一儿一女与纳雷什金娜所生的彼得。第一任皇后的儿子名叫伊凡，此时已经16岁了，照理说完全有资格继承王位。但不幸的是，伊凡不仅身体状况不好，精神还有问题。纳雷什金娜家族的彼得虽然只是一个10岁的男孩，但是拥有健硕的体魄，思维敏捷，给人一种朝气蓬勃的感觉。从基因学的角度来看，彼得无疑是皇位的最佳继承者。他也的确在费奥多尔驾崩后成功地继承了皇位。然而伊凡的姐姐，25岁的索菲亚公主却心有不甘。在她的煽动下，皇家射击军发动兵变。最终的结果是她的弟弟伊凡与彼得同时加冕称帝，成为俄国历史上的"共治沙皇"，而索菲亚自己则当上了掌握实权的摄政王。这种情形下，彼得受到排斥是必然的了，他与母亲一起被摄政王索菲亚赶到了莫斯科郊外的皇村居住，暂时远离了权力的中心。

射击军兵变对彼得造成的影响是巨大的。在这场兵变中，尚且年幼的他目睹了自己的亲人和大臣被残忍地杀戮甚至分尸的场景。彼得性格之中暴力的一面在这场兵变中形成。而且，这件事情以后，精神受到刺激的彼得面部常常发生奇怪的颤动抽搐，这种面部癫痫病伴随了他一生。不仅如此，由于彼得与母亲被贬到莫斯科郊外的奥列普布拉任思科耶宫，导致他一直未能接受皇家子嗣该享受的正规教育。终其一生，彼得也未能很好地掌握外语和哲学。好在他是一位勤奋好学又极具天赋的少年，对历史、科技、军事知识情有独钟，并且通过各种途径如饥似渴地学到了所有能学到的知识。在当时各方面都相对落后的俄国，能够接触到欧洲先进世界的机会是极少的。当时莫斯科郊外有一个外国人村，是沙皇为生活在俄国的外国人，主要是德意志人专门设立的一块聚居地。由于远离朝政，拥有充分闲暇时光的彼得在少年时代时常光顾外国人村。他在那里结识了很多外国朋友。更重要的是，他在那里见识了欧洲的先进科技，大大地开阔了自己的视野。在得知他是沙皇之后，那些外国商人也很乐意向他介绍各种他没见过的东西，例如钟表、轮船等。也就是在这个时期，彼得迷恋上了造船和航海事业。他还在这里学习西方先进的战争技术，也迷恋上了外国村里的姑娘。和与他同时代的康熙大帝一样，彼得开始组建自己的游戏步兵团，最终这支队伍发展成了普列奥布拉任斯基近卫军团。把这支军团塞满之后，他又组建了第二个军团——谢苗诺夫斯基近卫军团。这些近卫军团很快就会变成守卫彼得的精锐部队，同时又是推翻现任统治者的利器。将来他们会在俄国的多次宫廷政变中起到重要的作用。

波澜不惊的暗流，其实更应该加以提防。然而多数人总是容易忽视未成年人体内蕴含的那种智慧和能量。摄政王索菲亚一直把彼得的玩乐当作儿戏，甚至为彼得整日沉迷于这种玩乐暗自感到鄙夷和庆幸。当她发现彼得已经成为对她的统治造成威胁的人物之时，已经为时过晚。手握精兵强将的彼得等到了时机成熟的一天。他以彼之道还施彼身，于1689年推翻了摄政王索菲亚的统治，将她囚禁于新圣女修道院。六年后，"共治沙皇"之一的伊凡驾崩，彼得成为整个俄国唯一的统治者，从此以后亲政的路上再也没有了障碍。由于彼得是俄国第一个名叫彼得的沙皇，因此被称为彼得一世。俄国自此翻开了彼得一世统治的崭新篇章。

亲政之前，彼得一世就对西方国家先进的思想和科技以及自己国家的保守与落后有了深切的感知。亲政不久之后，彼得一世励精图治，亲自造访西欧。他在荷兰阿姆斯特丹的造船厂隐姓埋名地做了四个月的"造船木工"，潜心学习造船技术；又到大不列颠王国参观天文台、铸造厂和大学。彼得一世还带回了上百名西欧的技术人才，包括建筑师、科学家、医生和水手。欧洲之行使彼得一世眼界大开。他暗下决心，要对自己的祖国进行一场大刀阔斧的改革，将俄国打造成比肩欧洲各国的世界强国。

彼得一世统治初期的俄国是一个各方面都很封闭的国家。它的国土北方是环绕波罗的海的大国瑞典，南方则是一直不断骚扰俄国的奥斯曼土耳其。1696年，彼得一世发动了对奥斯曼土耳其的战争，在夺取了位于顿河河口的亚速要塞之后，想要一举拿下刻赤海峡，打通进入黑海之路。但是这项向南扩张的计划最终未能成功，于是彼得一世将目光转向了北方。当时俄国北方的瑞典势力强大，握有波罗的海的制海权，是名副其实的军事强国。1697年，年仅15岁的查理十二世继承了瑞典王位。彼得一世认为这是对瑞典宣战的最佳时机——幼主或者女主总是给人软弱可欺的印象。但是彼得一世判断失误了，这位新即位的翩翩少年是一位性格刚强、意志坚定的军事天才，后来甚至有学者将他称为"小拿破仑"。彼得一世与他进行了多年的苦战，甚至一度差点为瑞典所灭。幸得上天青睐，查理十二世在关键时刻放过俄国一马，从1701年开始转战波兰。这完全是出于对俄国的蔑视。查理十二世以为在瑞典的打击下俄国已经彻底跨了，于是调转矛头攻击波兰。后来的事实证明，这是查理十二世军事生涯中所做的最不明智的一次决策。他给了彼得一世和俄国喘息休整的机会。当查理十二世再次剑指俄国时，发现这个国家竟然变成了一个难以对付的庞然大物。两国军队最终于1709年在乌克兰要塞波尔塔瓦决一死战。6月28日，军事力量和精神风貌都焕然一新的俄军在彼得一世的精心布局之下几乎全歼瑞典军队，大获全胜。查理十二世在慌乱之中逃往另外一个与俄国敌对的国家奥斯曼土耳其。

波尔塔瓦之战是俄国在北方战争中的转折。此后瑞典虽然仍旧持续对俄作战，却始终无法挽回败局。更加令人感到惋惜的是，

彼得一世(1672—1725)

查理十二世在1718年远征挪威时不幸被流弹击中,结束了他辉煌又悲壮的一生。此后俄瑞两国和谈,瑞典在波罗的海南岸的领土尽失。俄国如愿以偿地获得波罗的海出海口,一跃成为可以称霸东欧的强国。自此,彼得一世获得了"大帝"之称,他统治的这片土地随之成为"俄罗斯帝国"。

彼得大帝对俄国的贡献不仅仅体现于领土扩张之中。在他统治期间,他还对俄国的税制、政府衙门、国民教育进行了一系列改革。他首创的"官秩表"是对俄国官僚体系的重要改革。彼得大帝的官秩表确立了一个人在社会中地位高低的唯一标准是是否为国效力,这就打破了此前按贵族门第取仕的传统,其作用类似于我国隋朝开国之君杨坚开创的选拔人才的科举制度。大批出身寒微、德才兼备的有识之士获得了进入官僚机构为国效力的机会。彼得大帝还强制贵族为国家义务服兵役,使贵族不能再像之前那样安逸地住在自己的庄园里,他们只能在战争过后通过申请才可以休假回家。由于义务兵役制限制了贵族的自由,他们自然对这项规定怨声载道。彼得大帝离世后,这项制度开始变得形同虚设。许多贵族从孩童时期就"挂名"义务服兵役,以这种方式减少他们成年后在军队服役的时间。到彼得大帝的外孙即位后,这项制度最终被废止。

作为一个精力充沛的君王,彼得大帝对俄国的改革几乎到了事无巨细的程度。为了加快俄国"欧化"的进程,他甚至亲自起草一系列规章制度来规范国民的生活习惯。他厌恶斯拉夫式的各种传统,认为那是落后和低效的标志。彼得大帝旅欧回国之后,曾亲自拿着剃刀为他那些留着俄式大胡须的贵族们刮胡子。他还买了一套牙医必备的外科手术器材,很想亲自尝试给大臣们医治牙病。但是大臣们为了避免沙皇亲自操刀，不管牙齿多痛都忍住不说。彼得大帝还赋予俄国妇女参加聚会的权利，但是要求她们必须穿西式服装，不许将牙齿涂黑（俄国贵族妇女有将牙齿涂黑的传统，她们认为这是一种美的表现）。他还将不得随意吐痰、嘴里有食物时不得说话等种种细节写入他的指南里。

虽然彼得大帝的一生为俄国的贡献颇多，但他并不是一个懂得以人为本的道理的帝王，也没有海纳百川的胸怀。事实上，他绝对算得上俄国历史上赫赫有名的暴君。彼得大帝以严刑酷法对他的臣民施行恐怖统治。就如他自己所说："我的人民就像孩子，除非主人强迫，他们永远不肯坐下学习字母表。"但他对人民的所作所为远比父母要残忍得多。彼得大帝的军事法规中，有122项罪名要被判处死刑，并且刑罚手段极其残忍多样，比如碾碎肢体、大卸八块、挖掉内脏等。彼得大帝不仅对布衣百姓残忍，对他身边的大臣也毫不心慈手软。然而他始终认为自己所做的一切都是为了国家和人民的福祉。

在彼得大帝颁布的众多诏令之中，有一项极具创新性，而且魄力十足，这项诏令的颁布直接影响了罗曼诺夫王朝皇位的传承。不过彼得大帝颁布此项诏令也实属无奈，他曾经愤恨地说："我宁愿把皇位传给一个有才干的陌生人，也不给我的废物儿子！"与普通百姓不同，皇位的传承对在位的皇帝来说似乎永远都是一个难题。

后继无人的沙皇

与中国历史上层出不穷的储位争夺战不同,彼得大帝倒是没有众多儿子为了太子之位斗得你死我活的烦恼,因为彼得大帝在世时始终只有一个成年的儿子。但他在传位方面的烦恼却并不比我国古代帝王的少。

与他的父皇一样,彼得大帝也有两段婚姻。他的第一段婚姻是在他 17 岁时由他的支持者们操控的政治婚姻。他的第一任皇后在婚后第二年为他生下第一个皇子,取名为阿列克谢。与我国古代皇帝可以合法地拥有后宫佳丽三千不同,俄国沙皇的宫廷没有三宫六院,沙皇也只有一个合法的妻子,就是皇后。但这并不代表沙皇必须从一而终。他们的一生可以有很多情人,只是他们与情人的关系无法合法化。这就导致了情人所生的子女只能称为"私生子",没有继承皇位的资格。由于彼得大帝的第一段婚姻是被安排的政治婚姻,他对皇后几乎毫无感情。皇子阿列克谢出生后不久,彼得大帝就开始流连于莫斯科附近的外国人村,并与那里的外国女人结下私情,与皇后渐行渐远。在皇子阿列克谢 8 岁之时,彼得大帝更是把他碍手碍脚的母亲幽禁在修道院中。对一个 8 岁的儿童来说,失去母亲对他心灵的创伤是巨大的。彼得大帝指派了一名叫作缅什科夫的亲信去做皇子的监护人。不幸的是,缅什科夫是一个严苛粗暴的人,根本无法给予皇子任何关爱。在这种环境下成长的阿列克谢渐渐形成了悲观、忧郁的性格。

彼得大帝后来又迷恋上一位叫作玛尔法·斯卡乌斯卡娅的立

陶宛姑娘。她一生的经历绝对算得上传奇。她本是一个农民的女儿，在俄国与瑞典的战争中沦为俄军的俘虏，又几经辗转到了缅什科夫家里，成了他家的一名洗衣妇。在一次驾临缅什科夫府邸的时候，彼得大帝偶然碰到了她，并对她一见钟情。于是缅什科夫慷慨地将她送给了彼得大帝。彼得大帝为她的美貌和开朗的性格吸引，将她接入宫中，并让她皈依东正教。受洗之后，彼得大帝赐给她教名叶卡捷琳娜。不久之后，叶卡捷琳娜为彼得大帝生下两个可爱的女儿。1712年，彼得大帝与她在教堂结婚。就这样，这位出身低贱的女人一跃成了俄罗斯帝国的皇后。她为彼得大帝生了很多子女，然而在成为皇后之时，只剩下婚前所生的两个女儿仍旧在世。这两个女儿就是前文提到的安娜和伊丽莎白。彼得大帝在皇位继承人中似乎没有什么选择，直到此时，他仍然只有阿列克谢一个皇子。但是他对这位前任皇后所生的皇子并不满意。彼得大帝是一个脾气火暴、精力充沛、极具进取精神的父亲，而阿列克谢却与他的个性截然相反。彼得大帝让阿列克谢接受严厉又激进的帝王教育，希望将他锤炼成与自己一样的人。但阿列克谢喜欢安宁守旧的生活，因此对父皇的安排充满抵触情绪。彼得大帝时常训斥这位懒散内向的皇子，认为他完全没有继承自己优秀的基因。父子之间的矛盾由此产生。

1715年，皇子阿列克谢的妻子为他生下一个儿子，取名为彼得，这也是彼得大帝第一个名正言顺的皇孙。几乎与此同时，皇后叶卡捷琳娜也怀孕了，为彼得大帝生下一个儿子，也取名为彼得（为避免混乱，皇孙称为皇孙彼得，皇子称为皇子彼得）。短短的时间之内，彼得大帝一下子有了三个继承人。皇孙彼得的母亲在他出生不久便与世长辞。阿列克谢将自己的情人——一个芬兰农奴少女——带回了自己的宫殿。

彼得大帝越来越厌恶大皇子阿列克谢。他命令阿列克谢立即纠正自己缺点,按照他的想法做事,否则就像截掉无用的肢体一样剥夺他的继承权。阿列克谢向父皇表示自己对皇位并无兴趣,愿意放弃皇位继承权。彼得大帝回应,如果放弃皇位,就要去修道院度过余生。阿列克谢虽然无心于皇位,但绝不愿意过修道士一样的生活。面对咄咄逼人的父亲,无路可走的他开始求助身边的近臣。

虽然彼得大帝是俄罗斯帝国历史上居功至伟的领袖,但他那暴君一般令人生畏的统治方式也使他身边的众多大臣对他心怀不满。1714年,他最宠信的近臣缅什科夫被另一名大臣多尔戈鲁基弹劾,检举了他贪污和违抗圣旨的行为。彼得大帝随后逮捕了缅什科夫的一众同党,并对他们进行了刑讯。其中一名被逮捕的人叫亚历山大·基金,他是海军部的秘书,同时也是阿列克谢的主要谋士。基金有幸在刑讯之下活了下来,最终遭到免职处分。心灰意冷的基金将希望全部寄托在皇子阿列克谢身上。他认为只要帮助阿列克谢登上皇位,自己将来的前途就会一片光明。他把身家性命都押到了阿列克谢身上。此时阿列克谢与彼得大帝的关系已经恶化到了极点。据说有一次阿列克谢在教堂忏悔时说出"想看到父亲死"这种话。彼得大帝也将阿列克谢比喻成一根"生了坏疽的手指",对周围的人说想要把这根手指切掉。但他还是给了儿子最后一次机会。1716年,彼得大帝写信给阿列克谢:"要么改过自新,要么你就出家去修道院。立刻给我拿定主意,否则我就把你当罪犯处置!"阿列克谢意识到就算放弃皇位继承权也无法换取自由的生活。彼得大帝此时正在第二次游历欧洲,试图游说欧洲各国建立一个消灭瑞典的联盟。8月26日，彼得大帝向阿列克谢发出最后通牒："要么到我身边作战，要么立即滚去修道院！"阿列克谢选择了第三条道路——逃跑。在谋士基金的建议下，阿列克谢决定带着情人一起逃往奥地利维也纳。临行前，基金对他千叮万嘱："如果你的父亲派人劝你回俄国，千万不要答应。回国之后他一定会杀了你。请殿下务必切记！"

返回俄国的彼得大帝发现皇子失踪后暴跳如雷，他的第一反应就是阿列克谢要发动政变。朝廷上下都在沙皇的诏令下到处寻找阿列克谢，然而搜遍了整个圣彼得堡也找不到他的身影。彼得大帝终于将搜寻的目标转移到国外，最终获得了他的行踪。阿列克谢正在维也纳游说奥地利助他一臂之力发动起义，攻入俄国，帮他夺取皇位。由此看来，阿列克谢背叛的不仅是他的父亲，还背叛了他的祖国。彼得大帝被儿子带来的这种耻辱折磨得怒火中烧。他立即派遣了一名叫作亚历山大·鲁缅采夫的军官前往奥地利交涉，命令他不惜一切代价把阿列克谢抓捕回国。鲁缅采夫向阿列克谢保证，只要他回国，他的父亲就会对他既往不咎。经过长达一年软硬兼施的交涉后，1718年1月，阿列克谢被说服了，最终被引渡回国。他忘了基金在他临行前对他的叮嘱，相信了父亲对他承诺的"只要回国一切不予追究"的鬼话。阿列克谢在莫斯科见到了迎接他的彼得大帝。然而他即将面对的不是父亲的宽恕，而是一场严酷的审判。1718年2月，彼得大帝命令秘密调查部对阿列克谢逃跑一案进行全面调查。彼得大帝亲自用鞭子抽打儿子。在令人毛骨悚然的刑讯中，阿列克谢供出了自己的所有谋士和支持者，包括忠于他的基金。彼得大帝对涉及此案的人员进行了大清洗，受牵连的官员多达上百人。基金在遭受毒打后被钉在刑轮上打碎全身骨骼，被折磨得奄奄一息。最终彼得大帝下令将他斩首。6月底，调查部以"阴谋颠覆现政权罪"判处阿列克谢死刑。然而尚未等到行刑之日，不堪忍受酷刑折磨的皇子便死于狱中。

在这起震惊宫廷的"阿列克谢事件"中，还夹杂着一则趣闻。亚历山大·鲁缅采夫因为在抓捕行动中立了功，彼得大帝将自己的情妇之一玛利亚·马特维耶娃赏赐给他。婚后不久，玛利亚就生下一个儿子，取名为彼得·鲁缅采夫。这位玛利亚的寿命很长，经历了罗曼诺夫王朝几代君主的统治，成了俄国宫廷里的一部"活历史"。彼得大帝驾崩之后，玛利亚常常到处讲述自己与彼得大帝的情史，并且暗示她的儿子彼得·鲁缅采夫事实上是彼得大帝和她的私生子。几十年后，这位传闻中彼得大帝的私生子成了俄国历史上赫赫有名的将军，向世人展示他战场上的风采。

皇子阿列克谢惨死后的第二年，也就是1719年，彼得大帝与皇后叶卡捷琳娜的儿子彼得也离开了人世。他的死对彼得大帝的身心造成了严重打击，罗曼诺夫王朝面临着后继无人的风险。后来俄国民间流传着一种说法，认为这是已故皇子阿列克谢的复仇，是他的魂魄对违背人性的父亲做出的惩罚。自皇子彼得离世，直至他自己驾崩，彼得大帝再也未能给帝国物色到一位合适的接班人。

频繁更替的继承人

彼得大帝处死皇子阿列克谢时并没有想到这种做法会导致无人延续罗曼诺夫王朝的香火。如今他垂垂老矣，皇后再也无法为他生出皇子，留给他的时间不多了。作为一个有为之君，彼得大帝最放心不下的是自己一手打造的江山。他希望自己的江山永固、万古长存。为国家选择接班人成了他迫在眉睫的任务。

皇子阿列克谢与皇子彼得之死使罗曼诺夫王朝的继承权问题变得扑朔迷离，但彼得大帝仍然找到了一个极其大胆和不同寻常的解决办法。1722年，彼得大帝破天荒地废除了长子继承制，公布了新的皇位继承法。继承法宣称，罗曼诺夫王朝皇位的继承人将由现任沙皇指定。如果未来的沙皇做出任何堕落的事，现任沙皇可以剥夺他的继承权并有权再次指定其他有资格的人继承皇位。颁布这项法令的时候，彼得大帝正承受着疾病的折磨，身体异常衰弱。他需要尽快为俄国指定一名继承人，但他不信任身边的任何人。这是卓越的君主容易犯的通病，他们总是拿身边的人与自己比较，然后认为他们一无是处。彼得大帝也是如此。他认为目前没有一个人拥有继承帝国遗产的资质。正在满朝文武揣测着国家将来的主人究竟是谁的时候，1724年5月，不知出于什么考虑，彼得大帝突然为皇后叶卡捷琳娜加冕，使她一跃成为国家的"二把手"。

1725年1月28日，饱受尿毒症折磨的彼得大帝驾崩，享年52岁。由于死得太突然，彼得大帝没能为帝国指定皇位继承人。他临终前的床榻成为各方势力的竞技场。最终，皇后叶卡捷琳娜在缅什科夫等权臣的支持下夺得沙皇之位，成为俄国历史上第一位女皇，史称叶卡捷琳娜一世。

即位后的叶卡捷琳娜一世宣称将继承丈夫的遗志，按照他的方式治理国家。但是愚昧无知、荒淫懒散的她完全没有彼得大帝的治国才能。由于整日纵酒狂欢，她的身体每况愈下。1727年5

月，在即位短短两年之后，叶卡捷琳娜一世驾崩。此后罗曼诺夫王朝的政权进入了频繁的更迭期，皇位的获取完全由一群权贵把控。他们先是拥立了彼得大帝的孙子，也就是阿列克谢的儿子彼得登基称帝。彼得这时年仅11岁，因为是第二个名叫彼得的沙皇，因此被称作彼得二世。谁也没有想到，彼得二世是个短命沙皇，即位三年后的他在1730年死于天花。他的死意味着罗曼诺夫王朝再也没有男性继承人。叶卡捷琳娜一世生前曾指定她与彼得大帝的女儿伊丽莎白为皇位继承人。然而在她死后，把控朝政的人没有遵从她的遗嘱。他们拒绝让伊丽莎白继位，理由是"伊丽莎白是私生女"。谁都知道这只是他们的借口，真正的原因是伊丽莎白身上流淌着彼得大帝的血液，在朝廷的影响力太大，不容易被权贵控制。但是国不可一日无君，沙皇的位置必须有人填补才行。权贵们将目光转向了曾经与彼得大帝一起临朝听政的"共治沙皇"伊凡的家族。伊凡生前有两个女儿。他们挑选了伊凡的大女儿安娜做帝国的下一任接班人，因为安娜是一个毫无治国能力的荒淫女人，权贵们就可以继续把控朝政。安娜的统治于1740年结束。与叶卡捷琳娜一世类似，她也是死于纵欲过度。安娜在位之时为帝国指定了一个接班人，是她亲妹妹的女儿安娜·利奥波多芙娜的儿子伊凡。1740年10月，才两个月大的幼帝伊凡登基即位，史称伊凡六世。他的母亲安娜·利奥波多芙娜顺其自然地成为摄政王。此时彼得大帝的女儿伊丽莎白已经31岁了。伊丽莎白继承了父母优秀的基因，长得高挑美丽，皮肤健康白皙，被时人誉为"俄国第一美女"。由于俄国皇家近卫军对彼得大帝怀有一种深厚的敬仰之情，再加上彼得大帝的女儿伊丽莎白又非常平易近人，近卫军对她的热爱程度远远超过了"婴儿沙皇"以及摄政王。摄政王安娜嫉恨伊丽莎白的美貌，更加忌惮她在近卫军之中的影响力，于是开始筹划将伊丽莎白打发到修道院里幽禁终身。事实上，伊丽莎白并没有夺取皇位的野心，她热爱现在的生活，沉浸在自由的狂欢之中。但是在安娜的逼迫下，走投无路的伊丽莎白在皇家近卫军的支持下，终于在1741年11月25日发动宫廷政变。伊丽莎白即位后，将退位的伊凡六世与他的母亲囚禁于波罗的海沿岸的一处要塞。彼得大帝驾崩后的第17年，他的女儿伊丽莎白终于继承了罗曼诺夫王朝的王位，终结了皇位频繁更替的时代。俄国进入伊丽莎白一世的统治时期。

如果伊丽莎白一世可以结婚生子的话，罗曼诺夫王朝的血脉将会毫无疑问地传承下去。然而，这个家族就像受到了某种诅咒似的，伊丽莎白女皇没有生育能力。这就是她刚登基不久就在1742年紧急召唤外甥彼得·乌尔里希来俄国的原因。彼得·乌尔里希是唯一一个身上流淌着彼得大帝的血液的继承人。伊丽莎白对他寄予厚望，希望尽最大的努力将他培养成优秀的君主。在伊丽莎白的想象中，彼得·乌尔里希应该长得一表人才，因为他的妈妈也就是伊丽莎白的姐姐是一个标致的美人。更何况他还是彼得大帝的外孙，无论怎样都应该会继承这个家族优秀的特质。然而自见到外甥的那一刻起，她所有的美好想象都破灭了。

站在她面前的15岁少年看上去明显比同龄人瘦小。他的面色苍白，眼睛像金鱼眼那样向外凸出，下巴瘦削，与高大英武的彼得大帝没有任何相似之处。除了外形不讨喜之外，彼得说话的声音也比常人尖锐，听起来有一种让人不舒适的感觉。不仅如此，彼得的身体也很孱弱，总是容易生病。更加令伊丽莎白失望的是，身为皇室后裔，彼得的知识水平也非常有限。事实上，彼得根本就没有受到过他这个身份的孩童应该接受的贵族教育，连当时上层社会必备的法语都说不好，几乎只会讲他的家乡语言德语。这样的外甥让伊丽莎白女皇大失所望。彼得与她心目中理想接班人的形象相去甚远，但她暂时没有别的选择。好在彼得已经15岁了，很快就会达到适婚年龄。于是伊丽莎白想到尽快为他寻觅一位合适的婚配对象。只要可以诞下新的皇室血脉，她就会有其他的选择。1744年，处心积虑的伊丽莎白终于敲定了大公夫人的人选，那就是安哈尔特14岁的小公主索菲亚。在伊丽莎白女皇的紧急召唤下，索菲亚与她的母亲约翰娜奔向了遥远的圣彼得堡。

此时仍在赶往圣彼得堡路上的索菲亚一定不清楚，与普通大众的婚姻不同，皇室的婚姻是权力交易的中心，甚至是一种可能要搭上性命的残酷政治游戏。只有具备极强的心理素质和生存能力的人才能成为游戏的赢家。当然了，与那些争夺皇位的人一样，如果想要成为赢家，运气也是必不可少的。

命运之轮

由于前往圣彼得堡的路途遥远艰辛，到达俄国境内的米陶时，索菲亚一行已是筋疲力尽。米陶是他们进入俄国之后第一个像模像样的市镇。伊丽莎白早已安排好瓦耶科夫将军在这里等候他们的到来。在米陶稍事休息后，他们将在瓦耶科夫的护送下前往里加。车队刚进入里加的地界，索菲亚他们就被轰隆隆的礼炮声吓了一跳，瓦耶科夫解释说这是女皇为他们安排的欢迎仪式。在经历了如此漫长又艰苦的旅程之后，索菲亚和约翰娜终于可以在舒适的地方好好休息一下了。女皇还派了一拨人马在里加等候，准备为他们接风洗尘。当她们母女二人从马车上下来时，周围的俄国人都毕恭毕敬地向他们行礼，这让约翰娜感到无比的荣耀。在里加休整过后，谢缪尔·纳雷什金亲王指引他们登上女皇为他们准备的皇家雪橇。索菲亚和母亲从未见过如此宽敞奢华的雪橇。它的外层盖着镶有银色穗带的红色帷幔，里面摆放着一张暖烘烘的锦缎大床，床上还铺着珍稀动物的皮毛。索菲亚对眼前的一切都充满了兴致。她无比激动地望着窗外，忘记了连日来旅途的疲惫，欢喜雀跃地想象着自己马上就要嫁给一位英俊的王子，将来还能成为这个伟大的国度的皇后的情形。这个场景简直就像童话故事一般美好。

就在索菲亚兴奋地畅想未来之时，一辆用黑布遮住的雪橇从对面驶来，与他们方向相反。这辆雪橇离他们越来越近，索菲亚可以看到雪橇四周拉得严严实实的窗帘，还有护送这辆雪橇的神色凝重的士兵。出于好奇，索菲亚询问纳雷什金亲王这辆雪橇上坐的是什么人。亲王有些尴尬地答道："这应该是布伦兹维克大公一家子。伊丽莎白女皇下令将他们流放并关进监狱。"他继续说道："这就好比命运之轮的选择，在同一条道路上，你走向了辉煌，而另一个家族却走向了衰落。"亲王的话让索菲亚若有所思。后来索菲亚了解到就在他们从里加前往圣彼得堡的同一天，那位被推翻的"婴儿沙皇"伊凡六世和他的母亲——曾经的摄政王安娜——正被官兵押送至里加。他们最终将被囚禁在波罗的海沿岸的奥拉宁姆堡要塞。索菲亚的童话梦停止了，她朦胧地意识到伊丽莎白女皇是一位值得敬畏的人物，俄国宫廷里的生活或许并没有自己想象的那么美好。

初见女皇

1744年2月3日①，经历了长途跋涉的索菲亚一行终于到达了俄罗斯帝国的首都圣彼得堡。当索菲亚和约翰娜从雪橇上下来的时候，圣彼得堡要塞传来震耳欲聋的礼炮声。首先映入她们眼帘的是千里冰封的涅瓦河。河面在阳光的照射下反射出耀眼的光芒。不远处就是逶迤两公里的沙皇宫殿——冬宫。她们以一种新奇的眼光打量着这个全新的世界，在冬宫的台阶前停下了脚步。冬宫的台阶上挤满了皇宫里的廷臣和各国外交大使。他们个个身穿盛装、佩戴假发，毕恭毕敬地等候着贵宾的到来。看到索菲亚母女时，大家热情地微笑着向她们行礼问候。约翰娜此刻感觉自己就是那位高高在上的女皇，以一种尊贵的表情不断地向周围的人微微点头致意。紧接着，四位美丽的侍女将一边向她们介绍着周围的人一边引领着她们进入冬宫的大门。

她们到达的这一天，伊丽莎白女皇和彼得大公并不在圣彼得堡，而是搬去了莫斯科的宫廷居住。不过女皇临行前特意为她们在冬宫安排好了房间，想让她们在圣彼得堡好好休息，待她返回后再正式接见。索菲亚和母亲在自己的房间歇脚的工夫，普鲁士

---

① 1699年，彼得大帝下令将俄国的历法改为儒略历，也称作俄国旧历。按照儒略历，俄国的日期比当时其他欧洲国家使用的公历晚。由于本书的故事主要发生在俄国，因此从叶卡捷琳娜离开家乡来到俄国起，涉及俄国的人物及事件均采用儒略历的日期记事。

位于圣彼得堡的冬宫

驻俄国大使马德菲尔德和法国大使拉舍迪艾随即就来拜访了约翰娜。他们二人表明是受普鲁士的腓特烈大帝之托,协助约翰娜一起破坏俄国与奥地利之间的盟友关系的。得知腓特烈大帝如此信任和重用自己,约翰娜感动不已。他们三人组成了一个密谋小团体,商议着如何能将亲奥派副枢密大臣别斯杜捷夫除掉。约翰娜觉得自己变成了国际舞台上一个举足轻重的人物,认为展现自己能力的时刻终于来临了。她暗下决心,不辜负腓特烈大帝的期望,将敌人别斯杜捷夫扳倒!两位大使建议她立即启程赶往莫斯科,在2月10日彼得大公生日那天当面为他庆生,以此博得女皇和大公的好感。约翰娜对这项提议深以为然,于是刚刚经历长途跋涉的母女二人再次坐上雪橇,马不停蹄地向莫斯科疾驰而去。虽然索菲亚为再次踏上旅途感到疲惫不堪，但是想到很快就可以见到决定她命运的那位王子，她的心里还是充满了期待。

车队一路全速前进，终于在2月9日傍晚赶到了俄国的旧都莫斯科。车队停在了克里姆林宫的木质台阶前面。约翰娜和索菲亚换上女皇赐给她们的皇家礼服，宫中的侍女将她们引领到女皇为她们准备的房间。就在她们刚准备歇一口气的时候，一个少年出现在了房间的门口，他就是伊丽莎白女皇的外甥、俄国大公——彼得·乌尔里希。看来年轻的彼得大公也是迫不及待地想见到这位来自普鲁士家乡的未婚妻，第一时间就独自跑来见她。然而当索菲亚看到彼得之时，她的心一下子沉了下来。眼前这个少年的形象与她想象中的白马王子有着天壤之别。彼得没有看出索菲亚的失落，在见到约翰娜和索菲亚后，他表现得非常愉悦。在用德语对她们的到来表示欢迎之后，彼得引领她们一起参见女皇伊丽莎白。

在穿过不知多少个门廊之后，他们来到了女皇的会客室。两扇房门对向打开之后，伊丽莎白女皇出现在了他们面前。约翰娜和索菲亚此前对伊丽莎白女皇的美貌早有耳闻，然而当亲眼见到她的时候，依然被她惊艳的容颜和端庄的气质震撼到了。伊丽莎白女皇现年35岁，遗传了彼得大帝的基因，个头非常高挑，身材比例堪称完美。接见索菲亚母女的这天，她穿着镶有金色花边的银色丝绸紧身连衣裙。据说她一共有一万五千套衣服，每套衣服只穿一次，绝不重复。索菲亚在日记中记录下了伊丽莎白女皇留给她的初次印象："她的头发上戴满了钻石，还插了一根黑色的羽毛。这根羽毛恰到好处地垂落在她的耳边，显得优雅极了。"索菲亚和约翰娜依次向女皇行法式礼仪。看着眼前的约翰娜，伊丽莎白想到了她那死于天花的未婚夫，于是对她们母女二人倍感亲切。女皇与他们攀谈了很久，对索菲亚也非常满意。在伊丽莎白看来，这个女孩虽然貌不出众，但见识广博，比她的外甥讨人喜欢得多。看到女皇亲切的态度，约翰娜以及朝廷中的亲法亲普派大臣的脸上都流露出了得意的神态。而站在一旁亲奥地利的副首相别斯杜捷夫则压抑着心中的不满，强颜欢笑。

2月10日，她们来到莫斯科的第二天，是彼得大公16岁的生日，她们匆忙赶来莫斯科正是为了给大公庆祝生日。对伊丽莎白女皇来说，这次的生日宴会非比寻常，除了为彼得大公庆生之外，还有一件更加值得庆祝的事情，那就是欢迎约翰娜和索菲亚的到来。在这场生日宴会上，索菲亚有幸一睹女皇的情人、"夜间皇帝"阿列克谢·拉祖莫夫斯基的风采。拉祖莫夫斯基跟在女皇身后，手里托着装有圣叶卡捷琳娜勋章的黄金托盘，目不斜视地走过人群。索菲亚惊讶于他帅气逼人的面孔，认为他才是世间最英俊的白马王子。虽然深得女皇圣宠，享受着至高无上的荣耀，但拉祖莫夫斯基并不张扬，而且从不利用自己的影响力干涉朝政。女皇当天心情愉悦，虽然脸上依然神态严肃，但当她看到约翰娜和索菲亚时总会流露出可亲的笑容。索菲亚也对她充满了亲近的感觉。约翰娜则畅想着未来，她仿佛看到了自己期待已久的美好生活。

伊丽莎白女皇接纳了索菲亚，不久的将来会安排她嫁给彼得大公，成为俄罗斯帝国的大公夫人。对索菲亚母女来说，这是一种无上的荣耀。约翰娜不禁感叹当初自己的盘算是多么明智。她与女儿的前途看上去一片光明，至少目前的确如此。

Екатерина II Алексеевна

第三篇

欲戴王冠 必承其重

我的名字叫叶卡捷琳娜

历尽千辛万苦终于见到伊丽莎白女皇和彼得大公的索菲亚母女,在莫斯科享受着皇家贵宾级的待遇。虽然索菲亚才14岁,但她已经明白,与即将戴在自己头上的那顶皇后之冠相比,彼得大公并不英俊的相貌是微不足道的。她已暗下决心努力取悦彼得。索菲亚的母亲约翰娜也很满足,她认为自己在遥远的俄国找到了展现风采的平台。在她看来,容貌惊人、头脑空洞的伊丽莎白女皇根本不足为惧。她已经摩拳擦掌,等着在欧洲外交舞台之上一展拳脚了。不过眼下她最期待的,是看到女儿与彼得大公正式结婚,只有这样,一切的梦想才能成真。

在彼得的生日宴会上,伊丽莎白女皇将情人阿列克谢·拉祖莫夫斯基手中托盘上的圣叶卡捷琳娜勋章授予约翰娜和索菲亚。接着,女皇又从旁边侍女的手中拿起两枚星星形状的金属牌子,分别别在了约翰娜和索菲亚的衣服上。谁戴了这块牌子,就代表这个人已经进入了女皇最亲密的圈子。

彼得已经16岁了,但他的身形与心智似乎都没有任何长进。随着与他相处时间的增多,索菲亚发觉彼得的想法相当幼稚,而且他聊天的话题也很无趣,彼得根本没有一个皇位继承人该有的样子。但彼得对待索菲亚非常坦诚,将她视为来自家乡的亲人。彼得毫无顾忌地告诉索菲亚,他讨厌俄语,讨厌俄国,讨厌俄国的一切。虽然已经受洗成为一名东正教教徒,彼得仍然坚信路德教的教义。最令索菲亚吃惊的是，彼得竟然毫不避讳地告诉她，自己喜欢上了宫廷里的一个女孩。这个女孩的母亲是女皇的一名侍女，可惜前段时间不知出于什么原因得罪了女皇，全家人都被流放到了西伯利亚，所以他现在不得不娶索菲亚为妻。虽然索菲亚对彼得没有爱意，但是她听到他这番言论之后，还是感到自尊心受到了伤害。与彼得相比，索菲亚的思想则要成熟得多。她知道自己当前的使命就是讨彼得欢心，于是仍旧很有礼貌地聆听他的倾诉。索菲亚表现出的礼貌增加了彼得向她倾吐心事的欲望。在俄国这个陌生的国度，索菲亚的到来让彼得找到了来自家乡的亲切感，他亲切地称呼她为"菲琪"，与她用德语沟通，将自己的心事毫无保留地告诉她。在彼得的眼中，索菲亚更像自己亲密的伙伴，而不是未婚妻。彼得之所以有这种不成熟的性格，与他童年的不幸经历是密不可分的。

在彼得出生后的第二天，他的母亲安娜——也就是伊丽莎白女皇的亲姐姐——就离世了。他的父亲，也就是当时的荷尔斯泰因公爵对彼得漠不关心，教育他的方式也很简单粗暴。从七岁起，父亲就让他接受严苛的军事训练。据说有一次，他的父亲在家中与各位军官宴饮，却让彼得像哨兵似的在门外站岗值勤。可怜的彼得，只能眼睁睁地看着仆人们端着一道道美食从他眼前走过，而饥肠辘辘的他却无法享用。父亲对他坚守"岗位"的行为非常满意，当场提拔他为中尉，并起身将他引领入席，请他一同享用美食。可是已经饿过了头的彼得面对一桌的大餐根本吃不下几口。多年以后，当他回忆起这段经历时，竟然对众人说："那是我一辈子最幸福的一天。"以后的事实证明，那一天或许真的是他童年时期最幸福的一天。

如果说父亲在世时，彼得都没有得到什么关爱的话，在他11岁那年父亲去世之后，他的生活则变得更加悲惨。虽然彼得继承了父亲荷尔斯泰因公爵的爵位，但他的身边却没有一个人尊重这位父母双亡的少年。作为彼得的监护人，他的叔父阿道夫·腓特烈完全没有尽到对他的监护责任，以至于彼得的家庭教师布鲁默对他百般虐待都无人问津。布鲁默不仅时常用棍棒等工具殴打体罚彼得，还时常对他做出一些具有侮辱性的行为，例如他曾将画有一头驴的纸片挂在彼得的脖子上，讽刺彼得是一头蠢驴。这些做法对任何一个少年来说都会造成严重的心理创伤。在这种环境下成长的彼得形成了胆小怕事却又狡猾奸诈的性格。而童年性格的养成在未来几乎是不可逆的。14岁那年，彼得的姨母伊丽莎白女皇将他接到俄国。为了将他培养成罗曼诺夫王朝优秀的继承人，伊丽莎白安排了最好的教师全方位地改造他。彼得在俄国宫廷接受的可以说是最好的教育，但仍旧没能改变他的性格。令人感到诧异的是，虽然彼得的童年经历如此不幸，但他热爱的依然是他从父亲那里继承而来的荷尔斯泰因公国。虽然俄国使他远离暴力的体罚并且带给他荣誉和至高无上的地位，但他对俄国的一切仍然充满了抵触。

与彼得完全相反，索菲亚对俄国的一切都充满了好奇。她认为俄国给了她新生的机会。她像海绵吸水一样学习和接受这个国家的语言和风俗习惯，默默地观察皇宫里每个人的行为并努力记住他们的名字。总之，她非常希望自己可以尽快融入这个新环境。

伊丽莎白女皇也为索菲亚安排了优秀的教师团队，教授她俄语、东正教教义以及舞蹈等课程。她的俄语老师阿杜洛夫和东正教老师西蒙都对她的勤奋和聪慧称赞有加。索菲亚学习俄语的热情尤其高涨，课堂的时间已经无法满足她对知识的需求，她时常恳求老师为她延长上课时间。不仅如此，她还习惯在半夜光着脚丫踩在冰冷的地板上秉烛夜读。尚未适应俄国寒冷气候的索菲亚因此受了凉，病倒了。起初，索菲亚只是患了轻微的风寒，只要及时医治就会好起来。但是她的母亲约翰娜害怕别人说她的女儿弱不禁风，对索菲亚生病一事进行了隐瞒，并且指责女儿娇气。由于没有得到及时治疗，索菲亚的病情加重，最后发起了高烧。这下子约翰娜隐瞒不住了。御医诊断索菲亚患上了急性肺炎。正当御医准备给她进行放血治疗时，约翰娜竟然站出来横加阻挠，说自己的哥哥就是因为放血治疗染上了天花。本就昏昏沉沉的索菲亚，听到母亲与医生的争吵更加难以忍受病痛的折磨。幸好索菲亚病重的消息及时地传到了伊丽莎白女皇的耳朵里，正在莫斯科郊外修道院做祷告的她立即赶回克里姆林宫。得知约翰娜阻挠医生治疗后，女皇狠狠地呵斥了她，并命人将她赶出病房。索菲亚终于开始接受放血治疗。在索菲亚患病的整整一个月的时间里，伊丽莎白女皇一直陪在她的身边，为她擦汗、盖被子，亲吻她的额头，对她不离不弃。索菲亚靠在女皇的臂弯里，认真地看着眼前这个尊贵的女人，流下了感动的泪水。伊丽莎白女皇与她没有任何血缘关系，却给予了索菲亚母亲一般的关爱。索菲亚将女皇对她的好铭记在心，虽然在往后的日子里她将被这个女人百般折磨，但在内心深处却始终对她怀有一份感激。

由于母亲的隐瞒和拖延，索菲亚的病况非常凶险，甚至一度徘徊于死亡的边缘。在她状况最糟糕的时候，约翰娜想请一位路德教的告解神父抚慰她的心灵。虽然已经被高烧和放血治疗折磨得精疲力竭，索菲亚还是用虚弱的声音说道："为什么要请路德教的神父呢，请把我的东正教老师西蒙喊来吧，我更希望向他告解。"索菲亚在身患重病之时仍旧表达出她对俄国发自内心的热爱，女皇和身边的侍女们无不感动得热泪盈眶。

然而并不是每个人都希望索菲亚尽快好起来。听说索菲亚病重，俄国宫廷中以副枢密大臣别斯杜捷夫为首的利益集团甚至已经着手谋划起为彼得大公重新选择大公夫人的事情。生命力顽强的索菲亚让他们失望了。在经过16次放血治疗之后，索菲亚的病情终于开始好转。当她的意识渐渐清醒之后，索菲亚明显感受到身边的人对自己的态度变得更加亲切起来。这大概是大家听说了这位来自德意志的小公主是为了学习俄语才着凉生病，而且病重期间坚持选择代表俄国的东正教神父聆听告解的缘故。这让索菲亚有一种融入了这个国度的感觉。就像她在接受放血治疗时说的"放干我身体里最后一滴德意志人的血，我就会成为真正的俄国人"。

与患病期间伊丽莎白女皇对她表现出的关爱不同，索菲亚母亲的表现实在令人费解。女儿的病情刚刚有所好转，约翰娜便派了一名仆人向她索取一块绸缎布料，那是对索菲亚有好感的乔治舅舅在她离开家乡之时送给她的临别礼物。虽然万分不舍，索菲亚还是把布料交了出去。得知此事的伊丽莎白女皇立即差人送给索菲亚一块更加华美的布料，以此表达自己对约翰娜这种行为的不齿。

4月中旬到了，莫斯科的冰雪消融，索菲亚也已经基本痊愈。她即将在俄国迎来自己15岁的生日。作为对她患病期间坚强表现的嘉奖，女皇赏给她精美的钻石项链和耳环。不仅如此，女皇还体贴地差人送给索菲亚一盒胭脂，让她参加生日宴会时略施粉黛，以遮盖她久病初愈的苍白的脸色。后来索菲亚在回忆录中写道："那时的我瘦得像一具骷髅。经过这场病之后，我比之前高了，但是我的头发几乎掉光了，面如死灰。看着镜子里自己丑陋的样子，我简直快要认不出自己。"

索菲亚的生日宴会一结束，女皇便着手准备让她接受东正教的洗礼、正式皈依东正教的事宜。索菲亚记起了临行前父亲对她的叮嘱，要她答应务必不可改宗。但索菲亚此时已经坚定了改宗的信念。在对待宗教信仰方面，她并没有父亲那么虔诚。索菲亚终其一生都是一个信奉现实的人。她清楚地知道如果要做俄国的大公夫人，就必须皈依俄国的东正教，除此之外她别无选择。但她必须找到一个合理的说辞向疼爱自己的父亲做出交代。她向东正教老师西蒙诉说了自己的为难之处。西蒙告诉她，东正教和路德教只有形式上的差别，两者的教义在本质上是相同的。受到启发的索菲亚以此为理论基础写信给父亲，以诚恳的语气再三请求他同意自己改宗。带着深深的无奈，离她千里之遥的父亲最终还是妥协了。

经历过这次疾病之后，彼得大公变得比以往更加珍惜索菲亚这个伙伴。他将她视为自己的灵魂伴侣，只有在她面前才会放下戒备之心，无所不谈。

伊丽莎白女皇迫切地希望将索菲亚与彼得外甥的婚事确定下来，以防生变，于是决定在1744年6月29日，也就是索菲亚受洗日的第二天为他俩举行订婚仪式。然而在订婚仪式即将到来之际，索菲亚的母亲却招来了祸事。

1744年5月，伊丽莎白女皇带着她的亲信前往特罗伊茨修道院做祷告，并命令索菲亚、约翰娜和彼得大公随驾同行。一行人刚刚到达目的地，女皇便召约翰娜到她的套房来。索菲亚和彼得无忧无虑地坐在窗台上，荡着双脚愉快地聊天。忽然间，女皇陛下的房门打开了，她的御医莱斯托克怒气冲冲地走了过来，冲着索菲亚喊道："你的幸福日子到头了，打包回你的老家去吧！"突如其来的状况让两人目瞪口呆。彼得大公问道："发生了什么事？"莱斯托克没好气地说："殿下很快就知道了。"索菲亚大概猜到了应该是母亲闯了祸。生病的时候，她曾装作熟睡的样子偷偷听到过周围的侍女们议论她的母亲在皇宫里做了一些不法的勾当。索菲亚把猜想告诉了彼得，彼得安慰她道："即使你的母亲做错了事，也不应该怪罪于你。"30年后，索菲亚在她的回忆录中这样描述当时的场景："彼得对我毫不关心，我都可以想象得到万一自己出了事被责怪，他一定会毫不犹豫地与我撇清关系。"事实上，索菲亚在回忆录中对彼得大公的这种评价是有失公允的。那时的彼得大公的确将她视为最亲密的伙伴，只是后来随着事态的发展，他们的情谊才逐渐走向破裂。在她当政之后，出于政治需要，只要涉及彼得大公的事情，她都会千篇一律地进行抹黑。可惜的是，在历史面前，彼得永远无法自证清白——因为他从来不写回忆录。

　　索菲亚感到焦虑起来，她清楚自己的命运掌握在伊丽莎白女皇手中，难道她真的会让自己打道回府吗？这对索菲亚来说无疑是一个巨大的灾难。正在他们不知所措之时，女皇从房间里走了出来，她的表情严肃，而且很明显由于生气涨红了脸，看上去非常可怕。跟在女皇身后的是哭得泪眼婆婆的约翰娜。见到女皇之后，一脸迷茫的两人立即从高高的窗台上跳了下来，毕恭毕敬地向女皇行礼。见到他俩单纯的脸蛋之后，伊丽莎白的火气瞬间消散了许多。伊丽莎白女皇对着他俩报以微笑，并弯下腰来亲吻了他们的脸庞。索菲亚悬着的心终于落地了，很显然，女皇并没有将无辜的她与母亲混为一谈。

后来，索菲亚得知了整件事的缘由。自从她们来到俄国，母亲就在那两个腓特烈大帝安插的外交官的怂恿下施展起她的"外交才华"。她频繁地与朝廷里亲普鲁士的大臣们通信，密谋推翻他们的敌人——副首相别斯杜捷夫。更过分的是，约翰娜的书信中还充满了对伊丽莎白女皇的侮辱之词，说她是一个不务正业的懒惰女人，讽刺她对服装的变态追求和私生活的混乱，等等。那个时候，欧洲各国均已有了拦截和破译信件密码的专门机构，一般被称作"黑屋"或者"诺瓦内阁"。各国政府之间的多数信函都会被黑屋拦截，然后由专人破译。俄国的诺瓦内阁在欧洲各国中尤其高效。约翰娜和她的同伙不知道的是，他们的书信早已被别斯杜捷夫掌控的黑屋截获，并专门派人破译了书信的密码。只是他一直按下不表，他要等待这些人犯下更大的错误。副首相别斯杜捷夫已经51岁了，混迹官场多年的他绝对算得上是一位政治老手，初来乍到的约翰娜根本不是他的对手。由于伊丽莎白女皇基本不过问政事，整个俄罗斯帝国的朝堂几乎都在他的把控之中。这只狡猾的老狐狸在搜集到足够多的证据之后，终于将所有的信件一股脑地全部交到女皇手上。这无疑是一个巨型炸弹。读到这些信件的伊丽莎白怒不可遏，尤其是看到约翰娜在信中对她进行人身攻击之时，她恨不得立即将这个恶毒的女人逮捕审讯。怒火中烧的伊丽莎白当即下令将那两个外国大使驱逐出境。至于约翰娜，伊丽莎白看在她特殊的身份上暂时没有惩罚她，只是命令她待女儿出嫁之后立即离开俄国。

约翰娜的外交梦就这样破碎了。在俄国宫廷里，大家都尽量避开她，生怕和她扯上关系。而她绞尽脑汁想要扳倒的副首相别斯杜捷夫却托她的福被女皇提拔为俄国的枢密大臣，成了俄国的首相，权力变得更大了。因为这件事情受到牵连的还有远在普鲁士的腓特烈大帝，他处心积虑设想的俄普友好关系就此彻底破灭。远在普鲁士的他得知约翰娜的愚蠢行为时一定悔青了肠子。除了奥地利的玛利亚·特蕾西亚之外，腓特烈大帝又得罪了一个有权有势的女人。自此开始，一直到伊丽莎白女皇统治结束，俄国和普鲁士一直处于水火不容的敌对状态。

最无辜的人就是索菲亚了。自始至终，她都没有参与母亲的任何阴谋。伊丽莎白女皇虽然此时并未迁怒于她，但一直对此事耿耿于怀。在接下来十几年的时间里，伊丽莎白都没有忘记约翰娜做过的那些事，只要一想到那些就会对她的女儿索菲亚大发雷霆。

时间终于来到了6月28日这一天。按照计划，索菲亚将在这一天正式接受洗礼，皈依东正教。虽然内心既兴奋又紧张，索菲亚还是在皈依仪式的前夕睡了一个安稳的觉。第二天一早，皇家教堂里挤满了人。索菲亚穿着与女皇相同款式的礼服出现在人群中。一根白色缎带将她不加粉饰的头发轻轻地系在后面。她的母亲有史以来第一次夸赞自己的女儿看上去很美。

受洗仪式上，索菲亚用她带有浓重德意志口音的俄语一字不差地读完了长达50页的东正教教义，又以一种无可动摇的坚定语气大声背出东正教的信条。伊丽莎白女皇看到如此优秀的小公主，感动得流下了热泪。她的外甥彼得与如此优秀的索菲亚真的是有天壤之别啊！在受洗仪式过程中，索菲亚自始至终保持着挺拔的站姿。她那种自信的仪态赢得了俄国宫廷上下的一片赞赏，有些人似乎看到了这个小姑娘将来不同凡响的一面。

按照常规，伊丽莎白女皇需要赐予受过洗礼的索菲亚一个教名。她赐给她叶卡捷琳娜这个教名。这是伊丽莎白母亲的名字，可见她此时对索菲亚的感情之深。伊丽莎白之所以让她摒弃索菲亚这个名字，还有另一个原因。在她的父亲彼得大帝年少时，怂恿射击军发动政变、自称摄政王的女人的名字就叫索菲亚。自此，来自安哈尔特－泽布斯特的公主索菲亚正式变成了叶卡捷琳娜。

虽然父亲奥古斯都亲王得知女儿皈依东正教后伤心不已，但对于索菲亚——现在应该叫她叶卡捷琳娜了——来说，昨天的索菲亚和今天的叶卡捷琳娜并没有任何不同。宗教信仰问题从来不会成为她人生的羁绊。在她看来，皈依东正教仅仅意味着她的人生即将踏上一段全新的旅程。

大公夫人

自1744年6月28日起，索菲亚正式成为叶卡捷琳娜。根据伊丽莎白此前的安排，她将在受洗后的第二天与彼得大公订婚。

6月29日一大早，叶卡捷琳娜刚刚醒来，就有侍女为她献上镶嵌在钻石相框中的两幅肖像画，分别是伊丽莎白女皇和彼得大公的肖像。待她着装整齐后，侍女们引领她来到女皇身边。正在中央楼梯的台阶上等候他们的女皇头戴皇冠，肩上披着象征皇权的披肩，看上去十分威严。叶卡捷琳娜和彼得大公跟在女皇身后，身边的侍从们举着硕大的银色华盖，朝臣们按照各自的地位排序依次跟在他们后面，一行人浩浩荡荡地走出克里姆林宫。叶卡捷琳娜的母亲也被允许前来观礼，但她只能站在比较远的地方。走下最后一级台阶后，他们来到了克里姆林宫外的广场，近卫军团的士兵列队站在两旁警戒。穿过广场之后，就是圣母升天大教堂了。叶卡捷琳娜和彼得大公要在这里举行订婚仪式。教堂里穿着红袍的牧师向他们点头问好。女皇拉起叶卡捷琳娜和彼得的手，缓缓地朝着教堂中央走去，大主教亚瑟尼斯正站在那里等着他们。二十年后，这位大主教还将再次出现于历史舞台上，扮演反对宗教改革的角色。随后，大主教郑重地宣布叶卡捷琳娜与彼得大公正式订下婚约。站在主教身边的女皇亲自为他们交换了戒指。教堂外面礼炮轰鸣，莫斯科所有教堂的钟声也在此刻响彻全城。订婚仪式结束后，叶卡捷琳娜正式成为俄罗斯帝国的大公夫人，朝野上下的人需要尊称她为"殿下"。

　　整个订婚仪式总共持续了四个小时。叶卡捷琳娜后来回忆这段经历时说道："这四个小时对我来说是一种折磨。整整四个小时都不允许我们坐下来休息一下。订婚礼服的面料很重，压得我肩膀都抬不起来。教堂祭司手里摇晃的焚香球散发出的气味让我一直忍不住想要打喷嚏……"

　　漫长的仪式结束后，终于到了午宴的时间。但是已经累过头的叶卡捷琳娜几乎吃不下任何东西。刚刚勉强塞了几口面包的她听到母亲抗议的声音："既然我是大公夫人叶卡捷琳娜的母亲，我就有权坐在这儿！"原来，约翰娜是因为女皇没有将她与女儿安排在同一桌进餐而发出这种抗议。周围的人以一种诧异的眼光看着约翰娜，等着女皇发话。叶卡捷琳娜觉得这种场面尴尬极了。周围鸦雀无声，母亲依然不依不饶，继续要求与皇室成员坐在一起。女皇终于发话了，她叫来宴会主管，指着约翰娜对他说："去为这位女士安排一个特别的位置！"所谓特别的位置原来是只有约翰娜一人享用的私人包厢。看着母亲独自一人在一张大桌子上吃饭，叶卡捷琳娜虽然怪罪母亲的虚荣心，但是心里仍然感觉很不是滋味。还好，到了晚间舞会的时候，约翰娜被女皇允许在御座前面的那块地毯上跳舞。这块地毯是伊丽莎白跳舞的专用地毯，女皇这样做也算是稍稍挽回了约翰娜的颜面。

  冗长的订婚典礼总算结束了。刚刚回到自己的房间，叶卡捷琳娜就收到了女皇赏赐的礼物：珠宝、名贵的布料，还有三万卢布的零花钱。这笔钱对于从未收到过零花钱的叶卡捷琳娜来说可算是一笔巨资了。她的确太需要钱了。在这座奢华的宫殿里，没有钱简直寸步难行。但她必须对这笔资金仔细规划。她先从中匀出来一部分寄给父亲，让他给前段时间生病的弟弟看病用，然后又将此前给未婚夫买订婚戒指的钱从中扣除。叶卡捷琳娜光是买这枚订婚戒指就花掉了一万四千卢布，而彼得大公给她买的那枚价值一万两千卢布，大家由此称赞大公夫人的眼光更好一些。除了钱财之外，女皇还赐给她几位经过精心挑选的侍从。他们都是些与大公夫人年龄相仿的少年，首相别斯杜捷夫的儿子就是其中一员。这些少男少女们组成了大公夫人的小宫廷，但是约翰娜被禁止自由出入女儿的小宫廷。如果她要见女儿，就必须事先通报。对约翰娜来说，这是一种难以忍受的侮辱。她被彻底地孤立了，对女儿的小宫廷和身边的一切都充满了抱怨。每当看到自己的母亲，叶卡捷琳娜都有一种内疚和恐惧感。还好，她的小宫廷给她带来了无限的欢乐。她的年轻侍从们个个精神饱满、朝气蓬勃，大公和大公夫人每日都与这些年轻人一起尽情地欢笑、追逐、打闹。这或许是叶卡捷琳娜在俄国宫廷里度过的最无忧无虑的日子了。

彼得大公的那位虐待狂家庭教师布鲁默当时也随他一起来到了俄国，并被伊丽莎白女皇任命为大元帅。那封寄往斯德丁的信就是他受女皇之托写的。布鲁默似乎先天就是个暴力狂，即使到了俄国还是忍不住想要虐待彼得。但是彼得知道自己已经没有必要再怕他。彼得学会了反抗，有一次彼得在布鲁默要施暴之时大声地威胁布鲁默，说要把布鲁默杀死。这让布鲁默更加厌恶彼得。看到彼得与小宫廷里的年轻人整日嬉戏的样子，布鲁默单独找到大公夫人。他想请求大公夫人帮助他一起规劝大公的不良行为并建议大公夫人向女皇汇报，让女皇对大公的行为进行惩戒。叶卡捷琳娜拒绝了布鲁默的请求。后来她在回忆录中写道："我告诉他这不可能。如果我按照他的要求做了，大公一定会认为我与他一样令人讨厌。"叶卡捷琳娜非常明智，她清楚自己今后在俄国的唯一依靠是彼得。只有赢得他的信任，才能确保自己在宫中有立足之地。

基辅朝圣

1744年7月，伊丽莎白女皇决定前往基辅进行一场朝圣之旅。基辅距离旧都莫斯科大概有1000俄里（1俄里大约等于1.0668千米），是一座比莫斯科历史还要悠久的城市，也是当时俄国最古老、最神圣的地方，主要人口为乌克兰人。这次前往基辅朝圣的路上还会经过伊丽莎白女皇的情人拉祖莫夫斯基的老家。按照计划，他们将专程拜访拉祖莫夫斯基出生的村庄。对拉祖莫夫斯基这位曾经的乌克兰农奴来说，这绝对算得上是名副其实的衣锦还乡。

彼得大公将此次朝圣之旅视为郊游，他兴奋得像个孩子一样。只要有什么事情可以中断他的课程，彼得都会感到开心。与他相反，叶卡捷琳娜却认为消耗在朝圣路上的时间是对她学习时间的一种浪费。她渴望将更多的时间花在学习知识上，好尽快融入俄国。看着努力学习俄语和俄国文化的叶卡捷琳娜，彼得不屑一顾："我是德意志人，而且我将永远是一名德意志人。"

前往基辅的路上是一望无际起起伏伏的平原和稀疏的村庄。每当望向窗外，叶卡捷琳娜总会对这个庞大的国家充满敬畏之心。在她看来，俄国的领土似乎大得没有边际，统治这么一个大国应该不是一件简单的事。

车队很快到了拉祖莫夫斯基的家乡，他们在这里逗留歇脚。当地的乡亲们因为女皇和拉祖莫夫斯基的驾临倍感自豪，早早就准备好了面包和盐出门迎接车队。面包和盐是俄国人用来欢迎最重要、最尊贵的客人时献上的礼物，是他们迎接贵客的传统习俗。虽然已是光耀门楣，但是拉祖莫夫斯基从不允许他的亲戚们拿他的名字四处吹嘘招摇，更不准他们打着他的旗号趾高气扬。拉祖莫夫斯基的做法反而让伊丽莎白女皇更加喜欢他朴实的家人，尤其是他16岁的弟弟基里尔。此时的基里尔还是一个普通的牧羊少年。伊丽莎白女皇发现他聪颖又有才智，于是邀请他到首都圣彼得堡学习深造。后来基里尔周游欧洲列国，成为叶卡捷琳娜的亲密伙伴和她统治时期的重要大臣。

离开拉祖莫夫斯基的家乡继续启程后，发生了一件事情，使得约翰娜与彼得大公之间的关系剑拔弩张。当时彼得大公在车厢里蹦蹦跳跳地做鬼脸逗未婚妻开心，却不小心打翻了约翰娜放首饰的匣子。这本是一件微不足道的事情,而且彼得也立即为他的鲁莽向未来的岳母大人道了歉。但是约翰娜却开始不依不饶地小题大做起来,骂彼得大公是一个没有教养的坏孩子。"没有教养"这四个字激怒了彼得,他开始还口,骂约翰娜是个泼妇。叶卡捷琳娜夹在中间。起初她不知如何是好,于是保持着沉默。但是他们二人的争吵愈演愈烈,如果她再不表明立场,可能双方都会怪罪她的冷漠。虽然叶卡捷琳娜对她的未婚夫并没有喜爱之情,但她还是更愿意站在他这一边,毕竟自己的未来系于他而不是母亲的身上,更何况母亲的确有些无理取闹。想到这里,叶卡捷琳娜鼓起勇气对母亲说她认为大公不是故意的,希望她可以息怒。听到这句话的约翰娜立即将矛头转向了叶卡捷琳娜,骂她是个没良心的臭丫头。受到母亲斥责的大公夫人哭了起来。彼得大公立即用手臂护住他的未婚妻,更加严厉地指责约翰娜。不知过了多久,这场争吵终告结束,但是彼得大公与约翰娜之间由此留下了一道永久的裂痕。

　　经过了大约三周的时间,女皇一行终于到达了最终的朝圣地——基辅。在这里,叶卡捷琳娜看到了在宫廷内看不到的一幕——周围的一切似乎都有些残破——乞丐们伸出手在路边乞讨;村民们带着妻子和孩子,他们大都衣着破烂,骨瘦如柴。叶卡捷琳娜没有想到,宫墙之外众多俄国普通百姓的生存条件竟然如此之差,也惊讶于富丽堂皇的教堂与那些贫穷的朝圣者之间巨大的反差。这是叶卡捷琳娜接受到的来自俄国现实生活的第一堂课,她也第一次对俄国的农奴有了一个模糊的认识。她认为作为皇室成员的自己有义务改善这些人的生活。但当她想与母亲和大公探讨这些问题之时,她发现他俩对眼前的一切视若无睹。她的母亲正忙着给她的社交圈子写信；大公则忙着诅咒俄国这个落后又野蛮的国度，哀叹自己可悲的命运。

见到女皇一行的车驾后，前来朝圣的人们全部依次排开，有些人冲着他们微笑，有些人目光呆滞地唱着赞美诗。在这些臣民眼里，他们的女皇特别虔诚。然而他们不知道的是，当夜幕降临，他们返回自己的木屋里挨饿受冻时，女皇就换上了一副与白天截然不同的面孔，过起纸醉金迷的生活。

伊丽莎白女皇是个极其喜爱在夜晚活动的人。她整日都沉浸于各种晚宴、舞会、牌局当中，时常玩到凌晨才爬上床休息，再一直睡到第二天自然醒来（通常已经是中午了）。

在拜访了一座又一座修道院、举办了数不清的宴会和舞会之后，伊丽莎白女皇终于厌倦了基辅，迫不及待地想要赶回莫斯科。

身染天花

伊丽莎白女皇和她的宫廷返回莫斯科后，所有人的生活又回到了之前的轨道。伊丽莎白还是一如既往地沉醉于她的各种社交舞会。在此期间，她还独辟蹊径地玩起了男女换装舞会，并且下令每周二都要举办这种换装舞会。那些人高马大的男人们穿上女人的束身衣和带有裙撑的裙子，看上去既丑陋又滑稽；而女人们穿着男人的衣服也显得非常不得体。几乎所有人都痛恨这个换装舞会，除了女皇自己。因为伊丽莎白身材高挑，男装可以显示出她修长的美腿，更好地展现出她的英姿。伊丽莎白女皇非常在意自己的容颜，她绝不允许周围任何一个女人比她更美，她对美的追求甚至已经到了疯狂的地步。很快，叶卡捷琳娜就会见识到女皇的另外一张面孔。

一天晚上，伊丽莎白女皇邀请皇室中的各位亲信一起到剧院看戏。女皇与她的御医莱斯托克坐在一个包厢里，叶卡捷琳娜与她的母亲和未婚夫坐在女皇对面的包厢。剧场中间休息期间，叶卡捷琳娜注意到女皇正在生气地与莱斯托克讨论些什么，他们愤怒的目光不时地投向对面的自己。叶卡捷琳娜有了一种不好的预感。不一会儿，莱斯托克径直地向她走来，一本正经地对她大吼道："你花钱太大手大脚了，小小年纪便已负债累累！女皇在还是公主的时候可没有你那么多零花钱！"看着莱斯托克恶狠狠的表情，叶卡捷琳娜委屈得抽泣起来。坐在一旁的彼得大公这次不仅没有安慰她，反而站在自己姨母的一边指责她的奢侈，就连约翰娜也跟着批评起女儿的挥霍无度。第二天，叶卡捷琳娜要求小宫廷的管家将她的账本拿来。她发现自己果真有一万七千卢布的负债，这样看来女皇的确没有错怪她。但是叶卡捷琳娜也有自己的难言之隐，俄国宫廷里需要花钱的地方太多了。刚到俄国的时候，她只有四件普普通通的衣服，然而宫廷中的女人几乎一天就要换三套服装以应对各种场合，她不得不购买大量的新衣服融入这种气氛。另外，她还发现如果想在宫廷之中生活得如鱼得水，就得时常拿出礼物赏赐周围的侍从和宫女。在得到女皇赏赐的三万卢布零用钱和各种礼物之后，叶卡捷琳娜几乎把它们消耗在了以上用途中，单是买给彼得的订婚戒指就花掉了一万四千卢布。其实对伊丽莎白女皇来说，大公夫人的这点负债根本不足挂齿。她对她动气的真正原因是发觉了活力四射的叶卡捷琳娜在宫廷中赢得了越来越多的关注，有压过自己风头的趋势，因此才借负债一事对她横加指责。这是日后在与伊丽莎白的相处中,叶卡捷琳娜才渐渐领悟到的真相。不论怎样,女皇当众对叶卡捷琳娜的指责损害了她的自尊心。在此之前,她一直视女皇为自己的小母亲,对她给予的关爱感激不尽。如今她终于明白,女皇始终都是一个专制君王,有着可怕的另一面,也明白了周围的人对女皇唯命是从的原因。叶卡捷琳娜记住了这个教训,在今后的日子里,她对女皇更加毕恭毕敬,更加懂得了小心翼翼规范自己言行的重要性。

这件事情过后不久,彼得大公突然发起高烧,患上了麻疹。叶卡捷琳娜没有生过麻疹,因此他俩被隔离开来防止传染。两周之后,彼得完全康复了。当叶卡捷琳娜再次走进彼得的房间时,却被里面的景象惊呆了。她看到他的房间里多了一排玩具士兵,这些玩偶被彼得整齐地摆放在窗台。站在彼得身边待命的是三个侏儒。见到大公夫人进来,他们整齐划一地一边向她行礼一边喊道:"叶卡捷琳娜上校!"彼得则躺在床上笑着说:"恭喜你啊菲琪,你升职了。"叶卡捷琳娜惊讶地环顾着房间四周,注意到角落里还有一只穿着带有两排金色纽扣的红色小夹克的老鼠,彼得称它为"菲茨罗伊将军"。彼得热情地请她进来,与她一同分享玩具士兵的游戏。对叶卡捷琳娜来说,这些游戏非常幼稚,但她不得不陪着彼得消磨掉一天的时光。

1744年底,彼得大公的身体刚刚恢复不久,爱折腾的伊丽莎白又准备打包行礼前往首都圣彼得堡过圣诞节。女皇乘着她的皇家雪橇先行上路,大公和大公夫人一行人则在后面慢慢赶路。因为不赶时间,大公夫妇一行打算在中途的城市沙基洛夫稍事休息。一件不幸的事情就在这里发生了。当车队停在沙基洛夫后,彼得大公从他的雪橇中走了出来。只见他跟跟跄跄地走了几步,然后整个人重重地倒在了雪地里。叶卡捷琳娜吓坏了,卫兵们急忙冲过去将他抬到房间里。当大公夫人和约翰娜想要进去他的房间探视时,一名卫兵拦下了她们,以防大公得的是传染病。不一会儿,御医一脸凝重地从彼得的房间走了出来,说出了一个几乎令她们母女二人心跳停止的词语:天花。

约翰娜决定第二天天一亮就带女儿离开这里,前往圣彼得堡。邮差已经快马加鞭地飞奔去追赶女皇。第二天一早,约翰娜命人备好马车,准备与女儿赶往圣彼得堡,将彼得大公留给御医和侍从照顾。将彼得一人留在这里,叶卡捷琳娜有些愧疚。但是她理解母亲的做法,毕竟母亲的亲哥哥就是在订婚前夕被天花夺去了性命,因此她绝对不能冒任何让女儿染上这种疾病的风险。当叶卡捷琳娜他们行驶到半路时,雪橇突然停了下来。原来女皇的雪橇正从对面驶来,在此与他们相遇。简单询问了彼得的情况后,伊丽莎白命车夫立即继续赶路。到达沙基洛夫后,伊丽莎白不顾生命危险即刻来到彼得的房间。这个极度在意自己容颜的尊贵女人,在彼得外甥的病榻前像母亲一样守护着身患天花的他。她的侍臣和御医不停地劝她离开,因为一旦被传染,俄国将有可能因为失去女皇而陷入混乱。而且这种病即使医治好了,脸上也会留下永远无法消除的丑陋疤痕。然而此刻的伊丽莎白完全顾不上这些危险,在彼得生病的六个星期的时间里,始终对他不离不弃。她做到了当初接彼得来俄国时做出的承诺:将会视自己姐姐的儿子如亲生儿子一般,照顾他、守护他。事实上,她守护的不仅是自己的外甥,更是罗曼诺夫王朝的未来。

已经返回圣彼得堡的叶卡捷琳娜每天都心急如焚地等待彼得大公的消息。虽然安全地回到了首都,可她却后悔自己没能像女皇那样陪在大公的身边。这次叶卡捷琳娜对彼得的担忧是发自内心的。在这个陌生的国度，彼得是她的同乡、伙伴，更是她的未婚夫。如果彼得不在了，她也就失去了留在俄国的理由。她无法想象自己被遣送回国是一种怎样的情景，更加无颜面对家乡的亲人朋友，或许自己的整个人生都会因此被毁掉。在圣彼得堡的宫廷里，一些廷臣已经开始疏远大公大人母女了。如今她能做的，就是每天虔诚地祈祷，然后不断地给女皇写信，言辞恳切地询问彼得的病情。不知过了多久，有一天叶卡捷琳娜与宫女们一起用下午茶的时候，信使带来了一封来自女皇的信。叶卡捷琳娜立即起身拆开信件。当读到彼得大公还活着的时候，她心里的一块大石总算落地了。女皇还对她写的那么多关心大公病情的信表示了赞赏。女皇的回信让叶卡捷琳娜感觉自己的整个世界都变得晴朗起来。

在等待彼得大公康复的这段时日里，瑞典的外交官亨宁·于伯里来到了圣彼得堡的宫廷。叶卡捷琳娜在13岁的时候就与他会过面，那时他曾预言她将来会大有作为。这位老朋友再次见到她时，依然坚信眼前的这位15岁的大公夫人注定会成就一番大事业。但他也诚恳地指出叶卡捷琳娜现在将太多的时间浪费在了衣着打扮和纵情享乐之中，并建议她应当花更多的时间读书。于伯里向她推荐了《希腊罗马名人传》中的《西塞罗传》一篇以及其他书籍。为了向这位眼光独到的外交官表明自己并未荒废学业，叶卡捷琳娜全身心投入地写了一篇命名为《一个十五岁哲学家的肖像》的长篇论文，献给于伯里。读过她的文章之后，于伯里对她大加赞赏，并且认认真真地写了几页纸的评语。叶卡捷琳娜为有他这么一名优秀又中肯的导师感到幸运。可惜的是，这篇出自叶卡捷琳娜之手的《一个十五岁哲学家的肖像》未能流传下来。根据她后来的回忆，在1758年那个异常凶险的时刻，她在慌乱之中将这篇文章与其他所有文件一同扔进壁炉烧毁了。

1745年1月20日，叶卡捷琳娜再次收到女皇的来信。信中说，彼得大公将要痊愈，而且很快就可以返回圣彼得堡了。叶卡捷琳娜难掩激动的心情，她从未意识到自己会如此想念彼得，或许这就是所谓的相依为命的感觉吧。1745年2月，彼得大公回到了圣彼得堡。像当年她刚来俄国时彼得迫不及待地跑到她的房间见她那样，叶卡捷琳娜怀着无比激动的心情，早早地就来到冬宫的接待厅迎接她的未婚夫。在此之前，约翰娜已经提醒过她，得过天花的人，即使痊愈，脸上也会留下丑陋的疤痕。但叶卡捷琳娜很有信心不会在意未婚夫的容貌，并坚信不论他变成什么样子，她都依然会对他好。下午五点左右，彼得到达了冬宫的接待厅。在昏暗的光线下，叶卡捷琳娜看到了一个令人感到惊悚的骨瘦如柴的人。站在她面前的彼得比生病前长高了许多，他本就不英俊的脸庞被天花留下的疤痕彻底毁了。他的眼窝深陷，头发被剃光了，戴了一顶比脑袋大了很多的假发，整个人看上去就像一具骷髅。虽然此前已经有了一些心理准备，然而彼得的样子还是超出了她的想象。彼得慢慢地走近了自己的未婚妻，用沙哑的声音对她说："你好啊菲琪，还认得出我吗？"叶卡捷琳娜努力克制住自己的情绪，对未婚夫的康复表示了一番祝贺，然后迅速逃回了自己的房间，将头埋进被子里哭了起来。虽然叶卡捷琳娜是一个实际的女孩，知道无论大公变成什么样子，她都要嫁给他。但她还是忍不住为自己的命运感到悲伤，她不知道将来如何与这个丑陋无比的丈夫一起生活。

未婚妻的反应深深地刺痛了彼得大公的心。他并不是一个傻子，他知道自己已经毁了容，所有人都认为他丑陋不堪。他本以为自己的未婚妻，也是他在俄国唯一的好朋友不会在意自己的丑陋，然而她的反应令他大失所望。连菲琪也觉得他面目可憎，可想而知他的自尊心受到了多么大的打击。彼得的这次疾病也是他与叶卡捷琳娜关系的分水岭。自此以后，他们二人再也没能找回曾经的友谊。冷静下来的叶卡捷琳娜很想找一个机会为自己的行为向他道歉，但是受到伤害的彼得已经开始渐渐疏远大公夫人。

2月10日是彼得大公17岁的生日。但由于他的身体仍然虚弱，女皇没有让他出席自己的生日宴会。在宴会上，女皇对大公夫人格外关照，并邀请她与自己单独进餐。叶卡捷琳娜明白女皇的用意，女皇是害怕她在冲动之下取消与彼得大公的婚约。其实伊丽莎白多虑了，自从来到俄国那天起，叶卡捷琳娜就坚定了留下的信心，不论发生什么，她都没有回头的可能。

整个1745年的春夏两季，彼得大公都躲在自己的住所，尽量避免与外界接触，也总是找各种理由不去见自己的未婚妻。如果说彼得童年的经历已经塑造了他略显孤僻和怪异的性格的话，这场天花又给他的性格里增加了一些冷酷和残忍。现在的他，唯一的乐趣便是指挥一群穿着军装的仆人或者他的玩具士兵在房间里行军，就像当年他的父亲让他接受军事化训练那样。

想到外甥患天花的六个星期的时间里自己每天坐卧不安的心情，伊丽莎白女皇决定无论如何都要将彼得大公的婚期提前。但是检查过大公身体的御医对她说，彼得大公虽然已经年满17周岁，但是他的发育迟缓，尚未成熟到可以结婚。这一次，伊丽莎白拒绝听取御医的建议。彼得的病令她至今仍旧心有余悸。而且每当看到这个面目丑陋、对俄国毫无感情、性格越来越怪异的外甥时，伊丽莎白都更加希望他尽快成婚，因为她急切地盼望着婚后叶卡捷琳娜可以尽快诞下一名新的皇室继承人。这样将来万一彼得遇到不测，或者惹怒了她，她还可以有另外一个选择。心意已决的伊丽莎白最终将彼得的婚期定在了1745年8月21日。

皇室的婚礼也是一个公开的竞技场。罗曼诺夫王朝自成立以来，还没有公开举行过皇家婚礼。伊丽莎白女皇希望举办一场具有国际影响力的婚礼庆典。为了达到这个效果，她专门派人向法国大使请教凡尔赛宫刚刚举办过的婚礼庆典，并记录下每个细节。同时，来自法国的婚礼备忘录、各类丝织物和穗带的样品还有婚礼庆典的草图都纷纷涌向圣彼得堡的皇宫。伊丽莎白亲自过问关于婚礼的所有细节，以确保俄国此次庆典的派头超越此前欧洲所有的皇室婚礼。

正当宫廷上上下下忙着张罗大公和大公夫人的婚事之时，两个婚礼的主角却陷入了苦恼当中。这年夏天，伊丽莎白带着刚刚痊愈的彼得到位于芬兰湾的夏宫休养。彼得以距离遥远为借口，派遣自己的仆人送信给叶卡捷琳娜，说他无法经常前往她的住处拜访。叶卡捷琳娜早已感觉到未婚夫对她的感情已经逐渐变淡，她在后来的回忆录中写道："我知道他对我的热情已经减退。很明显，他已经不在意我的感受。但是我的骄傲和自尊心使我装作并不在意。我不允许自己被人同情或者怜悯。当我独自一人时，我会悄悄流泪。擦干泪水之后，我会像什么都没发生一样与小宫廷里的同伴们继续玩耍。"

随着大婚之日临近，叶卡捷琳娜的不安感越来越强烈。年仅16岁的她对婚姻毫无概念，也不清楚结婚意味着什么。有时候，她会与自己的侍女们偷偷聊一些男女之间的事。但这些未婚的年轻侍女们同她一样，也是懵懵懂懂的少女，讨论了半天也搞不清楚状况。最终，叶卡捷琳娜忍不住问自己的母亲，没想到约翰娜非常严厉地批评她不知羞耻。得不到正确指引的叶卡捷琳娜对婚姻有了一种排斥的感觉。她在回忆录中第一次使用"忧郁"这个词就是在大婚前这个时期。

彼得大公的状况也比她好不到哪里去。他对婚姻也没有任何概念。比他的未婚妻状况更糟的是，他的那帮仆人不仅没有向他讲解夫妻床笫之间的美妙，反而用粗鄙的语言对他描述婚姻中的不堪，让他对婚姻更加迷惑和恐惧。其中有一个叫作容伯里的仆人，曾经是瑞典龙骑兵团中的一员，向大公灌输对待妻子一定要严苛的观念。他对大公说，如果妻子不服管教，就要狠狠地教训她，这样她才能对丈夫的话唯命是从。可笑的是，彼得大公竟然将下人跟他说的这些话原原本本地告诉了他的未婚妻，还威胁叶卡捷琳娜说将来他会用铁鞭来管教她。叶卡捷琳娜并没有被他吓到，而是保持沉默任凭他胡说。

彼得大公不仅每天与那些粗鄙的下人们厮混在一起，不学无术，还在这段时间学会了酗酒。而叶卡捷琳娜则更加努力地学习俄语和东正教教义。空余的时间里，她就去伊兹梅洛夫斯基军团的兵营里练习骑马。

虽然叶卡捷琳娜对宫中所有的人都保持友好的态度，使得皇宫上下的人对她都评价颇高，然而她知道，自己的母亲在俄国宫廷的名声却很差。大婚之后，母亲就会被打发回德意志的家乡。虽然清楚自己已经失宠于伊丽莎白女皇，约翰娜还是诚恳地请求她允许丈夫克里斯蒂安·奥古斯都亲王参加自己女儿的婚礼。然而这个正当的请求被女皇毫不留情地否决了。伊丽莎白认为奥古斯都亲王的到来会扰乱大公夫人的思绪。当叶卡捷琳娜得知父亲不在受邀参加婚礼的人之列时，她感到自己和母亲都受到了一种莫大的侮辱。她渐渐意识到，自己或许只是女皇请来的一台为了完成某种使命的机器。

1745年5月，涅瓦河上的冰雪已经消融。来自英国、德意志、法兰西的船只络绎不绝地往圣彼得堡运送来自世界各地的货物，如布匹、家具、珍贵的瓷器、新款的马车等。无法参加女儿婚礼的奥古斯都亲王从泽布斯特的家乡给女儿寄来了名贵的布料。

婚礼前夕，圣彼得堡海军广场上人头攒动，市民们争先恐后地前来观看皇家卫队将一桶一桶的美酒倾倒进广场的喷泉里，然后在广场的桌子和长椅上布置盛宴。即将举行婚礼庆典的喀山大教堂被上百名工人装点一新。约翰娜看着即将出嫁的女儿，忽然心生内疚。她第一次心平气和地来到女儿的房间与她说一些暖心的话，母女俩都流下了眼泪。直到即将与女儿分离之时，约翰娜才感受到了母女间难舍的亲情。

窗外，钟声与礼炮声响彻整个圣彼得堡的夜晚。

大婚

1745年8月21日，大婚之日终于到来。叶卡捷琳娜早上六点就已经起床。沐浴过后，侍女们开始仔细地为她梳洗打扮，然后为她穿上华美的礼服。典礼的服装由银色的锦缎制作而成。新娘的上身穿一件短袖的紧身衣，下身是宽大的裙摆。衣服的边缘

彼得大公与叶卡捷琳娜

和裙裾用银色的丝线绣满了玫瑰花。礼服穿好之后，还需要在外面搭上一件银色蕾丝披肩。整套礼服非常紧身，以显示出大公夫人优美的线条。穿上它之后的叶卡捷琳娜感到自己几乎无法呼吸。接下来，侍女们为她依次佩戴镶满名贵珠宝的手镯、项链、耳环、胸针、戒指以及扣带等一系列装饰品。穿戴整齐的叶卡捷琳娜看上去活像一件价值连城的艺术品。侍女们在她略显苍白的脸上涂上胭脂和口红，最后为她戴上俄国大公夫人的王冠。这顶镶满珠宝钻石的王冠非常沉重。叶卡捷琳娜后来在她的回忆录里写到，她需要时刻用力挺直自己的脖子才能保持头部的平衡。中午时分，彼得大公来到了她的房间。彼得穿着和她的礼服搭配的银色礼服，浑身上下同样戴满了珠宝。准备妥当之后，彼得牵起叶卡捷琳娜的手，走出冬宫。

下午三点左右，一百二十架马车组成的车队浩浩荡荡地向喀山大教堂出发。行驶在队伍最前方的是载着女皇和大公夫妇的皇家马车。这架马车由八匹马拉着，车轮异常高大——这是从巴黎购入的当时欧洲流行的最新款马车。皇家马车的前面是一路演奏的鼓手和小号手，侧面跟着的是御马主管和两名骑在马上的副将。在场的一名法国大使感叹道："在欧洲，你再也见不到比这更加盛大的场面了。"

婚礼仪式持续了几个小时之久。对叶卡捷琳娜来说，这是一种精神和肉体上的折磨。由于无法承受头上那顶王冠的重量，在教堂的婚礼仪式结束后，她请求女皇允许她将王冠摘掉几分钟，但是女皇拒绝了她的请求。她只得坚持到宴会结束。舞会开始之前，头痛难忍的叶卡捷琳娜再次请求女皇准许她将王冠摘掉哪怕几分钟的时间。这次女皇终于允许了，但真的只是允许她摘下来休息了几分钟而已。几分钟过后，还没有缓过神来的叶卡捷琳娜再次戴上了这顶王冠参加晚间的舞会。幸好女皇因为急于让新婚夫妇入洞房，将舞会的时间大大缩短了。晚上九点左右，大公夫人在宫廷贵妇、侍女以及母亲约翰娜的簇拥下，来到了她与彼得大公的新婚套房。彼得大公正在隔壁的房间换衣服，叶卡捷琳娜则在侍女的帮助下摘下沉重的王冠，脱下令人窒息的礼服。她终于感到如释重负。

将她服侍周到之后，众人全部退下，只剩下叶卡捷琳娜一人躺在巨大的婚床上。她感觉自己像一只待宰的羔羊。直到现在，她对男女之间性的概念仍然很模糊。她不知道接下来会发生什么，心里既期待又害怕彼得大公的到来。时间一分一秒地过去了，她的丈夫始终没有出现。"我应该继续躺在床上等吗？还是可以爬起来？我到底该怎么做？"叶卡捷琳娜在后来的回忆录中这样描写当天晚上自己忐忑的心情。午夜将至，女皇为她安排的新女侍臣克鲁兹夫人来了。克鲁兹夫人一进来就开心地对大公夫人说道："彼得大公正在享用晚餐，吃完之后就会过来。"叶卡捷琳娜这才知道在自己焦急等待之时，她的丈夫竟然与一群仆人享用大餐。又不知过了多久，酒足饭饱之后的彼得终于来到了他们新婚的洞房。在叶卡捷琳娜身边躺下之后，浑身酒气的彼得大公只说了一句："我的下人们如果看到我们两个睡在一起的话，肯定觉得超级好笑。"说完之后，他就睡着了。叶卡捷琳娜却彻夜难眠，她不知道自己是否应该感到放松，还是应该为彼得对自己的忽视感到担忧。在接下来的几晚，她与彼得与新婚之夜一样，没有发生男女关系。此时叶卡捷琳娜不知道的是，自己的这种处女生活还会持续很久很久。

女儿的完婚意味着母亲约翰娜即将离开俄国。或许是意识到自己此次一旦离开，今后将再难见到女儿的缘故，在与叶卡捷琳娜最后的相处时间里，约翰娜对女儿格外体贴。一个月以后，约翰娜离开了俄国。因为不想给女儿留下太过悲伤的分别场景，约翰娜选择在黎明之前动身离去，不辞而别。当叶卡捷琳娜醒来发现母亲已经远去，只留下一个空荡荡的房间时，十六岁的她忍不住放声大哭起来。从此以后，在这个陌生的国度，她真的只能依靠自己了。母亲的离开令她感受到一种前所未有的孤单。

自1744年2月到达这个遥远的国度，到与彼得大公正式成婚的十八个月的时光里，虽然叶卡捷琳娜经历了许多，但总的来说，这位来自安哈尔特－泽布斯特的小公主在俄国的宫廷得到的多半是来自女皇和众人的善待。如果说成为大公夫人之前她在俄国的日子过得还算无忧无虑的话，那么接下来十八年的婚后生活将是对她真正的考验。

Екатерина II Алексеевна

第四篇

登顶之路

由爱转恨

母亲约翰娜离开之后,叶卡捷琳娜顿时感觉自己在异国他乡失去了最大的依靠。但很快她就发现,自己并没有多少时间沉浸在悲伤之中,因为小宫廷的主管拿给她一份母亲留下的账单,上面详细地记录着约翰娜留下的大笔债务。宫廷主管告诉大公夫人,她的母亲总共欠下了七万卢布的巨款。叶卡捷琳娜被这个数字吓坏了,但她仍然承诺将会替母亲分期偿还。

作为叶卡捷琳娜的丈夫,结婚后的彼得大公几乎从来不与她亲近,甚至避免与她单独相处,这让叶卡捷琳娜百思不得其解。她甚至怀疑是因为自己的魅力不够才导致丈夫对她不理不睬。事实上,这个时期的叶卡捷琳娜已经褪去了少女时的青涩模样,出落得美丽大方。再加上她平日里对知识的热爱,使她看上去更具魅力。但彼得大公整日要么沉浸在他的士兵游戏当中,要么与他的那些侍从酗酒鬼混。叶卡捷琳娜在后来的回忆录中写道:"我的自尊心使我拒绝迎合这个整日只知道玩乐的男人。我告诉自己,要控制自己的情绪,不要对他做出妥协。"由于缺少沟通,叶卡捷琳娜与彼得之间的隔阂越来越深。事实上,彼得大公不能对她行夫妻之礼的根本原因是他的发育迟于同龄人,这一点在筹备婚礼之前御医就已经提醒过伊丽莎白女皇了,只是当时伊丽莎白渴望得到皇室继承人的心情太过急切没有听从御医的建议。

没有丈夫关爱的大公夫人除了骑马和读书之外，闲暇之时就与她那群年轻的侍臣们一起玩耍。还好有这群年轻人的陪伴，使她的生活不至于太过沉闷。然而没过多久，她这点仅有的乐趣也被剥夺了。

几乎是在叶卡捷琳娜结婚的同时，伊丽莎白女皇对她和彼得大公的态度就开始急转直下。或许是伊丽莎白认为新婚夫妇组建的小宫廷将会威胁到她的皇权的缘故，她对这两个年轻人的态度由喜爱转向了厌恶。每当看到大公夫妇与自己小宫廷里的侍臣们打闹嬉戏之时，伊丽莎白女皇就不由得怀疑他们是在背后搞什么阴谋。宫廷之中是否有人悄悄地支持大公夫妇的小宫廷？这帮人会不会企图推翻自己的统治？通过宫廷政变坐上女皇之位的伊丽莎白的确有理由对身边的人怀有警惕之心。伊丽莎白决定先拿叶卡捷琳娜身边一名叫作祖可娃的侍女开刀。这名侍女与大公夫人年龄相仿，聪明又善解人意，是与大公夫人最亲近的侍女。在没有任何征兆的情况下，祖可娃忽然被女皇驱逐出宫。叶卡捷琳娜到处打听她的下落，最后得知她与母亲一起离开了圣彼得堡前往莫斯科生活。起初，叶卡捷琳娜并不清楚女皇驱逐祖可娃的真实原因。但她相信，无论出于何种原因，这个女孩都是无辜的，她想对祖可娃做出一些补偿。叶卡捷琳娜打听到祖可娃的兄弟在近卫军中当差，于是想要通过他转交给祖可娃一笔钱作为对她曾尽心侍候自己的奖赏。然而令叶卡捷琳娜大吃一惊的是，祖可娃的兄弟刚与自己取得联系，就突然被调到了远离首都的军团服役去了。后来，叶卡捷琳娜认识了一位近卫军团中的少尉。她认为这名少尉很优秀，想把他介绍给祖可娃，促成一门亲事。受到大公夫人的指引，这名少尉去了莫斯科，见到了祖可娃。他们果真感觉彼此很合适，不久之后便成婚了。这门婚事传到了伊丽莎白女皇的耳朵里，她竟然又将祖可娃的新婚丈夫派往遥远的南方服兵役。直到此时，叶卡捷琳娜才渐渐明白这些事情发生的缘由，也感受到了伊丽莎白手中令人敬畏的权力。伊丽莎白驱逐大公夫人身边的人仅仅是出于对她的憎恶。她就是痛恨所有忠诚于小宫廷的人，不需要什么正当理由。而女皇之所以如此提防小宫廷，背后离不开首相别斯杜捷夫的怂恿。自从约翰娜离开俄国，别斯杜捷夫就不断劝说女皇加强对小宫廷的干预，以免它日后的势力过于强大。为了加强对小宫廷的监控，在叶卡捷琳娜的新婚之夜，伊丽莎白就为她安排了一名新的女侍臣——克鲁兹夫人。克鲁兹夫人相当于伊丽莎白在小宫廷埋下的眼线，他们那里发生的所有事情都会通过她传到女皇的耳朵里。

在祖可娃被驱逐之后大约一周的时间里，小宫廷的管家之一扎哈尔·切尔内绍夫也突然被调走了。扎哈尔·切尔内绍夫是大公夫妇共同的朋友。在成婚之前，有三名年轻的贵族小伙子一直是彼得和叶卡捷琳娜最亲密的玩伴。他们其中两人为亲兄弟，另外一人，也就是被调走的扎哈尔，是他们的堂哥。扎哈尔日后还将作为叶卡捷琳娜亲密的伙伴之一出现在她的圈子里，陪伴她很长时间。但是目前，他被伊丽莎白女皇视为眼中钉，被派往远方执行任务，理由是有人说他的视线总是离不开大公夫人。为了避免他爱上大公夫人，女皇将他调往别处。扎哈尔离开之后，三兄弟之中的另外一个——安德烈·切尔内绍夫，开始与大公夫人打情骂俏。彼得大公完全不在意自己的妻子同安德烈不寻常的关系，甚至还拿他们开玩笑。安德烈称叶卡捷琳娜为"小妈妈"，叶卡捷琳娜称他为"儿子"。不久之后，叶卡捷琳娜的贴身男仆提醒她

"人言可畏，周围的人都在议论您与安德烈的关系"。为了避免惹祸上身，安德烈请了病假，主动离开了小宫廷。直到安德烈离开，叶卡捷琳娜才意识到或许自己真的喜欢上了这位优雅的贵族小伙子。当几个月后安德烈"病愈"再次出现在小宫廷之时，女皇又借故将他和他的亲弟弟一同派往远方的兵团服役去了。安德烈兄弟二人离开之后，女皇又陆陆续续地将所有被怀疑为亲近大公夫妇的侍臣全部调离岗位。至此，叶卡捷琳娜在俄国真的成了一个被孤立的人。

虽然在俄国的生存环境变得恶劣起来，叶卡捷琳娜仍然坚持不懈地学习俄语，遵守东正教的教义，努力做一名合格的俄国大公夫人。彼得大公的表现就完全不同了。除了每日玩他的那群木偶士兵之外，大公还令人在他的房间里建造了一个小剧场，他打算时不时让下人们在这里排演木偶剧。有一天，正在排演木偶剧的彼得忽然听到隔壁房间传来嘈杂的声音。在好奇心的驱使下，他在与隔壁房间相隔的木门上凿了几个小洞。透过洞口，彼得发现隔壁竟然是伊丽莎白女皇的私人餐厅。此时，伊丽莎白正坐在她的情人拉祖莫夫斯基身边，与其他几个私密的朋友一起用餐。为了防止下人们偷听到一些重要的信息，伊丽莎白将私人餐厅里的桌子做成了升降台。就餐的人员只需要将想吃的食物写在菜牌上，摇一摇铃铛，楼下的仆人们就拉动机关将餐桌降下来。食物准备妥当之后，再拉动机关将餐桌升到女皇的餐厅。彼得从未见识过这种场景，他兴奋地招呼他的随从们一起偷窥女皇用餐，甚至还喊来了叶卡捷琳娜和她的侍从们一同分享这难得一见的场景。得知彼得冒失的行为之后，叶卡捷琳娜吓坏了，她严厉地警告彼得立即停止这种偷窥行为，否则女皇一定会让他付出代价。

听到大公夫人的劝诫后，众人纷纷离开了，彼得大公也开始紧张起来。果然没过多久，伊丽莎白就发现了这个秘密。她怒不可遏地冲进大公的房间，严厉地斥责她的外甥，骂彼得是个"不知感恩的畜生"。伊丽莎白越说情绪越激动，开始拿彼得大帝的儿子阿列克谢的事例威胁彼得，说如果他再敢对她不敬，就会有和不肖子阿列克谢一样的下场。伊丽莎白不允许彼得对他的行为做出任何解释，每当他要开口就勒令他闭嘴。这场对彼得的辱骂滔滔不绝，不知过了多久才停止。站在一旁的叶卡捷琳娜几乎被女皇的气势吓哭了。看到惊慌失措的大公夫人之后，伊丽莎白稍稍平复了一下自己的情绪，对她说道："我说的这些与你无关，我很清楚你没有参与他做的这些蠢事！"伊丽莎白终于离开了，但是彼得大公的心里却留下了挥散不去的恐惧感。他早就听说过彼得大帝的儿子阿列克谢的故事，清楚这位皇子不仅仅被剥夺了皇位继承权，最终还被折磨致死。想到这里，彼得不禁吓出一身冷汗。

虽然伊丽莎白当时表现得很明智，没有怪罪无辜的叶卡捷琳娜。然而没过几天，她就将怒气转嫁到了她的身上。女皇借大公夫人婚后九个月仍未怀孕之故，将她召入自己的宫中，对其狠狠地训斥和羞辱了一番。像对待彼得一样，伊丽莎白也不给叶卡捷琳娜任何解释的机会。她甚至扯出了叶卡捷琳娜的母亲，认为她与她的母亲一样，在从事不利于俄国的间谍行为。越说越气愤的伊丽莎白最后竟然将叶卡捷琳娜逼到角落里，一边吼叫着一边挥起自己的拳头想要殴打她。伊丽莎白的身材魁梧，弱小的叶卡捷琳娜被她的举动吓哭了。幸好此时彼得大公忽然走了进来，她才终于作罢。

这件事发生后不久，伊丽莎白决定听从别斯杜捷夫的意见，将小宫廷牢牢地控制在自己手中。她要将大公夫妇身边的人全部换成自己的亲信，确保小宫廷里所有的人都为自己效忠。

失落的婚后生活

首相别斯杜捷夫力谏女皇，要将大公夫妇与外界隔离起来，规范他们的行为，全心全意履行他们为国家诞下继承人的义务。1746年5月，为了全面监控大公夫妇，伊丽莎白安排了自己的表姐玛利亚·西蒙诺娃·乔戈洛科娃担任叶卡捷琳娜的女总管。乔戈洛科娃此时二十四岁，虽然样子很美，但头脑却很愚钝。她和她的丈夫乔戈洛科夫都对女皇和首相忠心耿耿。乔戈洛科娃还被视为当时俄国妇女的典范。自结婚以来，她就保持每年一次的生育记录，并且极其崇拜自己的丈夫。伊丽莎白派她监护叶卡捷琳娜，也是为了让她教导大公夫人如何做一名合格的妻子。

新上任的女总管为大公夫人定下许多规矩。其中一条就是禁止她私自给任何人写信，包括她的父母。大公夫人的所有信件必须经由外交院审查后才能对外发出。于是，叶卡捷琳娜写给父母的信全都变成了一字一句照抄外交院提供的标准内容的模板。除了限制她对外通信的自由以外，乔戈洛科娃也不允许大公夫人随意表达自己的看法，不允许她随意与外界接触。彼得大公的境况也好不到哪里去，伊丽莎白也将他身边的侍从全部换了个遍。女皇指定严厉的赖普宁亲王做大公的监护人。在未得到允许的情况下，大公夫妇不得离开他们的房间半步。叶卡捷琳娜与彼得大公似乎成为两个被软禁起来的犯人，他们生活的地方似乎变成了一所监狱。

然而大公夫妇的生活也并非真的像囚徒一般一片灰暗。1746年的夏天，伊丽莎白女皇将位于芬兰湾附近的奥拉宁姆堡庄园送给了她的外甥并允许大公夫妇整个夏天都在那里度假。彼得大公在庄园里搭建了一座模拟军营，指挥仆人们进行军事训练。叶卡捷琳娜则依然通过读书寻求心灵安慰。大部分时间里，人们都会发现大公夫人埋头于书籍中。在此期间，叶卡捷琳娜喜欢上了伏尔泰的著作。虽然与丈夫没有什么共同语言，但是这段时间她的生活还算得上无忧无虑。1747年3月，叶卡捷琳娜的闲适生活被打破了。从家乡泽布斯特传来消息说，她的父亲奥古斯都亲王因病离开了人世。收到这个消息的叶卡捷琳娜失声痛哭。没想到三年前与父亲在柏林郊外的告别竟是今生与他的最后一面。想到自己孤身一人在俄国受到的委屈，叶卡捷琳娜更是悲伤得不能自已。她将自己锁在房间里，想要独自慢慢地消化这种痛苦。没想到的是，即便深陷失去亲人的痛苦中，也没有人在乎她的感受，甚至连表达悲伤的权利都要被人剥夺。在她还没有从失去父亲的哀伤情绪中走出来时，女总管乔戈洛科娃以一张冷脸向她传达女皇的旨意："您仅可以为您的父亲守丧七天。现在已是第八天了，殿下必须停止哭泣，恢复正常的生活。毕竟您的父亲不是国王。"听到这句话的叶卡捷琳娜再也无法忍受这种羞辱，她反驳道："他的确不是国王，但他是我的父亲，我有权利为他守丧戴孝。"乔戈洛科娃仍不让步，冷酷地说："一个大公夫人为一个不是国王的父亲哭泣是非常不合适的。"她们此次的争论传到了伊丽莎白的耳朵里，最终她将大公夫人的戴孝时间延长至六个星期。在俄国生活三年以来，叶卡捷琳娜第一次对女皇、对身边的一切大失所望。

为父亲守丧结束之后，叶卡捷琳娜又回到了俄国宫廷尔虞我诈的生活当中。在此期间，伊丽莎白将彼得大公的总管换成了乔戈洛科娃的丈夫乔戈洛科夫。这对大公夫妇来说是一个不幸的消息。乔戈洛科夫的冷酷和愚蠢比起他的妻子有过之而无不及。在后来的回忆录中，叶卡捷琳娜这样评论他："这个人长得肥头大耳，非常愚蠢、自负，与他的妻子一样，几乎令所有人鄙视。"但乔戈洛科夫像看门狗一样效忠于伊丽莎白女皇，因此女皇对他非常信任。

大公夫妇继续过着囚徒一般的生活，伊丽莎白女皇还是一如既往地沉迷于奢侈的生活当中。伊丽莎白喜欢在中午到晚餐的时间里骑着马放鹰行猎或者用猎犬打猎。秋冬季节来临时，她会带着自己的亲信们在野外打松鸡，从早上五六点钟一直持续到正午时分。这或许是伊丽莎白作息中最有规律的几件事了，除此之外，她的作息毫无规律可言。据说是惧怕自己夜里熟睡之时会被人暗杀——因为她就是在夜间发动政变推翻了伊凡六世的统治，所以伊丽莎白每天总是玩乐到凌晨才睡。有时候她从睡梦中醒来，还会要求下人们为她更换寝室。

伊丽莎白女皇已经年近三十八岁了，长期没有规律和纵欲的生活摧残了她的容颜，她的身体也开始变得臃肿起来。然而女皇对美的追求却从来没有停止。随着年龄的增长，她更加在乎自己的外貌。如果伊丽莎白看到身边哪个女人穿着打扮比自己漂亮，那对那个女人来说将是一场灾难。当时一名叫作纳雷什金的贵族妇人因为衣服上系了一根艳丽的丝带而惹怒了伊丽莎白。她当即拿起一把剪刀，像与这根丝带有深仇大恨似的将它剪掉。还有一名侍女因为长了一头优美的卷发，引起了伊丽莎白的嫉妒。她一把抓住侍女的头发，用剪刀毫不留情地将她的头发剪掉。由于用力过猛，这名侍女的头皮都被扯掉了一块。伊丽莎白做的这些事情令叶卡捷琳娜感到心惊胆战。为了在宫中生存，她决心以一种更为低调的方式取悦女皇。

1747年的冬天，女皇突然下令，要求宫廷里所有的女士剃光头发。女皇还"体贴"地发给这些女人每人一顶丑陋的黑色假发，让她们在头发长长之前只能佩戴这顶假发。女皇之所以下达这个奇怪的命令，竟然是因为她自己剃光了头发。至于她为何要剃光自己的头发，是因为她此前在头发上扑了太多香粉，怎么都无法洗掉，这才冲动之下给自己剃了光头。自己是光头的伊丽莎白怎能容忍宫廷里的其他女人顶着一头美丽的秀发出现在自己眼前呢？于是她就下达了这个荒唐的指令。好在叶卡捷琳娜躲过了一劫，因为她此前因为一场大病掉光了所有头发，现在刚刚长出短短的新发，女皇因此才放过了她。

除了奢靡荒唐的宫廷生活之外，伊丽莎白有时还会一时兴起地带着宫廷上下去旅行。每当这时，就会怨声载道。因为女皇每次出行，都像搬家一样麻烦。除了旅行必备的东西之外，她还会带着餐桌、椅子、床、沙发等几乎所有的家具。许多贵重的家具都因为在旅途中搬来搬去而损坏了，冬宫废弃的房间里堆满了缺了腿的桌子、发了霉的沙发等等。但是叶卡捷琳娜倒是不排斥这种旅行，因为跟着女皇四处游览的日子里，她可以见识到一个更加全面的俄国。

就像叶卡捷琳娜渐渐发现伊丽莎白女皇的阴暗面那样，俄国也在她面前展示出了自己野蛮和混乱的一面。尽管彼得大帝费尽九牛二虎之力想要将闭塞的俄国改造成"欧化"的先进国家，然而直到伊丽莎白一世统治时期，俄国的"欧化"仍然仅仅浮于表面。宴会时，仆人们穿着考究的欧式服装。然而每上一道菜之前，他们会先往盘子里吐一口唾沫，然后用餐巾擦干净之后再把那些贵重的盘子递给客人。宫廷的贵族和大臣们穿着欧洲宫廷的礼服，举止优雅，然而他们身上散发出的味道常常令人难以忍受，假发上也往往长满寄生虫。宫廷里的女人，每天只知道虚荣地攀比，空虚地聊着别人的是非，男人们则把时间浪费在喝酒和打牌上。据说当时俄国宫廷之中有接近一半的人目不识丁，会读写的人甚至不到三分之一。以西欧的标准来衡量，伊丽莎白女皇和她的朝廷的确缺乏教养。

虽然伊丽莎白仿照西欧的巴洛克风格建造了为数众多的皇家建筑物，但这些外观富丽堂皇的建筑居住体验非常恶劣。由于宫殿都是匆忙建成的，有些门窗无法关闭严实，房屋的墙壁经常渗水，楼梯也相当不牢固。俄国的石制建筑非常少，尤其是在古都莫斯科，大多数的房屋由木头建造，火灾在当时非常普遍。伊丽莎白在莫斯科斥巨资建造的避暑夏宫，也曾被熊熊烈火燃烧为一团灰烬。女皇又下令在六周之内重建夏宫，耗费了大量的劳力赶制而成的建筑质量更加低劣。叶卡捷琳娜在她的回忆录中写道："在夏宫重建之时，我们暂时住进了附近主教的家里。然而在他们家暂住期间，主教的家又发生了三次火灾。有时在莫斯科不同的地方同一时间会发生四次甚至五次火灾。"跟随伊丽莎白出行的日子里，叶卡捷琳娜几乎从来没有住过舒心的地方。有一次，她甚至与十七名侍女挤在一间屋子里过夜，连卫生间都住满了人。最好的房子总是留给女皇一人享用。

跟着女皇东奔西走的叶卡捷琳娜还对俄国的农奴有了初步的认知。彼得大帝的改革虽然加快了俄国的"欧化"进程，却是以牺牲农奴的利益为代价的。自他统治以来，俄国农奴的生存状况更加恶劣了。叶卡捷琳娜意识到农奴是俄国的主要生产力，国家几乎所有的财富都由农奴创造。虽然农奴的生活质量或许并没有多数人想象的那么糟糕，但是他们没有人权。农奴主可以像买卖牲口一样买卖农奴。就是在这个时期，叶卡捷琳娜产生了一些改善农奴生活的想法。

看着眼前这个真实的国度，叶卡捷琳娜仿佛想起了普鲁士那个可爱的小城堡，想起了自己儿时的玩伴和她心爱的法语老师芭贝特·卡德尔小姐。她怀念自己的家乡，怀念那个文明有序的国度。然而，这些只能存在于自己的记忆里，一切都回不去了。如今的她是俄国的大公夫人，是将来俄罗斯帝国的主人。她必须正视现实，振作起来。与叶卡捷琳娜的现实与理智不同，彼得大公依然对俄国的野蛮与落后充满了鄙视，肆无忌惮地对众人宣称自己是一名德意志人，并将普鲁士的腓特烈大帝视为自己的偶像。

在乔戈洛科夫夫妇的严密监控下，叶卡捷琳娜与彼得被迫绑定在一起。这也是伊丽莎白派自己的亲信监控大公夫妇的目的之一。女皇企图通过这种方式促使他们尽快诞下新的皇室成员。然而女皇的愿望注定会落空。乔戈洛科夫夫妇对小宫廷的控制只起到了使大家团结在一起共同对抗他们的效果。原本很严苛的克鲁兹夫人也站在了大公夫妇这边。克鲁兹夫人想方设法为彼得大公找来他朝思暮想的玩具士兵，还有各类战争武器模型。每天晚上，当乔戈洛科娃以为大公夫妇已经睡下之时，克鲁兹夫人就会悄悄地将房门锁上，然后从床底下拿出这些玩具。彼得大公会将他的玩具摆满一床，像司令一样排兵布阵。彼得每晚都要玩到自己感觉困了才睡。由于整张床上都是他的玩具，叶卡捷琳娜也无法正常入睡。虽然她认为彼得这些幼稚的游戏无聊至极，但还是尽力附和着她的丈夫。一天夜里，乔戈洛科娃似乎听到了大公夫妇房间里的异响，于是敲响了他们的房门。幸好他们的房间有两道门，克鲁兹夫人和大公夫妇立即将一床的玩具藏在被子底下，在大公夫妇假装睡下之后关好灯才去开门。进入房间的乔戈洛科娃看着熟睡之中的大公夫妇，有些丈二和尚——摸不着头脑，几分钟之前她分明听到房间内有声音传来。但是没有抓到证据的她也只能带着疑惑离开。想到她被捉弄的样子，大公夫妇和克鲁兹夫人不禁笑了起来。彼得大公再次拿出他的玩具铺在床上一直玩到自己沉沉睡去。

除了训练他的玩具士兵之外，彼得大公还萌生了其他两个兴趣：拉小提琴和训练猎犬。"他根本没有任何音乐细胞。"叶卡捷琳娜在后来的回忆录中写到，"我不能提出任何反对意见，于是不得不忍受他的提琴制造出的噪声。"事实上，她不仅要忍受提琴的噪声，还要忍受猎犬的叫声。或许是觉得整日训练一群没有生命的玩具士兵不够刺激，彼得大公又在他们的住所养了十条猎犬。他每天都像训练士兵那样训练这群狗。如果哪条狗不服从指令，他就会用皮鞭和棍子教训它。有一天，叶卡捷琳娜听到大公的房间里传来一条狗的凄厉叫声。推开房门之后，她看到大公正在虐待一只英国查理王猎犬。她的丈夫一只手抓着狗的项圈把它悬在半空中，另一只手拿着皮鞭狠狠地抽打它，大公身边的仆人还用力拎着这只狗的尾巴。叶卡捷琳娜不忍心看到这种残忍的场景，祈求丈夫放过这只可怜的猎犬。然而听到她的求饶之后，彼得开始变本加厉地对它抽打起来。叶卡捷琳娜无奈地流着眼泪回到了自己的房间。"这世间除了这只狗以外,最悲惨的就是我自己了。"

童贞夫人

自乔戈洛科夫夫妇上岗以来,时间又过去了几个月,然而大公夫人还是没有任何怀孕的迹象。心情焦虑的伊丽莎白将一切责任都推到了叶卡捷琳娜头上。她认为一定是大公夫人厌恶自己外甥丑陋的容貌和怪异的性格,因此不肯与他亲密接触。别斯杜捷夫对此有不同的看法。他认为这位来自普鲁士的大公夫人肯定不简单。他怀疑大公夫人与她的母亲一样,是腓特烈大帝安插在俄国的奸细,甚至认为大公夫人至今仍然与普鲁士秘密通信,搅乱俄国的外交事务。深处权力核心的人就是这么可怜,相互之间充满了猜疑,没有人会相信叶卡捷琳娜的无辜。

虽然在许多人的眼中,大公夫人是一个魅力十足又博学多识的女人,但她的丈夫却对她充满诱惑的少女之身无动于衷。结婚两年以来叶卡捷琳娜还是一个处女,这在宫廷里简直成了被人津津乐道的笑话。其实彼得并非对异性没有兴趣。虽然他对大公夫人态度冷淡,却与周围的那些女侍从打情骂俏,丝毫不顾及自己的身份。但他并没有与宫廷里的任何一个女性发生过性关系。可是周围的人不关心问题的根源,几乎所有人都认为是大公夫人没有能力吸引自己的丈夫。叶卡捷琳娜的自尊心受到了严重的伤害,但她无法为自己辩白,只能忍耐。

事实上,彼得无法尽到身为人夫的义务是因为有着自己的难言之隐。据说已经年满十八周岁的彼得大公一直受到男性"包茎"问题的困扰。根据御医的判断，大公的这个问题再过几年就会迎刃而解，这也是医生们建议女皇推迟大公婚期的原因。只是求皇嗣心切的伊丽莎白将御医的建议当成了耳旁风，在时机尚未成熟之时就让大公夫妇成婚，导致大公夫人一直无法生育。至于彼得大公宁愿与一群侍女打情骂俏也不愿靠近自己风情万种的妻子的原因，则应该是他严重的自卑心理。那场可怕的天花给彼得的面部留下了大片的疤痕，使他的形象受损。他童年那些不愉快的经历又给他留下了严重的心理阴影。因此当彼得大公面对如此优秀的妻子之时会产生一种自卑心理，他只想通过逃避减轻自己的心理压力。然而对于自己丈夫生理和心理上的问题，叶卡捷琳娜并不能够很好地了解。即使她能够了解，也无法为他开解。在这种情形之下，两个年轻人的心里都产生了难以逾越的隔阂。

伊丽莎白女皇当初选择乔戈洛科夫夫妇做小宫廷的主管，一是因为他们的可靠和忠诚，二是因为他们是当时有名的模范夫妻，尤其是在生育方面。乔戈洛科娃自结婚以来，每年都在怀孕生子且极其崇拜和服从自己的丈夫。伊丽莎白希望大公夫人以乔戈洛科娃为榜样，与大公琴瑟和鸣，做一个多产的夫人。但是种种迹象表明，乔戈洛科夫夫妇促使大公夫人怀孕生子的任务注定要以失败告终。大公夫人没有生育的事实已经让伊丽莎白感到头痛了，接下来发生的事情更是让她怒火中烧。

1748年的夏天，大公夫妇的小宫廷搬到了坐落于芬兰湾的彼得霍夫宫消暑。在此期间，叶卡捷琳娜夫妇发现了乔戈洛科夫夫妇一个劲爆的秘密：模范丈夫乔戈洛科夫出轨了。在乔戈洛科娃怀孕之时，她无比信赖的丈夫勾搭上了大公夫人身边的一个侍女，并且还让这名侍女怀上了孩子。这起丑闻在宫廷之中掀起了轩然大波。对乔戈洛科夫夫妇来说，这算得上是灭顶之灾。他们心惊胆战地等着女皇的惩处。大公夫妇和小宫廷里的其他人员全都以一种看热闹的心态等着目睹这两个令人厌恶的人覆灭。然而，什么都没有发生。伊丽莎白在对着他们大发雷霆之后，看着跪在眼前痛哭不已的乔戈洛科娃，心又软了下来。最终，乔戈洛科夫夫妇二人都没有下台，继续留在了监护大公夫妇的岗位上。虽然这场风波没能将乔戈洛科夫夫妇赶下台，但是此后他们再也不像之前那般嚣张跋扈了。大公夫妇终于获得了某种程度上的自由。

令人意想不到的是，克鲁兹夫人反而成了这场风波的受害者。由于她平日里与乔戈洛科夫夫妇不合，在他们闹出桃色新闻之时又表现出了过于幸灾乐祸的态度，女皇借故将她调离了工作岗位，换了一位叫作维拉奇斯拉娃的夫人接替她的位置。维拉奇斯拉娃夫人五十多岁，是一位精力充沛、富有智慧和教养的女士。她是一名土生土长的斯拉夫人（克鲁兹夫人是德意志人），对俄国宫廷的历史了如指掌。她经常为大公夫人讲解俄国的历史、皇宫里每个贵族世家和人物的故事，她的故事总能让大公夫人听得入迷。听她讲这些故事仿佛翻开了一本尘封已久的编年体史书。但是彼得大公不喜欢她，因为她是一个虔诚的东正教信徒。彼得越来越抵制俄国，抵制斯拉夫的一切，他甚至认为整个俄罗斯帝国都比不上自己出生的那个德意志小城镇。他鄙夷叶卡捷琳娜想方设法融入俄国文化的做法。在彼得心里，他的偶像永远都是普鲁士国王腓特烈大帝，虽然他们从未谋面。事实上，叶卡捷琳娜也怀念普鲁士的家乡，而且从未忘记腓特烈大帝为她在柏林饯行时对她表达的善意。只是她比彼得现实，从来不像彼得那样随心所欲地表达自己的情感。她德意志人的身份已经为自己招来了许多猜疑，因此她必须隐藏自己的感情，努力做一名真正的俄国人。

克鲁兹夫人被罢免后不久，俄国宫廷中另外一个人也遭到了罢免和流放，那就是伊丽莎白的专属御医和亲密顾问莱斯托克。

1748年11月的一天，伊丽莎白在她的寝宫举办了一个小型聚会。叶卡捷琳娜看到莱斯托克医生独自一人坐在一个角落，于是走上前去同他打招呼。医生神色慌张地压低声音对她说："别靠近我，不要跟我说话！我是认真的。"叶卡捷琳娜看着脸色泛红的医生，以为他酒喝多了，于是走开了。事隔一天之后，有人偷偷地告诉大公夫人说莱斯托克被指控与普鲁士大使互通密信，并且接受了普鲁士的贿赂，目前已经被关押在彼得保罗要塞接受审讯。负责莱斯托克一案的是由首相别斯杜捷夫、阿普拉克辛元帅和亚历山大·舒瓦洛夫组成的特别审讯小组。尽管被严刑拷打，莱斯托克医生始终没有出卖任何人，也没有承认对他的任何一项指控。审讯团最终也没能得到任何能够证明他有罪的证据。然而，女皇还是下令抄了他的家，并且将他和他的新婚妻子一起流放到了西伯利亚。莱斯托克的倒台，是对宫廷之中亲普鲁士团体的一个警示。以别斯杜捷夫为首的亲奥地利派稳稳地占据了上风。来自普鲁士的叶卡捷琳娜感到一阵阴森的风吹向自己的脊梁。她知道自己这个德意志人的日子更加不好过了。从今往后，伊丽莎白对她的监视将会更加严密，她要比之前表现得更加谨慎才行。

1748年12月，伊丽莎白女皇将宫廷迁往了旧都莫斯科，他们将在莫斯科度过接下来一年的时光。

接下来这一年发生了一件足以让所有人警惕的事情。在一场宫廷狂欢盛宴中，伊丽莎白女皇因为肠绞痛突然毫无意识地倒在了地上。她这次生病让宫里的人开始担心她的身体状况。叶卡捷琳娜和彼得被严密地看管起来，未经允许绝对不能迈出小宫廷半步。但是女皇病倒的消息还是通过维拉奇斯拉娃夫人透露给了叶卡捷琳娜。她恳请大公夫人万万不可告诉别人是从她那里知道的消息。专制君主的病情从来都是最被人忌讳的话题，很容易被人利用作为意图谋反的证据。叶卡捷琳娜将女皇病重的消息转告给了彼得，但是没有告诉他消息来源。听到这个消息的彼得大公惶恐不安，生怕姨母万一有什么不测，自己也会跟着遭殃。过了几天，仆人们又从外界打探到消息，说别斯杜捷夫、阿普拉克辛元帅还有皇宫里其他一些大公夫妇的敌对势力聚在一起密谈了几个小时之久。这让人不得不怀疑他们正在密谋着什么。果然，不久便传来了他们在密谋一起政变的消息。听闻他们筹划着，万一女皇驾崩，就把彼得大公从继承人的位置上赶下去，然后扶植那个被伊丽莎白推翻的至今仍关在要塞里的"婴儿皇帝"伊凡六世登上皇位，这样他们就可以把控朝政大权了。听到这个消息的彼得大公更加心神不宁。想到姨母驾崩之后自己即将面临被流放和监禁的命运，他简直一刻都无法安宁。虽然叶卡捷琳娜也为自己的前途担忧，但她还是尽力保持镇定。为了安抚彼得的情绪，她向他保证，万一发生不测，他们可以从一楼的窗户里跳下去逃走。而且她还信誓旦旦地告诉大公，她已经想好了逃跑的路线，虽然这条路线根本不存在。

几天之后，小宫廷收到消息，女皇的身体已经渐渐恢复了。然而彼得仍旧认为他的身边布满了陷阱和阴谋，一有风吹草动就感觉政变即将发生。他的谨慎是有道理的，因为在他身上发生了一件诡异的事情。

1749年的夏季，大公夫妇在莫斯科的郊外度假。整个夏天，彼得都与猎人们带着猎犬打猎。有一天，当彼得独自骑着马在树林里追赶猎物之时，眼前忽然出现了一名军官。这名军官抓住了彼得单独一人在场的时机，立即下马跪在彼得面前，向他宣誓效忠。他发誓道，自己只服从彼得大公一人的领导，彼得大公是他唯一的主人，只要大公一声令下，他必定为大公赴汤蹈火。彼得被他的誓言吓到了。长期生活在阴谋密布环境中的彼得还是很警醒的，他立即鞭策着他的马掉头扬长而去，留下军官一人跪在空荡荡的树林里。回去之后，惊慌失措的彼得立即将这件事情告诉了叶卡捷琳娜。仔细询问了事情经过之后，叶卡捷琳娜对彼得说，只要他确定没有其他人在场，并且听到这些话后立即走开了，就不用过于担心。没过几天，这名对彼得宣誓效忠的军官被逮捕了。他是一名叫作雅科夫·巴特瑞恩的中尉，由于精神有些失常才做出那种举动。在对他审讯之后，巴特瑞恩道出了自己想要谋杀伊丽莎白女皇，扶植彼得大公即位的计划。如叶卡捷琳娜所料，彼得大公并没有被牵扯到这起案件当中，但彼得由此变得更加小心谨慎起来。

在莫斯科生活了一年之后，伊丽莎白终于要将宫廷迁回首都圣彼得堡了。返回圣彼得堡不久后，彼得大公结识了库尔兰公主。库尔兰公国是当时一个位于波罗的海沿岸的小国，受到俄罗斯帝国的控制。这位公主二十五岁，是一个身材矮小、相貌平平、各方面都不够出众的女人。但彼得大公非常欣赏她，不论去哪里都与她形影不离，甚至公开表露出自己对公主的喜爱之情。周围的人对大公不同寻常的品位感到惊讶。叶卡捷琳娜的自尊心受到了伤害。她在回忆录中写道："看到这样一个身体畸形的小东西竟然可以获得彼得的喜爱，我感到自己受到了大公严重的怠慢。"一天，无法忍受自己的丈夫与库尔兰公主打情骂俏的叶卡捷琳娜独自回房休息。彼得回来之后，一直对叶卡捷琳娜滔滔不绝地讲述着自己与公主的情事。为了让他尽快结束这个话题，叶卡捷琳娜侧躺在床上假装睡着了。看到妻子对自己的话题毫无反应，彼得气急败坏地举起拳头对着叶卡捷琳娜的后背用力捶了两拳，然后背对着她倒下睡着了。想到与彼得结婚以来受到的种种委屈，还有至今自己仍是处女之身的事实，叶卡捷琳娜的泪水模糊了双眼。

其实叶卡捷琳娜完全不必自怨自艾。虽然未能得到丈夫的青睐，但她的魅力是毋庸置疑的。事实上，她的身边从来都没有缺乏过爱慕者，只是她的谨慎将那些追求者挡在了门外。不久之后，她就会迎来自己的第一段爱情，并感受到做母亲的滋味，虽然这种滋味对她来说更加苦涩。

无法抵制的诱惑

在与彼得大公结婚之前，叶卡捷琳娜的身边就已经有了爱慕者的出现。彼得大公身边贵族三兄弟中的扎哈尔·切尔内绍夫和安德烈·切尔内绍夫都曾表达过对大公夫人的喜爱之情，也因此被调离了大公夫妇的小宫廷。扎哈尔在1751年又被调回到了圣彼得堡。见到叶卡捷琳娜之后，他再次被眼前的少妇吸引。他认为比起十六岁的叶卡捷琳娜，如今二十一岁的大公夫人更具风情。扎哈尔甚至一度与大公夫人相互传递写有爱慕之词的小纸条。这段感情最终因为叶卡捷琳娜的克制无疾而终。1749年伊丽莎白将宫廷迁往莫斯科之时，叶卡捷琳娜又斩获了另外一个爱慕者——伊丽莎白官方情人的弟弟基里尔·拉祖莫夫斯基。当时基里尔的住所与大公夫妇居住的地方相隔甚远，但他每天都会不辞辛劳地登门拜访大公夫妇。那时的叶卡捷琳娜并没有发觉这位英俊的少年对她的爱慕之情，直到二十年后通过一次与他无意的谈话才得知他对自己的爱。那时，已是女皇的叶卡捷琳娜问基里尔："当时你是怎么做到每天都来拜访我们的？毕竟距离那么远。"基里尔坦诚地答道："是爱情的力量。"叶卡捷琳娜惊讶道："你爱上了我们之中的哪一位？""当然是你。"基里尔答道。叶卡捷琳娜不仅在不知不觉中吸引到了优秀的爱慕者，也同样吸引了乔戈洛科夫这种长相丑陋、令人讨厌的男人。自外遇风波平息以来，乔戈洛科夫又盯上了大公夫人，对她大献殷勤。他的这种做法让叶卡捷琳娜厌恶至极，她不给乔戈洛科夫任何靠近自己的机会，同时以严厉的态度对待他。发现丈夫不良行为的乔戈洛科娃很是感激大公夫人态度坚定的做法。

到目前为止，不论是对她表达了爱慕之情的人，还是暗恋者，叶卡捷琳娜一直都保持着清醒和克制的头脑。接下来出现的这个人，则远远超出了她的招架能力。

"他如阳光一般英俊帅气，整个皇宫之中也没有几个人能出其右，更何况在我们这个小宫廷里。他是当时俄国宫廷里少有的兼具智慧与知识的人。他的行为和举止都非常优雅。二十六岁的他，不论从哪个角度来看都是一名真正的绅士。他非常善于掩饰自己的缺点，尤其擅长勾引女人，也是一个没有原则的人。但那时的我并不清楚他的这些缺点。"这是叶卡捷琳娜在后来的回忆录中对她深爱过的第一个男人的描述。事实上，这个人的优点被夸大了。根据宫廷中其他人的描述，二十六岁的他中等身材、肌肤黝黑，并没有叶卡捷琳娜形容的那般出众。他的名字叫作谢尔盖·萨尔蒂科夫。他还有一个哥哥名叫彼得·萨尔蒂科夫，兄弟二人都是皇宫中的内侍。他们所属的萨尔蒂科夫家族是俄国古老、尊贵的贵族家庭之一。他们的母亲以轻浮而远近闻名，据说皇宫之中的三百名掷弹兵都做过她的情人。

在谢尔盖认识叶卡捷琳娜之时，他已经是一名有妇之夫了。他的妻子是伊丽莎白女皇的一名侍女。据说在这名侍女荡秋千时，谢尔盖迷恋上了她洁白无瑕的脚踝，于是把她勾引到了床上。直到这名侍女怀了他的孩子，他才迫于无奈与她匆忙成婚。结婚之后，谢尔盖很快就被新的目标吸引，对妻子完全丧失了热情。四处寻找猎物的谢尔盖认识了大公夫人。这时的叶卡捷琳娜二十四岁，处于严密监视之下的她显得格外孤独，大公夫人的光环又赋予了她极高的地位和价值。当谢尔盖听说她还是一个处女时，更加燃起了浓厚的兴趣。他决定将大公夫人视为自己的下一个猎物。

当时的叶卡捷琳娜仍然处于乔戈洛科夫夫妇的监控之下，在谢尔盖看来，这种挑战性反而增加了他的兴趣。为了获取大公夫人的芳心，谢尔盖与另外一名富家子弟列夫·纳雷什金协作，取得了乔戈洛科夫夫妇的信任，毕竟两个身份尊贵的少年愿意向他们示好使他们倍感荣幸。此时的乔戈洛科娃又怀孕了。怀有身孕的她时常感到身体不适，而且自从丈夫的外遇事件以来，她对大公夫妇的监管也不似以前那么严格了。唯一需要对付的是乔戈洛科夫。经过几次交往，谢尔盖发现了呆板刻薄的乔戈洛科夫竟然有为歌曲谱写歌词的雅兴。谢尔盖与列夫夸赞乔戈洛科夫是一位极具天赋的诗人，然后即兴为他出一个题目，恳求这位作家为歌曲谱词一首。这时，乔戈洛科夫便会在房间里找一个安静的角落专心创作。当他的大作完成之后，列夫就会拿起他创作的歌词，现场用钢琴谱上一曲，与作者一同合唱。在乔戈洛科夫被支开的间隙，谢尔盖就会抓住机会与大公夫人单独相处，并向她倾吐爱慕之情。叶卡捷琳娜被他的告白感动，虽然没有做出回应，但也没有表示拒绝。当他持续向她表达爱意之时，叶卡捷琳娜忍不住问他："你的妻子怎么办？"谢尔盖流露出一种难以言喻的痛苦表情对大公夫人说："闪光的东西未必是金子，我为自己两年前的一时冲动付出了巨大的代价。"叶卡捷琳娜被他的外表蒙蔽了，她开始为眼前这位婚姻不幸的男人抱有同情之心。谢尔盖表示直到与她相遇，才知道什么是真爱，可惜已经为时过晚。这个情场老手将感情经历几乎空白的大公夫人哄得心花怒放。叶卡捷琳娜也曾试图克制自己对他的感情，然而在谢尔盖的进攻之下，她逐渐失去了招架之力。彼得大公早已看出谢尔盖和列夫的把戏，说自己清楚这些人在愚弄乔戈洛科夫夫妇。但是彼得并不介意自己的妻子出轨，因此对眼前的事情视而不见。

在乔戈洛科夫夫妇组织的一场狩猎活动中，谢尔盖抓住了与大公夫人独处的机会，再次向她敞开心扉。他表达自己对她浓烈的爱，并询问自己是不是她的心上人。叶卡捷琳娜用笑声搪塞他的提问。在与谢尔盖温柔地交谈了一个多小时以后，叶卡捷琳娜让他赶快离开，以免被人发现。谢尔盖清楚大公夫人已经上钩了，于是说如果她不承认自己是她的心上人的话，那他就不走。叶卡捷琳娜妥协了，按捺不住自己的喜悦，对他说道："是的是的！赶紧走吧！"谢尔盖跨到他的马上。正要离开之时，叶卡捷琳娜大喊道:"不是不是!""是的是的!"他一边大声回复一边骑着马扬长而去。不久之后,大约是在1752年的八九月间,谢尔盖终于得逞了。叶卡捷琳娜此时已经二十四岁了,在度过了八年的无性婚姻之后,她终于尝到了男女之事的愉悦。后来她在描述这段经历时说:"对于那时的所作所为,我毫无悔意。"

在大公夫人与谢尔盖热恋期间,伊丽莎白加紧了督促叶卡捷琳娜生子的步伐。伊丽莎白又将乔戈洛科娃叫到身边大加训斥了一番,指责她没有完成督促大公夫人生子的任务。乔戈洛科娃有苦难言,她知道大公至今仍然没有碰过任何女人,所以大公夫人是绝对不可能怀孕的。但是眼下的问题又必须想办法解决,否则她收到的就不是女皇的警告这么简单了。乔戈洛科娃想出了改变现状的一个大胆的方案。一种说法是,她找来了一名经验丰富的年轻寡妇陪在大公身边。经过一番调教之后,彼得大公终于体会到了性爱带来的快乐。还有一种说法是,乔戈洛科娃在女皇的警告之下道出了大公夫人八年未怀孕的原因。得知真相的女皇立即安排御医为大公检查身体并为他安排了一场小手术解决了男性"包茎"问题,于是大公终于享受到了鱼水之欢。不论事实怎样,大公自身的问题总算是解决了。

1752年12月,叶卡捷琳娜发觉自己怀孕了。其实在谢尔盖得手之后,他对大公夫人的热情已经逐步消退。得知大公夫人怀孕之后,谢尔盖更加惶恐不安。所有人都知道大公夫人是个处女,万一她怀孕的消息传出去,他不敢想象自己将会面临怎样的后果。当得知彼得大公也已经不再是处男之身后,谢尔盖总算松了一口气。根据叶卡捷琳娜后来在回忆录中的暗示,她与大公后来的确同房过。然而同房并不代表可以生育。事实上,彼得大公与众多女性发生关系之后，并没有致使任何人怀孕的记录。

谢尔盖开始用需要谨慎行事为理由搪塞叶卡捷琳娜对他提出的感情需求。这让已有身孕的她异常失落，叶卡捷琳娜责备他变得冷漠和高傲，但是谢尔盖无动于衷，不仅继续冷落她，还想方设法躲着她。为了远离大公夫人，谢尔盖和列夫跑到了乡下的庄园里生活了一段时间，他给大公夫人的理由是为了避免被人猜疑。叶卡捷琳娜在他离开之后情绪非常失落，不久之后，她流产了。叶卡捷琳娜焦急地等待着自己情人的归来，并且决定只要能跟他在一起，自己愿意做出任何牺牲。然而她越是这样，谢尔盖就越不愿与她接触。叶卡捷琳娜对谢尔盖很失望，想要当面谴责他。可是当再次见到他时，本想对他发一通火的叶卡捷琳娜一下子就心软了。谢尔盖解释说自己已经被小宫廷的眼线盯上了，那些人随时都有可能向女皇汇报他们之间的私情。对他这种人来说，撒谎是轻而易举的事情。但是叶卡捷琳娜当真了。看到情人担惊受怕的样子，叶卡捷琳娜决定尝试向她的宿敌别斯杜捷夫示好，以消除敌对势力的威胁。爱情的力量是伟大的。此前的叶卡捷琳娜从来没有勇气尝试接近这个处处为难她的敌人，如今仅凭情人的一句话，她竟愿意主动向敌人示好。

叶卡捷琳娜找了一个与小宫廷和大宫廷均有往来的人作为中间人向首相间接地表达了自己的友好意愿。令叶卡捷琳娜感到意外的是，这次的主动示好竟收到了意想不到的效果。别斯杜捷夫对大公夫人的示好做出了非常积极的回应，甚至第二天就将谢尔盖请到自己的府上热情招待。首相说的话表明他对小宫廷里发生的事情了如指掌，包括大公夫人与谢尔盖的私情。但他并没有要戳穿大公夫人的意思。为了表达他的诚意，别斯杜捷夫甚至还让谢尔盖转告大公夫人，请她相信自己并不像她想象的如豺狼一般可怕。收到别斯杜捷夫发出友好信号的叶卡捷琳娜欣喜若狂。自她到达俄国宫廷的那一天起，这个权臣就将她视为不共戴天的敌人，她在宫中的苦难日子多数是他造成的。如今他竟然就这样与自己和解了，真是一个天大的喜讯。当然了，别斯杜捷夫这样做绝对不是因为被大公夫人的坦诚所感动，而是出于他自身利益的考虑。随着伊丽莎白女皇身体状况的每况愈下，这个老谋深算的权臣早已开始为自己的将来做起打算。阅人无数的他早就意识到大公夫人是一个富有智谋的女人，并且笃定她的前途不可限量。比起那个亲善普鲁士的彼得大公，叶卡捷琳娜的头脑要清醒和理智得多。别斯杜捷夫相信大公夫人绝对不会为了自己的家乡普鲁士而出卖俄国的利益，这与他的政治观点相当一致。但是他深知大公夫人与自己的关系一直不睦，因此没有轻举妄动。没想到这个时候她能主动向自己示好，别斯杜捷夫难免感到喜出望外。就这样，叶卡捷琳娜解除了八年以来俄国宫廷中对自己最大的威胁。

没过多久，乔戈洛科娃神秘兮兮地单独与大公夫人进行了一次谈话。她先向大公夫人表达了自己强烈的爱国之心，然后说女人应当忠诚于自己的丈夫。然而如果出现了极其特殊的情况，例如涉及国家皇位继承人诞生的问题之时，国家的利益将高于一切。听到她的一番说教，叶卡捷琳娜认为她这是在给自己布的一个陷阱，于是缄口不言。看到大公夫人没有反应，乔戈洛科娃将事情挑得更加明确："我知道你在跟别的男人交往，告诉我，是SS还是LN（SS是谢尔盖·萨尔蒂科夫名字的外文缩写，LN为列夫·纳雷什金名字的外文缩写）。如果我没猜错的话，应该是后者。"听闻此言的叶卡捷琳娜立即加以否认。乔戈洛科娃回道：

"那就是前者，绝对没错了。你放心，我不会成为你们交往的障碍的。"这可是天大的秘密，万一女皇知道了可能会造成不可想象的严重后果。事实上，伊丽莎白已经知道了。通过八年的观察，伊丽莎白不得不承认她的外甥极有可能和她一样，患有不育之症。但是罗曼诺夫王朝的香火绝不能断。因此当得知大公夫人与谢尔盖偷情的时候，伊丽莎白默认了他们的关系，并暗中授权乔戈洛科娃想方设法让大公夫人尽快怀孕。理解了女皇用意的乔戈洛科娃这才有了与大公夫人的上述对话。然而此时风流成性的谢尔盖早已将大公夫人抛到了九霄云外。

在督促大公夫人生育这一点上，宫廷上下核心人物的观点保持着绝对的一致。别斯杜捷夫训斥了谢尔盖抛弃大公夫人的做法。叶卡捷琳娜深陷情伤之中，她用尽浑身解数吸引谢尔盖回到她身边。就像为了完成一项政治任务那样，被逼无奈的谢尔盖时不时与大公夫人上床。1753年5月，叶卡捷琳娜又怀孕了。怀孕期间她随着宫里的人一同远足和打猎，动了胎气，导致她再次流产。这次流产非常危险，叶卡捷琳娜用了整整六个星期的时间才逐渐恢复元气。谢尔盖无形之中也成了一个"受害者"。他被绑定在大公夫人身边，就像一匹种马，在让大公夫人成功受孕之前休想离开。这就是他当初勾引大公夫人的代价。彼得大公对发生在妻子身上的事情看得清清楚楚，但他装作什么都不知道的样子，整日与宫里的其他女人厮混，借酒消愁。彼得并不是个傻子，虽然他并不介意妻子出轨，然而自己可能无法生育的事实仍然刺激了他的神经。

1754年2月，在叶卡捷琳娜第二次流产的七个月以后，她发现自己又怀孕了。这一次，伊丽莎白女皇非常谨慎。她命令大公夫人不得从事任何剧烈运动，务必确保胎儿的安全。谢尔盖也希望她这次可以成功诞下继承人以换取自己的人身自由。叶卡捷琳娜明白身边的人渴望她顺利产子的原因。她为自己的处境感到沮丧,在她看来,自己与一头用来生育的牲口没有什么两样。尤其是想到孩子的降生将意味着谢尔盖的离去时,那种悲伤之情就会更加深刻。

在叶卡捷琳娜分娩之前,小宫廷再次发生了人事变动。与大公夫妇相处了七年之久的总管乔戈洛科夫患了严重的胃病,医生诊断后宣布他已没有康复的可能。不久之后乔戈洛科夫离世了。为丈夫办完丧事的乔戈洛科娃刚要返回岗位,就接到了女皇将她免职的通知,因为女皇认为刚刚丧夫的寡妇不吉利,不适宜留在待产的大公夫人身边。长期以来,乔戈洛科夫夫妇都与大公夫妇为敌,对待他们极其严苛。经过长达七年的磨合,他们好不容易不再如当初那样铁石心肠,甚至成了大公夫妇的朋友。然而在大公夫人最需要他们的时候,他们却纷纷离她而去。当听到即将接替他们二人岗位的人的名字时,叶卡捷琳娜顿时感到一阵恐惧。

女皇的新宠

1749 年伊丽莎白女皇病愈之后,再次组织她的宫廷前往莫斯科郊外的圣萨巴斯进行朝圣之旅。伊丽莎白的固定情人、"夜间皇帝"拉祖莫夫斯基已经不再年轻。为伊丽莎白效力已久的大臣彼得·舒瓦洛夫向她引荐了自己年仅十八岁的堂弟伊凡·舒瓦洛夫。伊丽莎白被这名充满青春气息的帅气小伙深深吸引,立即任命他为寝宫近侍并且安排他住到了自己隔壁的一间套房里。与伊丽莎白女皇的老情人拉祖莫夫斯基一样，新宠伊凡·舒瓦洛夫也非常温和谦逊，受到众人的赞赏。而且与拉祖莫夫斯基相比，伊凡更加优秀。他不仅为人和气、彬彬有礼，个人的能力也很突出。他在做男宠期间为俄国做出不少贡献。叶卡捷琳娜对伊凡的印象也相当不错。与她一样，伊凡也非常热爱读书。叶卡捷琳娜每次见到他，他手里几乎都捧着一本书。受宠期间，伊凡还创办了莫斯科大学，致力于为国家选拔人才。不久之后登上历史舞台，成为叶卡捷琳娜生命里重要人物的波将金就是莫斯科大学的学员。更为巧合的是，第一个发掘波将金才华的人正是伊凡。除了创办学校之外，伊凡在艺术上也有颇高的造诣。他为俄国组建了艺术学院，建立了图书馆，他收集的藏品后来成为叶卡捷琳娜创建的艾尔米塔什博物馆的展品。最为难能可贵的是，作为俄国权倾一时的人物，伊凡还拥有低调和慷慨的品德。他对农奴非常人道，从不打骂他们，因此受到农奴的爱戴。

舒瓦洛夫家族的崛起触碰了别斯杜捷夫和拉祖莫夫斯基的家族利益。他们打算联合起来瓦解舒瓦洛夫家族的势力。考虑到伊丽莎白女皇对年轻又英俊的小伙子毫无抵抗力，他们从皇家剧院找来了一个英俊的小伙，试图让他博得女皇的恩宠，从而削弱伊凡的影响力。伊丽莎白的确看上了这名小伙子，并且一度让他在身边服侍。但舒瓦洛夫家族是不会坐以待毙的。他们发起了反击。据说舒瓦洛夫家族指使他人在这个少年的随身物品上涂了毒药，导致他的皮肤上起了像疹子一样的东西。当伊丽莎白问起时，舒瓦洛夫家族诽谤这个男孩是一名同性恋，而且还染有性病。伊丽莎白吓坏了，再也没有召见过他，于是伊凡从此稳坐男宠之位。

伊凡·舒瓦洛夫虽然优秀，但舒瓦洛夫家族的其他成员与他相比就相去甚远了。彼得·舒瓦洛夫的自负和贪婪世人皆知。他垄断了俄国动物油脂和鲸鱼的经营权，过着皇帝一样的奢侈生活。彼得·舒瓦洛夫的兄弟亚历山大·舒瓦洛夫更是一个令人厌恶的家伙。他不仅长相丑陋，还因为面部神经的问题导致嘴角到眼部的肌肉时常痉挛抽搐，而他从事的职业更是令人闻风丧胆。或许是考虑到他的面貌与那种阴森恐怖的工作更加搭配的原因，伊丽莎白任命他为俄国的秘密警察总长，专门审讯犯有重罪的人员。不知出于什么方面的考虑，伊丽莎白在叶卡捷琳娜即将分娩之时任命了这么一个令人胆寒的人物去接替乔戈洛科夫之前的位置，成为大公夫妇小宫廷的总管。

初为人母

不论叶卡捷琳娜有多抗拒，亚历山大·舒瓦洛夫夫妇还是接替乔戈洛科夫夫妇上岗了。在后来的回忆录中，她写道："看到他的那副嘴脸，我就不由得担心肚子里的孩子会受到他的影响，长得面目可憎。我感到周围的一切都在与我作对，我的眼中时常含着泪水，每天都害怕谢尔盖会与我分离。"当时叶卡捷琳娜的所有心思都在谢尔盖这个男人身上。当亚历山大带她参观女皇为她准备的产房时，叶卡捷琳娜的精神几乎要崩溃了，因为她的产房被安排在了女皇寝室的隔壁。这样安排的目的显然是为了将谢尔盖与她隔离开来。她意识到自己再也不可能有机会秘密会见他了。想到即将失去自己心爱的人和被隔绝之后孤单的场景，叶卡捷琳娜几乎陷入绝望。

1754年9月20日，在经历了分娩的阵痛之后，叶卡捷琳娜终于产下了她的第一个孩子——是个男孩。在她分娩之时，管家亚历山大·舒瓦洛夫和女皇都守在旁边。当看到生下来的是个男婴之后，伊丽莎白大喜过望。自从把这个来自安哈尔特的小公主接到宫廷之后，她就盼着这一天的到来。九年过去了，她终于等来了皇位继承人。在场的神父为新生儿取名为保罗。产婆将保罗的身体清洗干净，用一尘不染的布包好之后，伊丽莎白命令她抱着保罗一起回到自己的寝宫。刚刚还吵吵闹闹的产房顿时只剩下了虚弱的产妇和维拉奇斯拉娃夫人两个人。此时的叶卡捷琳娜还躺在硬硬的产垫上，她乞求维拉奇斯拉娃夫人将她抬到床上，但是夫人告诉她未经产婆允许她不敢擅自挪动她。维拉奇斯拉娃来来回回请了几次产婆都没能请来。产垫距离床仅有几步之遥，但是精疲力竭的叶卡捷琳娜根本没有力气自己爬过去。房间里有两扇大窗户，但是都关不严，风从窗户的缝隙里吹向生产过后大汗淋漓的叶卡捷琳娜。口渴难耐的她急需一口水，然而在这个关键时刻根本没有人为她效劳。大约过了三个小时，亚历山大·舒瓦洛夫夫人进来了，看到仍然躺在产垫上的大公夫人，她叫道："这样会要了你的命的！"于是立即去请产婆。又过了半个小时左右，终于有人进来将她抬到了床上。这一天接下来的时间里，再也没有一个人出现在她的房间里，更加没有人关心她的身体状况。彼得大公忙着跟他的那群侍从们酗酒，女皇则忙着照看新生儿。叶卡捷琳娜强烈地感受到自己被遗弃的命运。她的使命完成了，在这些人眼里，她已经没用了，再也不会有人在乎她这个生育机器的感受。

叶卡捷琳娜在产后时常独自一人躲在房间里流泪，但她拒绝在别人面前表现出自己可悲的一面，也从来不询问保罗的情况，因为打听儿子的状况会让人觉得她在怀疑女皇照看新生儿的能力。事实上，伊丽莎白的确缺少抚育婴儿的经验。保罗的摇篮被放在她的寝室里，只要听到婴儿的哭声，伊丽莎白就会冲过去哄他。为了不让保罗着凉，伊丽莎白令人将房间烧得火热，还在他的摇篮里铺上黑狐皮。不仅如此，她还将保罗裹在厚厚的毯子里，身上再盖一床棉被。可怜的小家伙热得全身大汗淋漓又不能表达。据说由于房间里烧着木炭，保罗身上又盖了太多层被子，他有一次差点窒息而亡。在伊丽莎白的精心"照料"下，长大后的保罗身体格外虚弱，稍有冷风吹到就会大病一场。按照东正教的规矩，保罗出生后的第六天是受洗日。受洗仪式结束之后，伊丽莎白终于想到了那个产妇，于是差人赏给叶卡捷琳娜一些首饰和十万卢布作为生子的奖励。叶卡捷琳娜在回忆录中写到，当时她已经身无分文，所以这十万卢布对她来说非常重要。至于那些首饰，都非常廉价，连一块超过一百卢布的宝石都没有，甚至打赏给下人都显得寒酸。正当她盘算着怎么花这笔钱时，女皇又派内阁秘书以国库亏空为由向她索要回了这笔钱。在叶卡捷琳娜将钱退回之后的一个月，女皇又将这笔钱再次赏给了她。叶卡捷琳娜后来才知道如此儿戏的事情发生的缘由。彼得大公在得知他的姨母赏了他的妻子一大笔钱之后非常不满，认为他的姨母偏心了。他认为不应该只赏赐皇子的母亲而忽略了他这个父亲，于是也吵着向伊丽莎白索取同等价值的赏赐。种种迹象表明，彼得大公并非保罗的生父，彼得本人不可能不知道这个事实。他索取钱财应该是为了填补心中的愤懑，毕竟自己无法生育的事实对他打击还是很大的。伊丽莎白清楚保罗不是彼得的儿子，心里对她的外甥有所愧疢，而且担心他到处乱说，于是派人要回了那笔钱先满足彼得的胃口。等到国库的资金稍稍周转开来之后，又给了叶卡捷琳娜十万卢布。

叶卡捷琳娜几乎每天都待在她那间与世隔绝的小房间里。外面不断传来为庆祝保罗出生举办的各类宴会上大家欢天喜地的声音。不久之后，她就收到了一个让她担惊受怕的消息。她深爱的人，也是保罗的生父谢尔盖·萨尔蒂科夫被朝廷指派出使瑞典，专程通报皇子出生的喜讯。这是对谢尔盖的一种侮辱，也带给叶卡捷琳娜沉重的打击。谢尔盖离开之后，叶卡捷琳娜陷入了抑郁。她借口自己腿痛拒绝离开房门半步，也不愿意见到任何人。

在保罗出生后的第十四天，伊丽莎白终于允许叶卡捷琳娜看望自己的孩子。说是看望，事实上也只是匆匆地看了他一眼而已。在回忆录中，叶卡捷琳娜写道："我看到他长得很可爱，看到他的那一眼让我感到莫名的开心和满足。"这是叶卡捷琳娜少有的描述保罗长相可爱的话。在保罗长大成人之后，她曾毫不客气地说自己的儿子长相丑陋。这倒不是叶卡捷琳娜对他的偏见。综合当时众人的表述，长大后的保罗的确与小时候有很大差别。他变得粗鄙，看起来毫不讨喜，而且性格也像他名义上的父亲彼得大公一样既残忍又怯懦。根据叶卡捷琳娜在回忆录中的描述，保罗的生父是英俊帅气的谢尔盖，绝非那个面目可憎的彼得大公。但是从遗传学的角度来看，保罗后来的长相又与彼得大公相似，这种奇怪的现象的确难以解释，导致保罗的生父问题成了宫廷里的一个谜。有一点可以确定的是，彼得大公终其一生都没有与其他女人生育的记录，因此基本可以判定他是没有生育能力的。据说这是那场天花带给他的后遗症。根据叶卡捷琳娜的说法，保罗之所以如此丑陋,是因为谢尔盖的亲兄弟彼得·萨尔蒂科夫样貌极其不堪入目,保罗是遗传了一些他的基因。当然了,这只是叶卡捷琳娜的一面之词。就算众人对保罗的生父问题心知肚明,也需要对此绝对保密,否则接下来罗曼诺夫王朝将会被终结,变为"萨尔蒂科夫王朝"了。虽然皇宫里关于保罗大公身世的问题猜测不休,但是这个问题并没有给保罗本人造成多大的困扰。因为他深信自己的父亲就是彼得大帝的外孙——来自德意志的彼得大公。

对谢尔盖朝思暮想的叶卡捷琳娜又收到了另外一个不好的消息。当谢尔盖从瑞典首都斯德哥尔摩返回之后,伊丽莎白女皇再次下令,将他打发到国外,这次是让他作为外交使节常驻汉堡。这等于完全断了叶卡捷琳娜的念想,让她陷入绝望之中。在瑞典待了五个月之后,谢尔盖回到了圣彼得堡。叶卡捷琳娜听说了他回来的消息,她极度渴望再见他一面,然而他却根本没有探望大公夫人的意思。叶卡捷琳娜派人传唤他过来见她,他答应了。但是叶卡捷琳娜一直等到凌晨,他也没有出现。更可悲的是,叶卡捷琳娜还听说了他在欧洲各国的风流韵事。传闻说,谢尔盖"对遇到的每一个女人都充满了兴趣,非常随意和轻浮"。虽然不愿意相信,但是叶卡捷琳娜还是渐渐接受了这个事实。1755年的春天,谢尔盖奉女皇之命离开了圣彼得堡,到汉堡就职。他的离去给叶卡捷琳娜的内心留下了可怕的空白。她强迫自己忘记这个对她早已厌倦了的男人。从此以后,她再也没有见过这个男人。成为女皇之后,叶卡捷琳娜将谢尔盖派往巴黎从事外交事务。再次谈起他时,叶卡捷琳娜将他比喻成"四轮马车上的第五个轮子"。好在深受伤害的叶卡捷琳娜没有从此一蹶不振。在那个无人问津的小房间里,她打开了尘封已久的书籍。在接下来的时间里,她将自己完全沉浸于书海之中，从塔西佗的《编年史》到孟德斯鸠的《论法的精神》，再到伏尔泰的《风俗论》，全部都在她的阅读范围之内。通过书籍，她了解到了大量的欧洲启蒙思想，认真思考了关于人权、自由主义、公共事务的深奥的理论。她感到自己的思想被书籍点亮了，她的大脑开始设想着一个宏伟的蓝图。她想象着假如自己可以当政，应当如何建立一个平等和高效的专制政权。她心中所想再也不仅仅是那个毫不在意自己的情人和完全不知道自己存在的儿子。除了西方的著作之外，叶卡捷琳娜还阅读了大量俄国本土书籍，对这个国家的风土人情有了更多的了解。她非常清楚，不论俄国带给她多少耻辱，令她多么失望，她都绝无返回德意志家乡的可能。她必须直面自己的命运，继续前行。

重生

1754年至1755年之间的那个冬季，叶卡捷琳娜都将自己关在那间小小的斗屋里。在坚强到足以克服自己的抑郁之前，她拒绝离开房间半步。欧洲启蒙思想家的著作丰富了她的大脑，也给了她继续生活下去的勇气。渐渐地，她开始有了继续奋斗的力量。她不要让自己继续消沉下去，她决定反击，让那些曾经带给她痛苦的人知道自己并没有那么软弱可欺。

1755年2月10日是彼得大公的生日。叶卡捷琳娜决定走出自己的房间，以一种崭新的面貌重新出现在众人面前。生日宴会当天，叶卡捷琳娜穿上了一套蓝色天鹅绒礼服，裙底镶着金边，看上去华丽无比。她将自己仔细打扮了一番。刚刚生完孩子的她看上去比青涩的少女更加丰满，充满风韵。虽然儿子一出生就被女皇抱走了，但仍然改变不了她是未来皇室继承人母亲的事实。如果说保罗出生之前，叶卡捷琳娜只能指望彼得大公，现在的状况则大不相同。她的地位因儿子的出生得到了巩固，她不用再像以前那样如此卑微地迎合彼得了。想起自己曾经遭受的不公正待遇，叶卡捷琳娜的胸中燃起一团怒火。为了向众人展示她没有被打倒，叶卡捷琳娜将腰身挺得笔直，头部高高昂起，像是某个势力强大的派系头目。事实上，在这个遥远的国度，她不属于任何一个派系，她的背后只有一个强大的支持者，那就是她自己。叶卡捷琳娜不仅姿态高傲，面部表情也很冷酷，还时不时说出一些犀利和带有讽刺意味的话。尤其是谈到她的管家亚历山大·舒瓦洛夫时，她的表情更是充满了鄙夷，与她此前那种柔弱和顺从的形象大相径庭。她高傲的表现反而使宫廷里那些势利的人开始对她刮目相看。他们认为在逆境中重生的大公夫人前途不可限量，将来在俄国很有可能是一支不可忽视的力量。

彼得大公也注意到了她的改变。一次晚餐前，他对叶卡捷琳娜说："你看起来太高傲了，对舒瓦洛夫夫妇也缺乏尊重，而且你那种身体僵直不可一世的样子令我无法忍受。"向来附和彼得的叶卡捷琳娜一改常态地答道："那我是不是应该像奴隶一样卑躬屈膝才能取悦你？"听到她的回答后，彼得气得火冒三丈，对她大吼道："今天我就要帮你找回你的理智！"叶卡捷琳娜冷静地问他："是吗？你打算怎么做？"彼得不敢相信自己的耳朵，气得靠在墙上，一把将剑从剑鞘里拔出了一半，举到叶卡捷琳娜面前。叶卡捷琳娜对他这种幼稚的行为不屑一顾，问他这是什么意思，是要跟她决斗吗？看到反应如此冷淡的叶卡捷琳娜，彼得又把剑插回了剑鞘，然后神经质似的一边来回走动一边念着："你这个坏女人，你真的太歹毒了！"这是叶卡捷琳娜来到俄国之后第一次与彼得对抗。彼得大公之所以反应如此之大，是因为眼前这个目光坚定、沉着冷静的女人完全不像曾经那个对她唯命是从的大公夫人。他感觉自己已经不认识她了，面对她就像面对一个陌生人。

大公夫人在生育之后迅速成长，但是彼得大公依然没有任何长进。随着待在俄国时间的增长，彼得反而对他的家乡荷尔斯泰因更加依恋起来。他狂热地崇拜腓特烈大帝，对普鲁士的军队生活无限向往。为了满足自己的思乡之情，彼得竟然想方设法地说服了他的管家亚历山大·舒瓦洛夫帮他向女皇求情，允许他从荷尔斯泰因召集一支规模不大的军队来俄国供他训练玩耍。向来对普鲁士的任何事务都不抱有好感的伊丽莎白竟然同意了这个请求，她认为这只是自己这个无所事事的外甥找的乐子而已。然而这群穿着普鲁士军装的士兵刺激到了俄国本国的军人。俄国人将这些普鲁士士兵视为一群间谍。俄国出钱供养着他们，还要每天忍受他们趾高气扬的样子。彼得大公将他们安置在奥拉宁姆堡的军营里，与他们同吃同住，自己每天穿着普鲁士军装乐此不疲地训练他们。奥拉宁姆堡的俄国军官们对彼得大公的行为流露出不满的情绪。他们很难想象将来这个人成为沙皇之后的情形。但是彼得毫不在意俄国人对他的看法，在他眼里，俄国的一切都是微不足道的。叶卡捷琳娜开始刻意地与彼得大公保持距离，她要让俄国人看到自己与大公不同。她要让大家感受到，自己已经不再是什么德意志人，而是全身心忠于俄国的大公夫人。

外交革命与新的情人

1755年6月，新任英国大使查尔斯·汉伯里·威廉爵士来到了圣彼得堡。他此次前来肩负着一项重要使命——与俄国建立攻守同盟共同对抗法国。英法两国几百年来都是世仇。法国是当时欧洲唯一一个能够在海上和殖民地世界向英国发起挑战的国家。长期以来，法国都不断地鼓动苏格兰与英国作对，并且只要有机会就想着侵入英国本土。英国则惦记着夺取法国的殖民地，想要垄断整个欧洲的制海权。英国虽然拥有海上霸权，陆军力量却相当薄弱，因此英国希望借助与俄国结盟获取陆地上的支持。早在1742年，英国就曾与俄国达成了一项互助协议。协议规定英国向俄国提供金币，而俄国需要为英国参与的欧洲大陆战争提供军队支持。如今这项协议即将到期，威廉爵士此次前往圣彼得堡的外交使命正是与俄国续签此项协议。除了法国之外，欧洲大陆的普鲁士在腓特烈大帝的统治下也日益强大起来。由于军事力量占据上风，普鲁士成为欧洲最不安定的因素。自从占领了奥地利的西里西亚之后，腓特烈大帝又在筹划着占领追随奥地利的萨克森地区，还想将波兰变成自己的附属国。与普鲁士不共戴天的奥地利也无时无刻不想着粉碎普鲁士在中欧的霸权，为失去西里西亚报仇。作为新兴的大国，俄国也不可避免地加入欧洲各国的纷争中并成为各股势力争取的对象。长期以来，俄国与奥地利都维持着同盟关系。普鲁士的腓特烈大帝曾希望通过联姻缓和与俄国的关系。然而后来发生的一些事情导致他与俄国交好的努力功亏一篑。

如今伊丽莎白女皇痛恨有关腓特烈大帝的一切,"腓特烈"三个字在她面前几乎是被禁止提起的。腓特烈大帝对她也没有好感,应该说他对任何女人都没有好感,尤其是对女性统治者。腓特烈经常公开诋毁伊丽莎白,说她是没用的衬裙。在这种情形下,俄国与普鲁士绝无结盟的可能。但是伊丽莎白似乎对英国的示好也缺乏兴趣。

现年四十六岁,出身于贵族之家的威廉爵士风趣、优雅。虽然俄国的首相别斯杜捷夫支持威廉的提议,但是他机智巧妙的外交辞令却无法打动伊丽莎白女皇。威廉以为自己的外交使命就要以失败告终了,直到他遇到了大公夫人。1755年6月25日彼得大公命名日的这一天,奥拉宁姆堡举办了盛大的宴会。在俄国,人们出生后不久就会接受东正教的洗礼并获取一个教名。对当时的俄国人来说,命名日是比生日更加重要的日子。当天的宴会上,威廉刚好坐在了大公夫人叶卡捷琳娜的身边。这个来自西方的女人立即吸引了他的注意。与大公夫人攀谈之后,威廉发现年轻的大公夫人不仅举止优雅端庄,而且思维敏捷、博学多识。更重要的是,威廉发现大公夫人与首相别斯杜捷夫的关系非同一般。凭借他的识人经验,威廉认为这个年轻的大公夫人将来会成为俄国宫廷里不容小觑的人物。叶卡捷琳娜也非常欣赏威廉爵士的风趣幽默。在回忆录中,叶卡捷琳娜说他"几乎游历过欧洲各国的首都,见闻广博,机智过人,与他聊天是一件轻松愉快的事"。叶卡捷琳娜第一次写回忆录就是为他而写。但是不要误会,叶卡捷琳娜的新情人并不是威廉爵士,而是他的秘书——斯坦尼斯瓦夫·波尼亚托夫斯基。

斯坦尼斯瓦夫现年二十三岁,比叶卡捷琳娜小三岁。他来自波兰最为显赫的查尔托日斯克家族。这个家族与当时的波兰国王奥古斯都二世为敌。他的家族希望通过俄国的支持建立一个真正的波兰王朝。斯坦尼斯瓦夫虽然热爱自己的祖国，但是他长大之后的大部分时间都在欧洲其他国家的宫廷中度过。遇到威廉爵士之前，他在巴黎居住过挺长一段时间，是巴黎上流社会的常客。出生于贵族之家的斯坦尼斯瓦夫举止优雅、富有学识，会讲六国语言，是一名真正的绅士。不仅如此，他斯文又帅气的长相也颇受贵族女性的欢迎。他的出现为欧洲上流社会增色不少。结识威廉爵士之后，他深受爵士的信任。当威廉被任命为英国驻俄国大使之后，他也作为威廉的秘书一同前往圣彼得堡。斯坦尼斯瓦夫的父母非常支持他去俄国，这样可以帮助他的家族得到俄国的支持，进而巩固整个家族在波兰的地位。

与大公夫人结识之后，在伊丽莎白女皇面前碰壁的威廉爵士看到了新的希望。他希望借助大公夫人的协助达成自己的外交目的。威廉在来到圣彼得堡之前就已经听说了俄国大公夫人和谢尔盖的那段风流韵事。拜谢尔盖所赐，叶卡捷琳娜曾做过他情人的事情传得欧洲各国宫廷皆知。谢尔盖在宣传这事的时候扬扬得意，以此显示自己令人难以抵挡的魅力。威廉判断年轻的大公夫人由于得不到丈夫的爱，又失去了情人谢尔盖，此时一定对异性和爱情充满向往。精于世故的他意识到这是一个接近大公夫人极好的机会。四十六岁的威廉虽然依旧很有魅力，但他清楚自己已经没有能力亲自勾引二十六岁的大公夫人了。"我的枪已经老了。"威廉自己说道。因此他将目光锁定在自己的秘书身上。与风流倜傥的威廉爵士不同，二十三岁的斯坦尼斯瓦夫虽然凭借出众的相貌和高贵的身份备受上流社会欢迎，但本质上是一个内向和腼腆的

叶卡捷琳娜的情人之一，
也是后来的波兰国王——斯坦尼斯瓦夫二世
（1732—1798）

男人。根据他自己后来在回忆录中的暗示，遇到叶卡捷琳娜之前他还是个处男。斯坦尼斯瓦夫与叶卡捷琳娜第一次相遇就是在彼得大公命名日的宴会上，威廉爵士将他引荐给她。斯坦尼斯瓦夫在他的回忆录中这样描述叶卡捷琳娜给他的第一印象："她大概二十五岁的年纪，刚刚生完孩子的她显得格外迷人。一头乌黑的头发衬托着白皙的肌肤。她的睫毛乌黑纤长，微微翘起的嘴巴似乎在渴望被人亲吻……她的动作敏捷，举止优雅，声音婉转动听。她的笑容就像她的性情一样温婉甜蜜。"

叶卡捷琳娜也在观察着斯坦尼斯瓦夫。与放荡不羁的谢尔盖完全不同，这个年轻的男人斯文腼腆，是一位典型的绅士。与叶卡捷琳娜一样，年轻的他也非常热爱阅读，常年在欧洲多国游历的他见多识广。年纪相仿、趣味相投的他们有许多共同语言，很快就建立了友谊。叶卡捷琳娜渐渐地被斯坦尼斯瓦夫吸引。在整个俄国的宫廷中都很难找到像他这样知识丰富又浪漫优雅的男人。但是就在他们的感情需要进一步发展时，斯坦尼斯瓦夫却犹豫了。这一方面是他内敛的性格所致，另一方面，他知道与大公夫人发生私情是一件极其冒险的事情，搞不好不仅会丢掉饭碗，还有可能被流放到西伯利亚。

鼓励斯坦尼斯瓦夫迈出第一步的是列夫·纳雷什金。当时促成叶卡捷琳娜与谢尔盖发生关系的人也是他，他似乎很适合媒人这个工作。列夫是一个与众不同的亲王。在阴谋丛生的俄国宫廷，他一直都扮演着一种滑稽的角色。在他看来，似乎没有什么事情是必须严肃对待的。但列夫并不缺乏智慧，他对许多事情都有一番独特的见解。最重要的是，他的心肠很好，一直以来，他都是叶卡捷琳娜亲密的伙伴。在列夫的推动下，斯坦尼斯瓦夫与叶卡捷琳娜的关系终于发生了本质性的转变。如果说与谢尔盖在一起的时候，叶卡捷琳娜是一个没有任何经验的少女，那么这时面对斯坦尼斯瓦夫的她已经成了一个"情场高手"，斯坦尼斯瓦夫反而就像曾经的她那样青涩。对斯坦尼斯瓦夫来说，这是一段难忘的经历。他在回忆录里写道："我至今仍然记得，那一晚她穿着一件白色绸缎的衣服，披肩上系着粉色蝴蝶结。"他们第一次的经历发生在大公夫人的房间。但是事后，两个人都认为这样做太冒险了。在列夫的协助下，他们将约会地点定在了列夫家里。他们每周大概约会两到三次。约会的那天晚上，列夫会等维拉奇斯拉娃夫人侍候大公夫人睡下，彼得大公回到自己的卧室之后（自从保罗出生以来，大公夫妇就分开房间睡），悄悄地溜进大公夫妇的住所。按照事先约定的信号，列夫会在大公夫人的门口学一声猫叫。收到信号的大公夫人会马上爬起来梳理好自己的头发，穿上一身男装，在黑漆漆的大厅里与列夫汇合，然后跳上正在等候他们的马车一同离去。斯坦尼斯瓦夫就在列夫家里等待他们的到来。有时候，斯坦尼斯瓦夫会乘雪橇亲自来接他的情人。对这些年轻人来说，这是一段充满冒险又令人难忘的浪漫经历。在后来的回忆录中，叶卡捷琳娜写道："这段偷偷摸摸的幽会时光带给我们一种特别的愉悦。"这份纯粹的爱情令叶卡捷琳娜感动。但是第一个情人带给她的伤痛使她无法再次全身心地投入这份感情中，她时刻都在提醒自己要保持理智和谨慎。

　　自从彼得大公拥有了一支真正的军队之后，只要在奥拉宁姆堡，他就会穿着全套的普鲁士军装每天不厌其烦地训练这些士兵不下十次。不在奥拉宁姆堡的时候，彼得就会光明正大地训练那些用木头或者用蜡做成的"士兵"，再也不用像之前那样藏在卧室里偷偷训练了。在叶卡捷琳娜与斯坦尼斯瓦夫偷情的时候,彼得也找到了属于他的"真爱"。在遇到这个情人之前,彼得大公曾经流连在几个女人之间,但是自从保罗降生以来,他就只钟情于这一个女人。而这个女人之所以能够受到彼得大公的专宠并不是因为她长相出众,恰恰相反,她是一个驼背、斜眼,由于得过天花而落了一脸疤痕的丑陋女人。不仅如此,她还非常愚蠢,行为也异常粗鄙。这个女人就是叶卡捷琳娜的女侍臣伊丽莎白·沃伦佐娃。沃伦佐娃的身份并不只是大公夫人的女侍臣这么简单。她还是当时俄国的副首相米哈伊尔·沃伦佐夫的亲弟弟的女儿,也就是副首相的侄女。副首相还有另外一个侄女,很快也会出现在历史的舞台上。米哈伊尔·沃伦佐夫是首相别斯杜捷夫的死对头。虽然他的这个侄女浑身上下一无是处,但是彼得大公被她吸引,与她形影不离,甚至对她至死不渝。宫中的人都惊讶于彼得大公独特的审美品位。或许是因为彼得认为自己和沃伦佐娃是同样的人,而且他曾经也因为天花留下一脸的疤痕,与她在一起的时候彼得总是感觉格外轻松。对于发生在叶卡捷琳娜身上的事,彼得全部一清二楚。但是由于彼得找到了自己的真爱,所以他并不介意妻子的不忠。斯坦尼斯瓦夫的回忆录中详细记载了当时他们四个人之间匪夷所思的关系:

一天晚上,斯坦尼斯瓦夫伪装成一个裁缝,乘坐马车去奥拉宁姆堡与他的情人叶卡捷琳娜私会。行驶到一半路程的时候,他刚好遇到了对面驶来的彼得大公和他的情妇沃伦佐娃乘坐的马车。这件事情发生后,彼得大公找到了斯坦尼斯瓦夫,向他表明了自己并不介意他对大公夫人做的事情,还冲到了叶卡捷琳娜的房间,将她拉到斯坦尼斯瓦夫身旁,指责他们不信任他。后来,彼得竟然亲自帮助斯坦尼斯瓦夫伪装并安排他与大公夫人约会。他们四人还时常在一起享用晚餐。晚餐结束后，彼得大公会带着他的情人离开，将房间留给大公夫人和她的情人。

斯坦尼斯瓦夫还在回忆录中对彼得大公做出了一番相对公正的评价。他认为大公并不愚蠢，也不是一个十恶不赦的坏人，只是酗酒的恶习扰乱了他的正常思维。他还意识到大公是一个不幸的人，他的心始终都属于他深爱的普鲁士，根本不适合做什么俄国沙皇。或许是联想到自己同样不幸的境遇，斯坦尼斯瓦夫对彼得大公怀有一种同情之心。不过眼下，斯坦尼斯瓦夫正在与叶卡捷琳娜热恋，并没有那么多的人生感悟。

威廉爵士对自己的这步棋非常满意。为了强化大公夫人与他的关系，威廉还对大公夫妇的小宫廷实施了贿赂。叶卡捷琳娜对金钱的需求非常迫切，女皇每年给她的三万卢布根本不能满足她的日常开销。除了在宫廷里日常打牌输掉的钱以外，叶卡捷琳娜还热衷于追求各类奢侈品。除了大公夫人，彼得大公的那一批荷尔斯泰因军队也需要大量的金钱供养。为了讨好他们，威廉爵士说服英国政府承包了这个为俄国大公夫妇提供金币的生意。

一切似乎都按照威廉爵士设想的方向发展。俄国未来的君主与英国交好，如果没有意外，英俄两国一定可以达成友好协议。然而令人意料不到的事情发生了。在这一时间，整个欧洲的外交形势突然发生了戏剧性的变化，以至于整个欧洲的外交格局随之而变。

英国向俄国示好的行为让普鲁士的腓特烈大帝坐立不安。俄国和奥地利的联盟已经让他招架不住了，如果英国也站在他的对立面，普鲁士将面临巨大的危机。在俄国迟迟不肯与英国签署协议之时，普鲁士抓住时机单独与英方洽谈，双方于1756年1月戏剧性地签署了《威斯敏斯特协定》。协议规定英、普将共同抗击入侵普鲁士的外国军队，英国则通过这项协定保障了对英国的利益至关重要的汉诺威免受普鲁士的威胁。这项协议的签订在欧洲引发了一场巨大的外交地震。俄国、法国、奥地利都认为他们被自己的盟国出卖了。俄国认为英国两面三刀，不可能再与威廉爵士签署友好协议。英国的死敌法国则认为他们长期以来的盟友普鲁士欺骗了法国。腓特烈大帝解释这只是一项防守性的协议，但是仍然无法挽回法王路易十五对他的信任。作为回击，1756年5月，法国与奥地利签署了《凡尔赛协定》，组成防御同盟。俄国的伊丽莎白女皇于公于私都烦透了腓特烈大帝和他统治的普鲁士，刚好也想趁机除掉这块俄国西进路上的绊脚石，于是也与奥地利签署了攻守同盟约定。至此，欧洲传统的联盟关系彻底破裂。这段外交历史非常有趣，其间也发生了许多机智经典的外交故事。这场"外交革命"完美地诠释了什么叫作"没有永恒的朋友，只有永恒的利益"。

外交格局的改变对普鲁士是非常不利的，欧洲的几个主要国家中，除了英国之外，几乎都与普鲁士为敌。而英国又与欧洲大陆隔着一道海峡，关键时候帮不上普鲁士什么忙。欧洲大陆的几个主要国家其实并不想引爆腓特烈大帝这颗地雷，只是希望通过建立联盟警示普鲁士不要轻举妄动。然而从来不按常理出牌的腓特烈大帝偏偏先发制人，打响了战争的第一枪。腓特烈大帝认为免除这场危机的最佳方案是在敌人可以联合行动之前先击溃他们之中的一个。1756年6月7日，普鲁士的部队开进追随奥地利的萨克森，占领萨克森的首府德累斯顿。刚刚与奥地利建立同盟关系的法国毫不迟疑地向其伸出援手。作为奥地利的长期伙伴，俄国也与法奥联合，加入对抗普鲁士的阵营。8月29日，战争终于爆发。谁都没有料到，这场战争竟然持续了七年之久，因此被后世称为"七年战争"。由于卷入这场战争的欧洲国家众多，甚至还波及他们的海外殖民地，且持续时间很长，有些历史学家认为这次战争才是真正意义上的第一次世界大战。随着七年战争的爆发，汉伯里·威廉爵士长期以来试图与俄国签署友好协议的努力付诸东流。由于英国已经成为普鲁士的盟友，亲俄的斯坦尼斯瓦夫就无法继续与威廉爵士合作了。1756年的夏天，斯坦尼斯瓦夫被暂时召回了波兰，伦敦方面也于1757年8月将威廉爵士召回英国。受到了外交失败等一系列打击，威廉爵士在回国之前就已经表现出精神错乱的症状，回国两年之后就病死了。

显露野心

不论风云如何变幻，伊丽莎白女皇似乎都对繁杂的政务无动于衷。她毫不掩饰自己对国家事务的厌烦之情，以至于欧洲各国驻圣彼得堡的外交使节都在怀疑她是不是准备退位了。自从伊丽莎白在1749年第一次当众晕倒以来，她的健康状况就一直令人担忧。到了七年战争爆发之时，伊丽莎白的体态已非常臃肿，身体状况每况愈下。当然了，这主要是她毫无规律的作息以及没有节制的奢侈享乐生活造成的。伊丽莎白的双腿浮肿，几乎到了无法攀爬楼梯的地步，就连多走几步路都会累得上气不接下气。为了方便她在宫中行走，皇宫里几乎所有的楼梯都配备了升降机。

由于健康状况不容乐观的伊丽莎白几乎不关心政务，国家的各类政事都由她信任的几名大臣打理。接待外宾的任务则时常交由大公夫妇的小宫廷处理。对叶卡捷琳娜来说，这是锻炼自己的社交能力和编织关系网的好机会。随着与各国外交大使的接触，颇有心机的叶卡捷琳娜渐渐发展出自己的政治触角。自她来到俄国宫廷之后，在各类事务中就一直扮演着一个被动的旁观者的角色。虽然她是一个有着远大政治抱负的女人，却一直没有接触权力的机会。保罗出生后，她对权力的渴望更加强烈，尤其是在意识到自己的丈夫无法成为自己将来的依靠之时，她更是不得不为自己和儿子将来的出路着想。根据叶卡捷琳娜在回忆录中的表述，她能熬过与彼得结婚之后的这些日子全靠内心强大的信念和理想抱负支撑。她的心里"蕴含着一种说不出来的感觉，能强烈地感知到自己迟早都会成为俄罗斯帝国的最高统治者"。为了实现这个目标，叶卡捷琳娜从未间断过阅读。除了读书之外，她还开始注意与朝廷中各个等级的人友好往来，哪怕他只是一个微不足道的小人物。她希望通过这种方式为自己积攒在朝中的影响力。

与积极向上的叶卡捷琳娜相比，彼得大公的表现则令众人堪忧。彼得对自己将来要统治的这个庞大帝国毫无兴趣，他关心的只有那个被他美化了的普鲁士小公国。1750年，丹麦的外交使节与俄国达成了一项外交协议。这项协议伤害了彼得大公的家乡荷尔斯泰因的利益。他由此开始对丹麦王国耿耿于怀，以至于将来他即位之后立即就要发动对丹麦的战争。

朝廷上下的人对罗曼诺夫王朝各位皇室成员的情况了如指掌：伊丽莎白女皇日渐衰弱，彼得大公厌恶俄国，皇子保罗还未成年。那些经历了宦海沉浮的文武百官看得出当时俄国宫廷之中最有希望和能力夺得沙皇宝座或者至少有能力成为摄政王的人是谁。然而有希望有能力并不代表一定可以成功，毕竟夺权这种事情还受到其他许多因素的影响。但是年轻的大公夫人似乎已经迫不及待地准备施展自己的才华了。1756年夏天，叶卡捷琳娜忍不住将自己的野心吐露给了尚未离开圣彼得堡的英国大使汉伯里·威廉爵士。她还给威廉爵士写了一封"夺权计划书"，信中详细地阐述了万一女皇驾崩，她计划怎么做。"一旦收到女皇驾崩的消息，我会首先径直冲进儿子保罗的房间，然后将保罗交给女皇的情人拉祖莫夫斯基（信中透露出拉祖莫夫斯基已成为大公夫人的盟友）。"接下来她又描述了夺权的每一个具体步骤，还提到了会带着彼得大公和保罗一起实施这项计划，但是并没有讲清楚带着他俩的目的是什么。她的这封书信还透露出目前朝廷里都有哪些人是她的盟友——除了拉祖莫夫斯基之外，还有首相别斯杜捷夫和陆军元帅阿普拉克辛。阿普拉克辛将军是俄国派出的对普鲁士作战的最高指挥官，也是别斯杜捷夫的老朋友。与大公夫人结盟之后，别斯杜捷夫将阿普拉克辛引荐给了她。读过叶卡捷琳娜如此裸露和大胆的信之后，威廉简直不敢相信自己的眼睛。但他还是以极其恭维的语言回复了她，夸赞她是一名天生的领袖，并且愿意执行她给予的任何一项指令。后来，叶卡捷琳娜也意识到自己的言行太不慎重，承认当时不知道自己在说些什么。不管怎么说，计划终归只是计划，只要伊丽莎白女皇顽强地活着，叶卡捷琳娜就没有机会实现她的夺权大梦。

1757年1月，叶卡捷琳娜的情人斯坦尼斯瓦夫返回了圣彼得堡。他一回来便与叶卡捷琳娜再次陷入热恋。不久之后，叶卡捷琳娜发现自己怀孕了。

当年夏天，七年战争正式拉开帷幕。伊丽莎白女皇任命陆军元帅阿普拉克辛为对普作战的总指挥。很显然，伊丽莎白尚不清楚阿普拉克辛已经成了大公夫人的盟友。由于伊丽莎白的身体状况不容乐观，皇宫里各个派系都在偷偷地计划着她驾崩之后的事情，首相别斯杜捷夫也不例外。纵横官场多年的他将赌注押在了大公夫人身上。别斯杜捷夫制订了针对女皇驾崩之后的紧急预案，做这种事需要冒极大的生命危险。预案做好之后，首相通过自己的心腹，一个秘密联络人——皇家的首饰匠贝尔纳迪，将预案告知叶卡捷琳娜。按照别斯杜捷夫的计划，女皇驾崩之后，他会扶植彼得大公登上皇位，同时宣布叶卡捷琳娜为联合执政者，就像当年彼得大帝与伊凡共同执政那样。事实上，所谓的"共治沙皇"从来都是只有一个君主拥有话事权。别斯杜捷夫正是希望通过这种方式让叶卡捷琳娜真正掌权。别斯杜捷夫这样做当然有他的私心。他希望通过支持叶卡捷琳娜上台得到自己想要的权力，他想在做首相的同时可以掌控帝国的三个最核心的部门：陆军部、海军部和外交部。收到别斯杜捷夫秘密预案的叶卡捷琳娜颇为吃惊，毕竟这个如今唯她马首是瞻的首相曾经是她不共戴天的敌人。如今他的态度转变如此之大，让叶卡捷琳娜觉得不可思议。别斯杜捷夫是一个懂得审时度势的人，和国与国之间的关系一样，他懂得人与人之间也只有"永恒的利益"。能够得到他的肯定和支持，叶卡捷琳娜感到更加自信。虽然叶卡捷琳娜对权力充满了野心，不过她的理智告诉她不能轻举妄动，除非万无一失。多年的宫廷生活已经将她磨砺成一个睿智实干的人，而非一个空想家。她并没有对别斯杜捷夫的预案做出任何回应，只是对别斯杜捷夫本人表示了感谢。

叶卡捷琳娜这样做不愧为明智之举。不久之后，她就要遇到一场前所未有的危机。

坠入深渊

由于与奥地利结成了攻守同盟，自1757年普鲁士打响七年战争的第一枪之后，俄国也加入了对抗普鲁士的阵线之中。女皇伊丽莎白任命阿普拉克辛为陆军元帅，统领俄国军队对普鲁士作战。阿普拉克辛实际上拥有了相当于俄军总司令的地位。为人和善的阿普拉克辛元帅事实上并不具备统领陆军的能力。他之所以能在朝廷里身居高位主要靠的是他的家族与俄国宫廷的密切关系以及他与首相别斯杜捷夫的私人友谊。阿普拉克辛在指挥对普作战时犹豫不决，迟迟不肯采取行动。他这样做除了自身指挥能力不足之外还有对国内时局的考虑。伊丽莎白女皇糟糕的身体状况已是众人皆知的事了。她纵欲的生活彻底摧垮了她的身体。宫廷里各种势力都在盘算着她离世之后的事情。作为掌握俄国军权的人，阿普拉克辛也有自己的想法。他认为如果女皇突然离世，那么俄国将来的主子将变成亲普鲁士的彼得大公，到时候作战方针肯定会发生巨大的逆转，彼得一定会让他放弃对普鲁士的进攻。如果是这样，倒不如拖延时间，静观其变。更何况，万一朝廷发生变故，他的首要任务肯定是返回圣彼得堡。

阿普拉克辛的拖延战术使别斯杜捷夫惴惴不安起来，毕竟当时极力推荐阿普拉克辛担此重任的人是他。不论怎样，此时在俄国掌政的仍然是伊丽莎白，她有权力随时置这些大臣于死地。别斯杜捷夫找到了叶卡捷琳娜，请她写信给阿普拉克辛，试图利用大公夫人的影响力督促将军尽快对敌作战。叶卡捷琳娜按照首相的要求写了这封信，而且她的信的确起到了作用。正当朝廷为前方的战事焦虑之时，1757年的7月从前线传来了胜利的捷报：俄军在阿普拉克辛的指挥下占领了普鲁士在波罗的海的要塞梅梅尔。紧接着，俄军在8月再次重创普鲁士军队。自彼得大帝驾崩以来，俄国就再也没经历过对外战争，此次的胜利无疑带给俄国人民巨大的鼓舞。整个圣彼得堡都沉浸在胜利的喜悦中，人们疯狂地欢呼着"向柏林进发"！

为了庆祝此次大捷，叶卡捷琳娜在奥拉宁姆堡的后花园举办了一场盛大的宴会。精明的大公夫人这样做的目的主要是向俄国人民展示自己对这片土地的热爱之情，向大家证明俄国的大公夫人代表的是俄国而不是她的家乡普鲁士。与大公夫人的做法截然相反，彼得大公在得到俄军获胜的消息后难以掩饰自己的懊恼和悲伤之情，到处对人说绝不相信自己的偶像、伟大的腓特烈大帝会败给装备落后、作战水平拙劣的俄军。其实彼得大公完全不必急着为普鲁士伤心，因为俄军胜利后不久，前方的战况竟发生了令人难以置信的逆转。在俄国举国欢腾之际，前线紧接着又传来了俄军大撤退的消息。获胜的俄军不仅没有乘胜追击，反而像吃了败仗那样丢盔弃甲地狼狈撤退到了此前占领的梅梅尔要塞。这种做法给了俄国人当头一棒，实在令人百思不得其解。首相别斯杜捷夫大惊失色，他知道阿普拉克辛的撤退对他来说意味着什么。副首相沃伦佐夫和女皇的宠臣舒瓦洛夫等人一直以来都对他虎视眈眈，时刻盼望着他犯下大错。这次，他们一定会拿这件事情大做文章，到时后果不堪设想。无计可施的别斯杜捷夫再次想到了大公夫人。他再次请求叶卡捷琳娜给阿普拉克辛写信，希望大公夫人的信可以像上次那样鼓励元帅继续行进。叶卡捷琳娜已经无法置身事外，自上次写信以来，所有人都知道了她与陆军元帅和首相同属于一个利益集团。她不得不立即写信给总司令，勉励他不要辜负众人的期望，直面敌人继续前进。然而这一次，她没有收到任何回音。

宫廷之中传闻四起，与叶卡捷琳娜敌对的势力制造谣言，说来自普鲁士的大公夫人此前收受了英国大使威廉的贿赂，因此与别斯杜捷夫一起暗中指使她的盟友阿普拉克辛撤退，她就是英国和普鲁士安插到俄国的间谍。还有人推测是阿普拉克辛听说女皇生命垂危，亲德的彼得大公即将即位，因此不愿继续进攻普鲁士，而是想要立即赶回圣彼得堡准备为新任沙皇效力。这种推测是具有一定合理性的。伊丽莎白女皇此时的身体状况的确非常令人担忧。1757年9月8日，也就是阿普拉克辛撤退后的几天，刚刚做完弥撒的伊丽莎白再次当众晕厥，这一次比上次的情况更加严重。朝廷内部各方势力蠢蠢欲动，俄罗斯帝国的前景变得扑朔迷离起来。与上次一样，在御医的医治下，伊丽莎白的身体渐渐恢复了。得知大臣们都盘算着她驾崩之后的事情，伊丽莎白怒不可遏。她决心惩处这些胆敢在她眼皮底下搞宫廷阴谋的人。当年10月，伊丽莎白免除了阿普拉克辛的职务，将他召回圣彼得堡并把他软禁在他自己的一处府邸中等待审讯。接替阿普拉克辛岗位的人是他的副手弗莫尔。弗莫尔是德意志人，算是俄国的番将。在当时的俄国，外国人在军队里担任重要职务是一种非常普遍的现象。接过指挥权后，弗莫尔立即整备军队继续与普鲁士对抗。

作为曾经与阿普拉克辛共同作战的将领，弗莫尔竭尽全力向女皇解释了阿普拉克辛未能继续行进的原因。弗莫尔说，俄军虽然此前取得了胜利，但将士的状况已经达到了极限。朝廷已经很久没有发过军饷了，而且与普鲁士部队相比，俄军的装备陈旧，缺乏武器弹药和御寒的衣物，就连粮草都无法得到保障。俄军能坚持到现在几乎全靠强大的意志力和来自军官的压力。他说的这些的确是俄军的真实处境，但伊丽莎白并不为其所动。1758年1月，伊丽莎白命令面目可憎的秘密警察头目亚历山大·舒瓦洛夫对阿普拉克辛展开审讯。经过一轮审讯，阿普拉克辛被定为叛国罪。在宣判对他的处罚之前，阿普拉克辛就因为中风猝死在监狱里。他的死并没有终结这起案件，伊丽莎白决定挖出幕后的指使人。

虽然自始至终，阿普拉克辛都没有陈述过一句不利于大公夫人的供词，但伊丽莎白还是认为叶卡捷琳娜与此次撤军脱不了干系，尤其是当女皇想到当年叶卡捷琳娜的母亲曾经在俄国从事过勾结普鲁士的间谍行为时，更是对她充满了厌恶。由于叶卡捷琳娜在此期间又怀孕了，伊丽莎白暂时放过了她。

叶卡捷琳娜是在1757年春天发现自己有怀孕迹象的。接着就发生了这一系列戏剧化的事情。如果说保罗的生父问题成为一个谜的话，那这一次，她肚子里孩子的生父是谁则明确得多。宫里的人都清楚大公夫人的这段情史，只是大家都心照不宣。其实伊丽莎白女皇也毫不在意孩子的生父是否是她那个没用的外甥，她认为只要孩子是大公夫人所生，那就是皇室的子孙。

自从阿普拉克辛撤军以来，叶卡捷琳娜就感受到了朝廷里有些人对她的敌意，尤其是副首相沃伦佐夫和女皇的情人舒瓦洛夫。

他们企图说服女皇将叶卡捷琳娜的情人，也就是她肚子里孩子的父亲遣送回波兰。但是这次叶卡捷琳娜无论如何都不能接受生产时情人离开的情况发生。通过首相别斯杜捷夫的周旋，斯坦尼斯瓦夫终于暂时不用离开俄国了。1757年底，叶卡捷琳娜生下了第二个孩子，是个女儿。为了表达对小公主的喜爱之情，伊丽莎白给她取名为安娜，这是女皇的亲姐姐也就是彼得大公生母的名字。不幸的是，这个小公主仅在这个世界上存活了十五个月就夭折了。和上次一样，安娜刚一出生，伊丽莎白就将她抱到自己的宫殿抚养了。叶卡捷琳娜对此早已有了心理准备，因此并没有受到太大的打击。有了生保罗的经验，她在这次生产之前就做了充分的准备。她以房间太大、门窗关闭不严为由，命令仆人在她的产床后面摆放了一个高大的屏风。当分娩结束，所有人都离开之后，斯坦尼斯瓦夫溜了进来，一起进来的还有叶卡捷琳娜最亲密的几个朋友。他们陪她聊天解乏，叶卡捷琳娜再也不会像上次那样忧郁了。如果有外人进来，他们就立即躲到屏风后面。有时大家饿了，叶卡捷琳娜会令下人们端上满满一桌食物。仆人们来收拾餐桌时，会对大公夫人惊人的食量感到诧异。通过这种巧妙的安排，叶卡捷琳娜度过了幸福的产后时光，并且还可以从她的朋友们那里得到外界的消息。

虽然彼得大公此前对叶卡捷琳娜的出轨行为表现得非常大方，但是在得知她再次怀孕之后，他变得暴躁起来。一次酗酒过后，彼得大公扬言道，他不知道她（叶卡捷琳娜）肚子里又怀了谁的孩子。叶卡捷琳娜通过列夫·纳雷什金对彼得这种不谨慎的行为做出警示。从这时起，叶卡捷琳娜彻底看透了彼得大公不是可以托付未来的人，她必须要为自己和孩子另谋出路。

1758年2月,叶卡捷琳娜面临的处境变得凶险起来。阿普拉克辛的撤军行为激怒了俄国的盟友奥地利和法国。法国新任驻俄国大使德·洛必达认为这一切都是别斯杜捷夫的阴谋,控告他收受了法国的死对头英国的大量金币,才暗中与大公夫人联合指使俄国撤军。他不断地向副首相沃伦佐夫施压,让他想办法立即除掉别斯杜捷夫。本就与别斯杜捷夫不和的沃伦佐夫立即将法国大使的意思禀告女皇。自伊丽莎白执政以来,朝政基本上都是靠别斯杜捷夫打理。伊丽莎白虽然并不喜欢这个强悍的老臣,却需要他处理烦琐的政务。然而近年来别斯杜捷夫向大公夫妇的小宫廷靠拢的做法让伊丽莎白感到无法容忍。这次撤军事件之后宫廷里关于首相和大公夫人的阴谋之事传得沸沸扬扬,伊丽莎白也越来越相信这些传闻。终于,在2月14日,女皇下令逮捕别斯杜捷夫,并指派令人胆寒的秘密警察首领亚历山大·舒瓦洛夫对他进行审讯。叶卡捷琳娜是在首相被逮捕的第二天通过斯坦尼斯瓦夫得知这个令她震惊的消息的。更加糟糕的是,与别斯杜捷夫一同被捕的还有负责为大公夫人传送密信的首饰匠贝尔纳迪、一直与大公夫人关系密切的俄语老师阿达杜洛夫,还有斯坦尼斯瓦夫的密友埃来金。向来稳重淡定的叶卡捷琳娜在得知被捕的人员名单时再也无法克制内心的恐惧。这些人都是与她有密切联系的人,很显然,女皇的矛头指向的人正是她。想到别斯杜捷夫曾经写给她的那封关于夺权的密信,叶卡捷琳娜不禁冒出一身冷汗。如果被女皇抓住把柄,她的政治生涯甚至她的人生都将在俄国宣告结束。当天她还有一场弥撒要参加。为了不让大家看出她内心的惶恐,叶卡捷琳娜强装镇定,神态从容地做完了弥撒。事实上,根据她事后的描述,那时她的心里就像"插了一把匕首"那样惶恐不安。在场的人看到她之后就像躲避瘟疫一样躲着她，特别是彼得大公，为了撇清与她的关系，从头至尾都离她远远的，一句话都没跟她说。惊慌失措了一天之后，叶卡捷琳娜收到了别斯杜捷夫的密友递给她的一封绝密纸条，上面写着：保持镇定，我已在被捕前将所有的书信全部焚毁。这条信息让她长舒了一口气，同时也带给她启示。叶卡捷琳娜当即搜出自己这些年来所有的文件和书信，慌忙将其付之一炬。后来她在回忆录中写道，自己十五岁时写的那篇处女作《一个十五岁哲学家的肖像》就在这次被焚毁的资料之中。

  不久之后，对别斯杜捷夫的调查结果尘埃落定。由于找不到任何通敌叛国的罪证，女皇最终只得给他定了一个莫须有的"亵渎君主罪"，然后将他放逐到自己名下的一处庄园里。别斯杜捷夫将在那里度过三年的时光，直到叶卡捷琳娜成功发动政变登上皇位后才将他再次召回。当年八月，伊丽莎白勒令与叶卡捷琳娜关系紧密的斯坦尼斯瓦夫返回波兰。这一次面对情人的离去，叶卡捷琳娜没有沉浸在悲伤之中，或许这是她的成熟所致，但主要原因是她自己已经处于泥菩萨过江——自身难保的状态，根本无心考虑爱情的问题。宫中不断有流言传出，说大公夫人将要面临调查委员会的严酷审讯，对她来说最好的结局就是被遣送回德意志老家，最坏的结果可能是将要面临刑讯、流放和死亡。叶卡捷琳娜感觉自己被孤立了。保罗出生以来好不容易在宫廷里建立的关系网络被彻底破坏了，如今她必须只身一人面对前所未有的险境。

赌注

1759年俄国的传统节日谢肉节来临之时，皇家剧院准备上演一场大型喜剧。宫廷里到处都流传着大公夫人已经被软禁的说法。为了打破这种传闻，叶卡捷琳娜决定到剧院参观这场演出。当她准备就绪，开始叫马车的时候，亚历山大·舒瓦洛夫突然通知她，大公认为她不适合在公开场合露面，因此不允许她去剧院。叶卡捷琳娜明白彼得的意图，她出行必然会带着她的侍女也就是彼得的情妇伊丽莎白·沃伦佐娃，这样彼得就不能与自己的情妇一同看戏了。但是这次叶卡捷琳娜不肯让步。她要求舒瓦洛夫立即为她准备马车，并且让他转告大公，她今晚非要去剧院不可，如果不给她备马，她就走着去，而且在出发之前，她还要给女皇写信，诉说她的丈夫给她的不公正待遇。叶卡捷琳娜的情绪异常激动，一边说一边找来了纸和笔，开始写信。她首先感谢了女皇一直以来对她的关爱和照顾，接着话锋一转，写出这些年以来自己遭受的不幸以及她的不幸给她身边的朋友带来的灾难。她说既然女皇已经不再信任她了，那么就请求女皇将她遣送回德意志老家。写完之后，叶卡捷琳娜将信交给舒瓦洛夫，让他将信直接转交给女皇。看到态度如此强硬的大公夫人，彼得和舒瓦洛夫突然对她产生了一种敬畏之情，没敢再拦着她去剧院。叶卡捷琳娜知道自己的这封信是一剂猛药，是她对自己前途命运的赌注。她用"打道回府"这种话威胁女皇，万一女皇真的同意了，后果将不堪设想。所有的路之中，叶卡捷琳娜最不可能选择的就是回老家，从她离开家乡的那一天起她就下定了决心永不回头。更何况,她的父亲已经死了,母亲因为受到腓特烈大帝的怀疑已经被驱逐出境,目前在法国巴黎过着难民一样的生活。她的家乡已经没有任何一个可以依靠的人了,所以女皇读到信之后的反应对她来说生死攸关。当叶卡捷琳娜来到剧院包厢后,发现女皇这次没来看戏,她判断应该是自己的信留住了她。但这并不意味着事情在向好的方向发展。不久后,伊丽莎白将陪伴叶卡捷琳娜多年的贴身女侍臣维拉奇斯拉娃调离了岗位。这是一个糟糕的信号。叶卡捷琳娜感觉如芒在背。她的忍耐已经到了极限,忍不住发作起来,叫嚷着要给新来的侍女一点颜色瞧瞧,还扬言要打人。闹完之后,她声称自己病了。事实上,她的身体的确很虚弱,确实是生病了,但是问题的根源还是在精神方面。她叫嚷着说需要一名告解神父,而且指明只要女皇的告解神父杜比昂斯基神父。叶卡捷琳娜这样做是有原因的,因为杜比昂斯基神父是小宫廷里一位侍女的叔叔,而且深受女皇信赖。她希望由神父充当媒介的作用,将她的想法和她目前的状况转达给女皇。她的这一步棋颇为明智。小宫廷的侍女将大公夫人的情况告知了她的叔叔杜比昂斯基神父,请求他为夫人开解。心地善良的神父答应了大公夫人的请求。叶卡捷琳娜向神父坦诚地诉说了自己在俄国遭遇的一切困苦。听到她的告解之后,杜比昂斯基神父非常动容,并且发自内心地同情大公夫人的遭遇。他将这些状况一五一十地反馈给了女皇。女皇终于决定召见她。

1759年4月14日凌晨一点,舒瓦洛夫叫醒了睡梦中的大公夫人,告诉她女皇现在要见她。早已做好准备的叶卡捷琳娜来到女皇的寝宫。她发现彼得大公竟然也在场,而且女皇的背后还竖着一个屏风,她能感受到屏风后面一定有人。后来她才知道躲在屏风后面的人是女皇的情人伊凡·舒瓦洛夫和他的堂兄彼得·舒瓦洛夫。这是她此前没有预料到的,她一直以为女皇是要与她单独谈话,而此时的场景更像是一场对峙。她迅速扫视了四周,发现一个金色的盆子里散落着三封书信。她的大脑迅速运转着,难道这是她写给阿普拉克辛的信吗?叶卡捷琳娜意识到自己接下来需要应对的是一场对她的审讯。稍做镇定之后,叶卡捷琳娜首先以一副受害者的形象跪在女皇面前,声泪俱下地向她哭诉自己不幸的遭遇,并乞求女皇放她回老家。经过与伊丽莎白十六年的相处,叶卡捷琳娜早就摸清了她的脾气和性格。虽然伊丽莎白做过许多残忍冷酷的事情,但她本质上是一个多愁善感的女人,很容易为真情打动。果然,看到叶卡捷琳娜泪流满面的样子,伊丽莎白的心变得柔软起来。她指责叶卡捷琳娜在宫廷里目中无人的样子,并且质问她为何插手国政,竟然胆敢给阿普拉克辛下达指令。叶卡捷琳娜镇定地答道:"如果陛下看了我给将军的信就会知道我并没有给他下达任何指令。我的信只是对他表示了祝贺,祝贺他取得的胜利和他儿子的出生。"伊丽莎白反驳道:"别斯杜捷夫承认了你还写了其他的信。"因为此前得到了别斯杜捷夫那条已经将信件烧毁的秘信,叶卡捷琳娜笃定地说:"如果他这样说的话只能证明他在说谎。"伊丽莎白恐吓她道:"那我就要对他严刑拷打。"听到这句话,叶卡捷琳娜明白了女皇手上已经没有什么证据了,她在心里暗暗地松了一口气。站在一旁的彼得大公开始冒出诅咒大公夫人的话语,并指控她是一个极其阴险的女人。当着女皇的面,叶卡捷琳娜反驳道:"很显然,大公废了我的目的是想让他的情妇沃伦佐娃顶替我的位置。"伊丽莎白虽然身体状况很差,但是大脑仍然是清醒的。她看得出自己这个不争气的外甥在强词夺理，禁止他再说话。疲惫不堪的伊丽莎白扶起了叶卡捷琳娜，在她耳边低语道："我还有很多话想跟你谈，但今天不是时候。改天我会再差人让你过来单独与我会面的。"叶卡捷琳娜知道自己已经赢得了这场的赌注，但她必须演完这场戏。她声泪俱下地对伊丽莎白说："我也是，我恨不得将我的心和灵魂都交付于陛下，与您彻夜长谈。"伊丽莎白的眼里充满了泪水。

筋疲力尽的叶卡捷琳娜回到寝宫之后不久，亚历山大·舒瓦洛夫就带来了女皇的口信，让她不要失望，安安心心地在俄国待着，没有人会驱逐她，并让她耐心等待第二次谈话。

伊丽莎白没有食言。大概一个月后，再次召见了她。这一次，彼得不在场，女皇的房间里也没有设置屏风。这次伊丽莎白希望与她进行一场开诚布公的谈话。叶卡捷琳娜向女皇发誓会毫无保留地回答她的所有问题。关于这次谈话的内容，没有人能够知道。叶卡捷琳娜的回忆录也在此处戛然而止。关于她今后几十年的生活，历史学者们只能通过其他方式进行探索。

虽然不知道她们究竟谈了些什么，但可以确定的是，此次谈话之后，这两个女人之间达成了一个默契的共识。从此以后，叶卡捷琳娜恢复了正常的生活，皇宫里再也没有将她遣送回家乡的流言。不仅如此，她还获得了每周探视一次自己孩子的权利。1759年4月，叶卡捷琳娜和斯坦尼斯瓦夫所生的女儿安娜夭折了。第二年，她又收到了母亲约翰娜死于巴黎的消息。母亲的死并没有带给她太多的悲伤，相反，她有一种释怀的感觉。但是叶卡捷琳娜的内心无比空虚，在这个遥远的国度，她真的成了一个孤家寡人。曾经她指望着别斯杜捷夫可以帮助自己登上皇位，如今她唯有依靠自己的力量继续前行。伊丽莎白已经快不行了,与皇宫里其他的势力集团一样,叶卡捷琳娜也虎视眈眈地盯着那张权力的宝座。

奥尔洛夫的崛起和伊丽莎白时代的终结

在叶卡捷琳娜为生存挣扎的同时,俄国的对外战争也正打得火热。七年战争已经进入到第三个年头。俄、法、奥三国联合起来攻打普鲁士,而普鲁士却只有英国提供的金币支持。尽管如此,普鲁士国王腓特烈大帝依然像个末路英雄那样不屈不挠地与三国联盟战斗。照理说,三个欧洲强国的力量足以将小小的普鲁士迅速击垮。然而天才一样的腓特烈大帝深谙战争之道。他懂得"战争中的头等大事是统一的指挥",因此总能挫败笨拙的联军。与之相反,三国之中的每一个国家都认为自己承担了整个战争的重任,因此互相指责,不能合力进攻。奥地利女大公玛利亚·特蕾西亚与伊丽莎白女皇更是打起了口水仗,互相谴责对方不出力。事实上,俄国在七年战争中的人力物力损耗巨大。弗尔莫将军指挥下的俄军带给普鲁士重创。1758 年 1 月,俄军攻下普鲁士的哥尼斯堡。紧接着,俄军又在 8 月 25 日与普鲁士在曹恩道夫发生大规模交战。此次战役被认为是七年战争中最为惨烈的一场战役。虽然此战在战术上并没有决定性的意义,且俄普双方都声称自己赢得了胜利,然而对势单力薄的普鲁士来说,此役中人员的大量伤亡带给他们的创伤更大。1760 年,普鲁士面临的境况已经非常危险,但腓特烈大帝依然英勇地战斗,保卫他的国土,决不向三国投降。

然而在取得几场小胜之后，单枪匹马的普鲁士终究还是无法阻挡三国联军。十月，俄军一路挺进，占领柏林。然而战争并未就此结束，意志力顽强的腓特烈大帝指挥普军展开激烈的巷战。

腓特烈大帝清楚自己那令人绝望的处境。据说他在胸前挂了一个装有18粒鸦片丸的小包裹，随时准备自杀。身陷绝境的腓特烈大帝不知道的是，在普鲁士的死敌俄国境内有一位对他牵肠挂肚的人，他就是俄罗斯帝国未来的继承人——彼得大公。得知他的战神、他的偶像竟然败在粗鄙的俄军手里，彼得几乎夜不能寐，据说他还想方设法为普鲁士提供秘密情报，出卖俄国。彼得毫不掩饰自己对偶像的同情，甚至宣称一旦自己即位，将立即命令俄军从普鲁士撤军，并将占据的领土悉数归还普鲁士。彼得大公的言行令俄国朝廷上下大为震惊。然而文武百官都清楚伊丽莎白女皇行将就木，彼得大公将成为他们未来的主子，因此多数人只得忍气吞声地准备接受未来俄国亲普的事实。但是，为国家浴血奋战的俄国军队不能接受。尤其是亲临战场的军官，他们决不能容忍将士们在前方挥洒热血，而未来国家的主人却为敌人摇旗呐喊。这些人对彼得大公的不满几乎达到了顶峰。

但彼得大公并不在意俄国人对他的看法，他甚至变本加厉地用实际行动表明自己对普鲁士的亲善。在曹恩道夫战役中，俄军俘虏了一名普鲁士军官——施伟林伯爵。正当俄国士兵欢呼着要将他送上绞刑架时，彼得大公出面了。大公不仅制止了杀害伯爵的行为，还将他接入宫中，像对待自己的朋友那样对他盛情款待。为了表示俄军俘虏了他的歉意，彼得大公几乎每日陪同他参加宴会，将他安置在皇宫附近的别墅里居住，还安排了两名俄国军官保护他。其中一名军官是名叫格里戈利·奥尔洛夫的中尉。他在七年战争中表现得异常英勇，深受上级赏识。像格里戈利这种低品级的军官在俄国遍地都是，但与其他军官相比，他有一个突出的优势，那就是英俊的相貌。很快，格里戈利就会被一个千载难逢的好运气砸中，成为全俄国极有权势的人物之一。

　　格里戈利·奥尔洛夫的家族算得上是军人世家。他总共有兄弟五人，目前都在军中服役。他们祖父的经历颇具传奇色彩。他们的祖父曾受到1689年的那场射击军叛乱的牵连，被彼得大帝判处死刑。面对绞刑架时，祖父做出了一个英勇的举动，他镇定自若地将地上的一颗人头踢开，面不改色地走向断头台。亲临刑场监督绞刑执行的彼得大帝非常欣赏他这种从容不迫的硬汉形象，当即下令赦免了他。从此以后，他便在彼得大帝身边效力，最终成为一名中层军官。如今奥尔洛夫兄弟五人都在俄国皇家近卫军中任职。兄弟五人的性格和特长各不相同，但非常团结，就像五个手指头那样配合紧密，取长补短。兄弟五人中将来会在俄国发挥重要影响力的是老二和老三。二十五岁的老二格里戈利是长相最为英俊的一个。他不仅长着一张帅气逼人的脸庞，身材也高大匀称，肌肉发达。更重要的是，他的性格率真朴实、温和可亲，待人接物没有多数军官的那种粗鲁感。他的这些特性总是令女人为他神魂颠倒。但是格里戈利有一个明显的缺点，那就是不够聪明，有人甚至说他反应迟钝。他的弟弟，老三阿列克谢·奥尔洛夫与他完全不同，是兄弟五人里最具有智慧的一个。由于阿列克谢的左脸有一道又长又深的刀疤，因此大家给他取绰号为"疤脸"。"疤脸"长得高大威猛，看上去就很彪悍。与他的相貌一致，阿列克谢的性格暴力、残忍，是一个有野心又不择手段的狠人。如果不是遇到一个宫廷里的贵人，兄弟五人的一生应该会平平淡淡地在军中度过。然而有些时候,上天就是注定让一些人不平凡。

与他在战场中的英勇战绩一样,格里戈利在情场上也是所向披靡。将战俘押送回国后,格里戈利就勾搭上了叶莲娜·库拉林公爵夫人。不巧的是,这位公爵夫人恰好是格里戈利的上司彼得·舒瓦洛夫的情妇。似乎他天生就有好运气似的,正当彼得·舒瓦洛夫准备收拾他的时候,自己却暴毙身亡。这段风流韵事使得格里戈利在军中更是名声大震。有一天,格里戈利护送彼得大公的贵宾、普鲁士的战俘施韦林到大公的住处赴宴,然后自己站在门口执勤。叶卡捷琳娜刚好走出房间,站在高处向外张望。高大英俊的格里戈利很快进入了她的视线。叶卡捷琳娜瞬间被格里戈利英俊的长相吸引,盯着他仔细端详。格里戈利的眼神也望向了她,两人四目相对之时,叶卡捷琳娜的心跳都加速了。格里戈利当然能读懂大公夫人投向他的那种炽热的眼神。此时的叶卡捷琳娜正处于孤独的时期,上一个情人的离去令她感到无比空虚,她急需一份新的感情填补内心。格里戈利也对大公夫人充满了兴趣。对他这种下级军官来说,与大公夫人交往将是一种无比的荣耀。虽然这一面之缘让他俩两情相悦,但如何进一步发展却成为一个难题。如果大公夫人爱上一个下级军官的消息传了出去,肯定会造成极坏的影响。更何况此时她与彼得大公的关系已经恶化。自从有了固定的情人伊丽莎白·沃伦佐娃之后,彼得就有了废掉叶卡捷琳娜的打算。他甚至已经公开声称即位之后就会娶他的情妇伊丽莎白·沃伦佐娃。这个时候,叶卡捷琳娜无论如何都不能让彼得找到废掉她的借口。但她需要感情,也需要盟友,尤其是当她得知奥尔洛夫五兄弟都在近卫军中服役之时,她更加意识到他们极有可能成为自己将来的帮手。好在当时叶卡捷琳娜已经在

叶卡捷琳娜的情人格里戈利·奥尔洛夫
(1734—1783)

小宫廷培养出了几名得力的帮手,其中一人是她的贴身侍女布鲁斯。在布鲁斯的安排下,叶卡捷琳娜选定了一个极其私密的约会地点——涅瓦河的一个小岛上。奥尔洛夫兄弟在得知格里戈利俘获了大公夫人的芳心时都感到无比兴奋,他们将其视为奥尔洛夫家族的荣耀。叶卡捷琳娜也通过这个新的情人获得了重要的政治资源。叶卡捷琳娜多年斗争的经验表明,身居高位的人容易受到政治风向的影响,反而奥尔洛夫兄弟这种职务较低的人更加贴近广大的士兵,并且愿意为她赴汤蹈火。更重要的是,奥尔洛夫兄弟是在皇家近卫军效力。伊丽莎白女皇当年正是靠着近卫军的支持发动政变夺取的皇位。

但是仅仅拥有军队的支持是远远不够的,这一点叶卡捷琳娜很清楚。如果要发动政变,她还必须在朝中找到一个可靠的人做内应。别斯杜捷夫已经倒台了,她需要重新物色一位同他一样颇具势力的人物做盟友。这个人其实并不难选。别斯杜捷夫虽然倒台了,但是他的党羽众多,他的势力也是无法被完全根除的。在他被捕的时候,他的其中一个朋友因为当时不在俄国,因此没有受到牵连。别斯杜捷夫与他的关系隐藏较深,旁人只知道他曾做过别斯杜捷夫的门徒,并不清楚他们私下的关系究竟如何。别斯杜捷夫倒台后不久,伊丽莎白就将他召回国内。目前此人正在宫中任职,他就是皇子保罗的老师尼基塔·伊万诺维奇·帕宁。帕宁此时四十二岁,在官场混迹多年的他是一个政治老手,也是当时俄国为数不多的受过良好教育的大臣。他的谈吐举止优雅,而且非常精明。帕宁年轻的时候,别斯杜捷夫曾试图将他推荐给伊丽莎白女皇做男宠,但是一件事情阴错阳差地发生使他最终没能得到这个机会。后来伊丽莎白将他派往瑞典的斯德哥尔摩做外交大使。1760年，别斯杜捷夫倒台之后，伊丽莎白又将他召唤回国，任命他为保罗的老师。由于叶卡捷琳娜获得了一周探视保罗一次的权利，因此就有了接触帕宁的机会。怀有政治理想的帕宁向来都有自己的打算。他不支持彼得大公继承皇位，在这一点上他与叶卡捷琳娜可以达成共识。但他也不支持叶卡捷琳娜直接执政。他期望的是扶植他的学生保罗继承皇位，在保罗成年之前由叶卡捷琳娜摄政。不论怎样，如今他与大公夫人的首要目标都是阻止彼得大公即位，因此帕宁顺理成章地成为大公夫人在朝中的内应。

接下来，叶卡捷琳娜又收获了两个意料之外的支持者。第一个是伊丽莎白女皇的情人伊凡·舒瓦洛夫。在伊丽莎白生命中的最后几年里，她几乎把朝政大事都交给了伊凡处理。还好伊凡·舒瓦洛夫是个有能力的人，在许多方面都为俄国的发展做出了贡献。不仅如此，伊凡在朝中从不结党营私，也不贪图高官厚禄，是一个相对来说清心寡欲的人。伊凡是个聪明人，他清楚一个宠臣的命运系于恩主的身上。他目前能够拥有如此崇高的地位都是因为得到了女皇欢心。一旦女皇驾崩，他的政治生涯也就结束了。但他还年轻，就算再怎么清心寡欲也无法接受将来碌碌无为的命运。他必须着手为自己另谋出路。伊凡判断将来大有作为的人非大公夫人莫属，他推断大公夫人要么会成为摄政者，要么就是下一任女皇。于是他毫不犹豫地倒向了叶卡捷琳娜的阵营，甚至利用自己的美色向大公夫人示好。叶卡捷琳娜明白他的想法，她没有挫败他的积极性，也没有鼓励他的勾引，只是对他抱以友好的态度。有了伊凡的支持，叶卡捷琳娜在接下来密谋的时候至少可以减少一些阻碍。

叶卡捷琳娜的最后一个盟友多少有些令人诧异。她是一位女性，是彼得大公的情妇伊丽莎白·沃伦佐娃的妹妹达什科娃，也就是首相沃伦佐夫的另一个侄女。她的本名叫作叶卡捷琳娜·沃伦佐娃。由于现年十六岁的她嫁给了达什科夫，因此现在大家都称呼她为达什科娃殿下。与沃伦佐夫家的其他成员不同，达什科娃是大公夫人的忠实粉丝。她甚至还为了大公夫人与家人撕破了脸。沃伦佐夫家族越是批判大公夫人，她就越是坚定地站在大公夫人的阵营里。与她的姐姐不同，达什科娃殿下受过良好的教育，是一个思想独立、富有修养的女性。虽然她的长相并不讨喜，但是她良好的教养和丰富的学问弥补了这方面的不足，使她备受上流社会欢迎。叶卡捷琳娜也非常欣赏这个富有智慧的小公主。1761年，达什科娃在她父亲家位于芬兰湾的乡间别墅里度过了整个夏天，这座别墅恰好坐落在女皇避暑的彼得霍夫宫与大公夫妇的夏日行宫奥拉宁姆堡之间。每当大公夫人探视过自己的儿子之后，总会在经过达什科娃家的时候进去坐坐。虽然两个人的年龄相差了十几岁，但是她们有许多共同语言，每次总是从科学到历史再到政治聊得不亦乐乎。当谈到朝政现状时，叶卡捷琳娜对达什科娃还是有所保留，因为她太年轻，总有一种急于展现自己的冲动。达什科娃殿下认为彼得大公不适合当沙皇，认为俄国的未来必须托付给有治国能力的大公夫人。因此她总是煽动叶卡捷琳娜尽快采取行动、发动政变。但是叶卡捷琳娜清楚时机未到，每当说到这个话题，她总是保持沉默。

　　叶卡捷琳娜找到了支持她的盟友，但是彼得大公也并非孤立无援。彼得大公的支持者中最具实力的莫过于沃伦佐夫家族了。彼得的即位无疑会给他们家族带来巨大的实惠，不仅沃伦佐夫本人的权力可以得到巩固，他的侄女伊丽莎白·沃伦佐娃也会跟着一

达什科娃(1743—1810),
在政变时坚定地站在了叶卡捷琳娜二世的一边,
她也是俄国启蒙运动的代表人物之一

起发达。彼得早已公开承诺即位之后将会立她为皇后。达什科娃对姐姐的举动感到非常难为情,她鄙视姐姐不雅的情妇身份,坚定地站在自己的偶像叶卡捷琳娜的阵营。即便如此,彼得大公对达什科娃依然非常友善。除了她是沃伦佐娃妹妹的原因之外,还因为他本人是达什科娃的教父。达什科娃出生的时候,彼得刚刚来到俄国。由于沃伦佐夫家族是俄国古老的家族之一,在当时的地位非常崇高,因此伊丽莎白女皇亲自主持了达什科娃的受洗仪式并让自己的外甥彼得做她的教父。彼得大公试图劝说她站到自己的阵营里。他对达什科娃说:"亲爱的达什科娃,在此我要给你一个忠告,不要与那些将柠檬挤干然后扔掉的聪明人交往。跟他们相比,与我和你姐姐这种头脑简单的人交往要安全得多。"彼得对达什科娃的"忠告"足以表明他并不是一个傻瓜,他清楚自己的妻子在做些什么,也看出了她的野心。但这些话对达什科娃起不到任何作用,她早已将大公夫人视为俄国人民的救世主,一心期望大公夫人可以继承沙皇之位。事实上,叶卡捷琳娜此时的处境非常尴尬。虽然她有野心,也有夺权的计划,却什么都不能做。除了因为所有的这些筹划都要建立在伊丽莎白女皇驾崩的基础上,更要命的还有一点,那就是1761年8月,叶卡捷琳娜发现自己又怀孕了,这次是格里戈利的孩子。与前两次不同,这一次她必须向所有人保守秘密。为此,她对外宣称自己忍受不了丈夫公然与情妇在一起的种种行为,然后理所应当地关起房门过起了类似隐居的生活。

在这段看似无所作为的时间里,叶卡捷琳娜写下了自己的一些政治理念:"在经历了多年的战乱之后,我们国家最需要的是和平和发展""俄罗斯帝国的荣耀即我个人的荣耀""对我们这个庞大的帝国来说,和平至关重要,我们需要人口增长""不要去做任何丧失理智的事情……要尊重宗教信仰，但是不能让宗教干预国家事务""我的一生都将反对告密行为以及所谓的秘密司法机构。要建立公开透明的审判法庭""农奴制是不人道的，人们生来都是自由平等的"等等。叶卡捷琳娜受到当时欧洲启蒙思想的熏陶，因此提出的这些观点颇具开明君主的色彩。然而在俄国这个相对闭塞的国家，这些观点是极其罕见的，也没有几个人可以理解。从这些类似警句一样的理念来看，叶卡捷琳娜已将自己彻底地融入了俄国。不仅如此，她还是站在帝国统治者的高度提出这些见解的。虽然在叶卡捷琳娜即位之后，迫于俄国现实的压力，未能完全按照这些理想化的政治理念治理国家，但是终其一生，她的所作所为都证明了自己不愧为俄国历史上最伟大的开明之君。

1761年12月的一天，达什科娃得知了伊丽莎白女皇病危的消息。尽管夜色已深，外面寒风刺骨，她还是穿上皮衣极速朝着叶卡捷琳娜的住所走去。她要将这个消息尽快告知大公夫人。第一时间获取君主驾崩的消息对夺权者来说至关重要。达什科娃不断地督促大公夫人拿出行动方案。怀有身孕的叶卡捷琳娜有苦难言，她希望伊丽莎白可以坚持活到她的孩子顺利出生。然而这种事情可不是坚持就能做到的，伊丽莎白更加渴望上帝再给她一些时间，但是她的大限已到。12月23日，伊丽莎白出现了严重的中风，御医断定这一次她不会恢复了。这一天，不仅俄国宫廷，就连各国大使都在紧张地猜测接下来继承皇位的人究竟会是谁，彼得、保罗，还是叶卡捷琳娜？俄国皇位的继承人几乎可以起到改变欧洲局势的作用。在伊丽莎白的病榻旁，每个人都盯着奄奄一息的女皇，心里盘算着自己的未来。进行完临终涂油礼之后，伊丽莎白用生命中最后的时间将彼得和叶卡捷琳娜召唤到自己身边。她没有改变继承人的想法，只是要彼得发誓优待她的情人拉祖莫夫斯基和舒瓦洛夫以及他们的家人，并照顾好保罗。俄国宫廷日志中关于伊丽莎白女皇时代的记载停留在了1761年12月25日的下午四点。俄国议会议长、伊丽莎白一朝的老臣特鲁别茨科伊走出房间，向众人宣布伊丽莎白女皇驾崩，并同时宣布彼得大公即位，成为沙皇彼得三世。

Екатерина II Алексеевна

第五篇
天下易主

彼得三世的统治

当尘埃落定,得知彼得大公顺利继位成为俄国沙皇的消息后,全欧洲最为兴奋的人无疑就是彼得的偶像——普鲁士的腓特烈大帝。早在伊丽莎白女皇病危之时,腓特烈就急切地盼着她赶紧断气。他无时无刻不在祈祷自己的崇拜者彼得顺利继位,从而解除普鲁士的危机。1761年,七年战争已经到了第六个年头。在俄军的进攻下,腓特烈大帝的普鲁士王国已经气若游丝。一向不屈不挠的腓特烈大帝甚至已经开始计划向敌人妥协,将东普鲁士割让给俄国。然而在此关键时刻,伊丽莎白女皇驾崩了。俄罗斯帝国的继任者、对他牵肠挂肚的彼得三世没有食言,在即位之后做的第一件事就是与他心中的英雄腓特烈大帝议和。收到这个消息的腓特烈惊叹于命运的神奇,狂喜地欢呼道:"感谢上帝!一个女人的死竟然挽救了我的国家!"不得不说,这是一段百年难遇的奇迹。184年以后的1945年,与腓特烈大帝生活在同一片土地上的另外一个人——希特勒——面临的境遇与此时的腓特烈大帝非常相似。当时二战已经接近尾声,在盟军的进攻下,柏林已是四面楚歌。面对步步紧逼的盟军,被困在柏林地堡里的希特勒乐观地将腓特烈大帝的肖像悬挂在地堡的墙面上,因为他收到消息,美国总统罗斯福在当年4月离世。希特勒希望罗斯福的死可以导致盟军解体,从而挽救德国,就像当年伊丽莎白女皇的死挽救了腓特烈大帝那样。然而历史无法复制,也不是所有人都能拥有腓特烈大帝的运气。

彼得三世现年34岁,像所有新即位的皇帝一样,他也组建了自己的新政府。他的支持者沃伦佐夫自然稳坐首相的大位。彼得遵守了他对伊丽莎白女皇的承诺,对她生前最爱的两个情人拉祖莫夫斯基和伊凡·舒瓦洛夫相当慷慨。他还召回了此前被朝廷流放的一批人,其中包括伊丽莎白的御医莱斯托克和79岁的老元帅明尼希。

根据俄国的风俗,已故的沙皇要在教堂停放六个星期供臣民瞻仰。在举行葬礼之前,伊丽莎白的遗体被安置在喀山大教堂,周围摆满了蜡烛。她的头上戴着黄金做成的王冠,身上戴满了珠宝。前来瞻仰她的遗体、为她祈福的人络绎不绝。俄国人民并不了解他们的这位女皇,但他们就是发自内心地敬仰她,将她视为俄国人民的"小母亲",因为她是彼得大帝的女儿。

除了那些前来瞻仰女皇遗体的臣民之外,还有一个人每天都虔诚地到她的灵堂哀悼。此人身穿黑衣,头戴黑色面纱,全身上下都没有佩戴一件首饰珠宝,跪在伊丽莎白的棺椁旁虔诚地做着祷告。她就是俄罗斯帝国新加冕的皇后叶卡捷琳娜。在伊丽莎白的遗体公开摆放在教堂供人瞻仰的十天时间里,她每天都按时前来祷告。前往教堂的每个人都注意到了这位谦卑虔诚的皇后。这是叶卡捷琳娜一种自我宣传的手段。长年在皇宫居住生活的她是很难有机会与民众接触的,而国葬这种大场合正是与普通民众见面、树立自己形象的大好时机。叶卡捷琳娜抓住了机会,她的行为迅速成为大街小巷中的美谈。

如果仅仅只有叶卡捷琳娜自己的努力,或许还达不到宣传的最佳效果。多亏了另外一个人的"帮助",将她的形象烘托得更加高大完美了。为她提供帮助的人正是她的丈夫、现任沙皇彼得三世。在公开哀悼日的这几天时间里，彼得就像演员一样为诸位大臣和圣彼得堡的市民上演了一幕又一幕的滑稽剧。在被自己的姨母束缚了十八个年头，如今终于获得自由之后，彼得完全无法掩饰内心的喜悦之情。面对伊丽莎白女皇的遗体，他不仅不行跪拜之礼，还像闲杂人等一样在教堂走来走去，肆无忌惮地指指点点、大声喧哗、哈哈大笑。教堂里的神父和前来瞻仰的群众无不以一种诧异的目光审视着这位新登基的沙皇。众人不由得开始为俄国未来的命运感到担忧。在彼得三世的衬托下，各个阶层的子民都赞叹着新皇后的虔诚，说她才是俄国人民的女儿。

当伊丽莎白的遗体从教堂迁出，送往陵园下葬时，彼得三世的表现更是令人匪夷所思。他当天身穿一件黑色丧服，大摇大摆地跟在棺椁后面，几位年长的贵族托着他的衣摆。这时，滑稽的一幕出现了。彼得先是放慢了脚步，越走越慢，最后站定。不知发生了什么事的送葬队伍也跟着停了下来。忽然间，彼得又快速地跑了起来，为他托着衣服的几个老人完全跟不上他的脚步。看到这些人被耍的样子，彼得忍不住捧腹大笑。送葬的一路，彼得都乐此不疲地玩着这种把戏，就像戏院里的小丑一样。他完全没有意识到，作为一个封建君主，保持威严和令人敬畏是多么的重要。身为统治者，受人讥笑几乎与失败和死亡一样危险。

从彼得三世一系列不可理喻的表现来看，他似乎是一个完全无法统治国家的精神不正常的人。但是他接下来的一些举措似乎又推翻了这种论断。事实上，彼得并不是一个傻瓜。他在位的短暂时间里发布的几项诏令甚至可以说是相当明智的，就连接下来继任的沙皇也继续推行了他的几项改革举措。1762年3月23日，彼得三世一次性废除了许多皇家垄断产业，允许一些曾经被各大家族垄断的商品在市场上自由流通，就连俄国传统的国家垄断产品——盐和谷物，也被允许自由交易。在封建社会，这种做法可以说是相当开明的。除了这项举措之外，彼得三世还进行了一项具有重要意义的改革，那就是颁布了《贵族自由宣言》，免除了自彼得大帝以来贵族的强制性兵役制度。这项举措令贵族们大喜过望，他们再也无须消耗人生大量的时间服兵役了。不仅如此，贵族还获得了自由出国的权利，且在国外停留的时间也不再受限制。彼得三世的这项法令笼络了俄国贵族阶级，是他在位期间发布的最为明智的一项法令。除此之外，彼得还撤销了创建于彼得大帝时期的秘密警察部门。这个举措令朝中的大臣都松了一口气，因此赢得了他们的支持。但撤销秘密警察对彼得三世本人来说又是不利的。他的这种做法等于自断耳目，最终导致他无法及时获取朝廷内外不利于自身统治的信息。

如果就此推断彼得三世具有治理国家的能力，又是不准确的。因为接下来他又发布了几项政令。有的政令初心是好的，却得罪了俄国最重要的群体，并最终导致了他的政权的覆灭。

在获得了贵族阶级的支持之后，彼得三世准备拿俄国的教会开刀。在他眼里，俄国一直都是野蛮和落后的象征。他认为自己是来自文明国度的欧洲人，因此看不上属于俄国本土的任何事物，包括俄国人信仰的东正教。虽然他本人自来到俄国的那一刻起就已经接受了东正教的洗礼，成了一名东正教教徒，但彼得从来都没有遵循过东正教的信条，而且坚信自己仍旧是一名路德教教徒。

那个时期的欧洲，宗教是具有崇高地位的。就像我国深受儒家文化熏陶一样，欧洲各国都有着自己不可泯灭的宗教信仰。宗教冲突甚至可以成为引发战争的重要因素。俄国与东正教有着很深的渊源。1453年，东正教的发源地、号称"第二罗马"的拜占庭帝国的首都君士坦丁堡被奥斯曼帝国攻陷，俄国便成为欧洲大陆上唯一一个继承了东正教衣钵的大国，并因此声称自己为"第三罗马"。东正教的文化已经深入俄国的灵魂，与人们的日常生活息息相关。但是彼得三世认为东正教是落后的象征，身为沙皇的他负有改造他们这种落后的宗教信仰的义务。他命令俄国的所有神职人员剃掉斯拉夫式的大胡须，脱掉东正教牧师的长袍，换上西方教派牧师那样的黑色教士服。这些改变已经非常令人难以接受了，接下来彼得三世的诏令引发了教会对他更加强烈的抗议——头脑发热的他竟然下令没收教会的所有财产和领地。这项诏令无疑触犯到了俄国东正教会的核心利益。在俄国，教会拥有大面积的领地和为数最多的农奴，而且不用向朝廷缴税。从统治者的角度来看，彼得的做法的确具有很强的合理性。然而对刚刚即位、政权不稳的他来说，这项举措未免用力过猛，产生的副作用是不堪设想的。没过多久，整个东正教会都联合起来向沙皇表示抗议，认为他的做法冒犯了上帝，将他视为邪恶的异教徒。

如果说触怒教会还不足以将彼得三世推向覆灭的话，那么与军队为敌就是他自寻死路的选择。其实在即位之前，彼得就已经因为他亲普的行为触怒了俄国的军人阶级。即位之后，他命令俄国部队从普鲁士撤军的行为更是激起了军队的不满。1761年4月，彼得三世与普鲁士外交大使签署了一项秘密草案。当彼得三世在草案上签字的那一刻，他就如此轻而易举地将俄国在七年战争中用鲜血换来的普鲁士领土拱手奉还给了他的偶像腓特烈大帝。彼得的这种做法令俄国人发指，俄国的军队无论如何也不能接受这个结果。军人们私下里更是对彼得三世深恶痛绝。俄国与普鲁士的盟约还改变了欧洲的外交格局,打破了此前俄国与奥地利和法国的联盟。因为彼得三世这种抛弃盟友的行为触怒了俄国的这两个盟友,法国和奥地利纷纷与俄国断绝了外交往来。

闲不住的彼得三世又改革了俄国的军装,强迫俄国军人穿上普鲁士军装并按照普鲁士的练兵方法训练他们。接下来,彼得又将矛头对准了皇家近卫军。他认为皇家近卫军的规模过于膨胀,于是萌生出将他们解散的想法。他只信任来自他家乡的荷尔斯泰因军团,连护卫人员都从该军团中选派。此举严重伤害了皇家近卫军的感情。彼得不知道的是,得罪近卫军是极其危险的,当年他的姨母伊丽莎白女皇就是通过近卫军的支持发动政变登上的沙皇之位的。

做完了这些之后,彼得觉得还是不够。受到他的偶像腓特烈大帝的启示,他认为自己也应该做一名战场上的指挥家。从小就热衷于训练玩具士兵的彼得产生了一种错觉,他认为可以操作玩具士兵的他一定是一名军事天才,如今终于大权在握,必须要找机会展示他的军事天分才行。于是,彼得三世做出了他执政时期中最为愚蠢的一项决定:向丹麦宣战。彼得向丹麦宣战是有他的理由的。伊丽莎白时代的首相别斯杜捷夫曾经将荷尔斯泰因公国的一块领地割让给丹麦作为利益的交换。对于这件事,彼得一直耿耿于怀。成为沙皇的他决定向丹麦报此一箭之仇,夺回本该属于荷尔斯泰因的那块领地。对于他的这项鲁莽决定,就连他的支持者、他的英雄腓特烈大帝都表示不赞成。出于对他的关爱,腓特烈认为他在即位之初就发动战争颇为不妥,并诚恳地建议他三思后行,但最终未能改变彼得的决定。腓特烈又建议彼得在出征

在位仅半年的彼得三世
（1728—1762）

之前先为自己举办皇帝的加冕礼，因为对当时的民众来说，举行过加冕礼的皇帝才具有合法性，才是真正意义上的沙皇。然而彼得还是没有听从，他说自己太忙了，没有时间举办这种烦琐的仪式。无奈的腓特烈向他提出最后一项忠告，建议他不要离开圣彼得堡，毕竟像彼得大帝这种具有统治能力的帝王在离开圣彼得堡前往欧洲深造时，国内都爆发了骚乱，更何况他这种刚刚即位、根基未稳的新皇帝。然而彼得仍然自信地认为他的偶像多虑了。"如果俄国人要造反，他们早就这样做了，因为我走在大街上都没有带护卫。"他这样答复道。

到此为止，彼得三世已经成功地为自己挖好了走向覆灭的坟墓，只等那个真命天子在合适的时机从后面轻轻地一推。

政变

当伊丽莎白女皇的统治在1761年的圣诞节落下帷幕之时，已有五个月身孕的叶卡捷琳娜只能眼睁睁地看着彼得大公即位。她曾经设想过无数次的夺权计划也随之落空。受到彼得冷落的她过着一种清心寡欲的生活，但这并不代表她放弃了对权力的野心。在这段时间里，她能做的只有积攒力量，等待最佳时机。不论如何，她必须要先顺利地把孩子生出来。为了掩饰自己怀孕的迹象，叶卡捷琳娜每天都穿着宽大的裙子，除了绝对必要的场合，避免在任何公开场合露面。她知道自己的处境非常危险，稍有不慎就会跌入万劫不复的境地。已经当上沙皇的彼得三世如今更加肆无忌惮地叫嚣把现在的皇后休掉并把她软禁到修道院，然后娶他的情妇伊丽莎白·沃伦佐娃为皇后。不过也多亏了她的丈夫不爱她，极少跟她一起吃饭，并且将她安排在远离他寝室的房间，她怀孕的秘密才一直没有泄露出去。

1762年2月10日，彼得三世将宫廷迁到了圣彼得堡郊外的皇村庆祝自己34岁的生日。生日庆典中，彼得当众要求皇后叶卡捷琳娜授予他的情妇伊丽莎白·沃伦佐娃圣叶卡捷琳娜勋章。圣叶卡捷琳娜勋章向来都只授予皇后或者大公夫人，彼得这样做相当于公开向众人宣布他准备废立皇后。对叶卡捷琳娜来说，这是一种极大的羞辱。但她时刻谨记自己的首要任务是顺利生产，因此心态平和地照做了。

1762年4月，叶卡捷琳娜分娩在即。这是非常危急的时刻，她必须在皇宫里掩人耳目地生下这个孩子，这可不是一件容易的事。在临近生产的几天，叶卡捷琳娜对外宣称自己的脚踝扭伤了，只能卧床休息，不能外出。4月11日，产前阵痛来袭。虽然叶卡捷琳娜与彼得三世的房间相距较远，但仍然很难确保生产的声音不会传到他的耳朵里。为了确保万无一失，叶卡捷琳娜最忠实的仆人什库林决定在她生产的时候放火烧掉自己在圣彼得堡的房子。宫里几乎所有人都知道彼得有一个特别的嗜好——喜欢看城里失火的场景。每当城里有房子失火，他就会跟情妇沃伦佐娃一起跑出来站在高处看热闹。这一次，当仆人告诉他又有地方失火的时候，彼得果然兴高采烈地带着沃伦佐娃和一群宠臣出来看热闹。就在这个空当里，叶卡捷琳娜在产婆的帮助下生下了她的第三个孩子——这次是格里戈利的。他是个男孩，叶卡捷琳娜给他取名为阿列克谢·格里戈利耶维奇。孩子刚一出生，就被包裹在海狸皮里偷偷抱出宫去，交给她的仆人什库林的妻子扶养。后来这个孩子被封为波布林斯基伯爵。波布林来自俄语单词 bebre，意为海狸，后来波布林斯基家族成为俄国极有权势的家族之一。

顺利生产后不久，叶卡捷琳娜此前"扭伤的脚"瞬间就好了。她几乎立即出现在公众的视线中，积极地与朝臣和各国外交使节会晤，扩大自己的政治影响力并展现出与彼得三世截然不同的形象。叶卡捷琳娜还到处寻求来自国外的经济支持。她首先偷偷地向法国方面发出求助信号，但是法国拒绝了她。很快凡尔赛宫就会意识到他们犯了一个严重的政治错误。法国的死对头英国瞧准了时机再次向叶卡捷琳娜伸出援手。从此以后，英国成了叶卡捷琳娜的盟友，法国则留给她一个很差的印象。叶卡捷琳娜此前拉拢的其他政治盟友们也在四处活动，为她寻求更多的支持。

1762年6月9日，为了庆祝与普鲁士的友好结盟，彼得三世在皇宫举办了四百人参加的晚宴。宴会刚一开始，彼得先举杯，祝皇室成员身体健康。所有人都起身对沙皇做出回应，只有叶卡捷琳娜没有起立。彼得大怒，由于叶卡捷琳娜坐的位置离他较远，彼得令他的副官上前问她为何不起身。叶卡捷琳娜回复道："因为我就是皇室成员之一。所以我认为这样做没有什么不妥。"听到副官的传话之后，怒火中烧的彼得大吼了一声："蠢货！"为了确保叶卡捷琳娜听得清楚，他还再次命令副官将他这句"蠢货"准确无误地传达给她。现场的气氛瞬间凝固了，所有人都等着皇后的反应。受到如此侮辱的叶卡捷琳娜忍不住哭了起来，并请求坐在她身旁的一位伯爵给她讲点开心的事情。在场的嘉宾无不对皇后感到同情，而且敬佩她冷静的处事方式。这件事情发生四天之后，彼得仍然怒气未减。他先是撤了宴会上安抚皇后的那位伯爵的职，接着打算借此机会废掉叶卡捷琳娜的皇后之位，并把她关押在吕塞尔堡要塞。幸好叶卡捷琳娜的舅舅乔治亲王极力劝阻，请求沙皇不要做出这么极端的事情，他才最终作罢（乔治亲王因为是普鲁士人，此时深受彼得信任）。这次"蠢货"事件给叶卡捷琳娜敲响了警钟，她意识到自己不能再犹豫了，彼得和她之间已经没有了共存的可能。

6月12日，彼得三世离开圣彼得堡，前往奥拉宁姆堡，这是他做大公的时候经常训练士兵的地方。他打算在出发前往丹麦作战之前再对他的军队检阅一番。他不允许叶卡捷琳娜与他一同前往奥拉宁姆堡，而是让她独自一人去往彼得霍夫宫。两个地方都坐落在芬兰湾，相隔并不远。他告诉叶卡捷琳娜，6月29日他会到彼得霍夫宫接她一起参加自己的命名日庆典。这个时候，叶卡捷琳娜的密谋已经日渐成熟。密谋集团曾计划在彼得三世动身前往奥拉宁姆堡之时将他抓获，然而未能找到合适的时机。现在他们又在计划等彼得返回圣彼得堡带领近卫军前往丹麦前线之际发动政变将他擒获。"疤脸"阿列克谢·奥尔洛夫负责在近卫军团秘密筹划政变。如果彼得三世当初没有撤销秘密警察的话，或许他会及时得到一些密谋的消息。直到6月，彼得在身边谋士的劝说下，才临时组建了一个秘密行动部。但是彼得并不重视这个部门，选定的责任人也不适合从事监察工作。即便如此，秘密行动部还是收到了一些传闻，称格里戈利·奥尔洛夫在密谋一场政变。并没有把这个信息当回事的彼得仅指派了一名调查人员对格里戈利监视了一段时间。然而政变的组织者是他的弟弟阿列克谢，并非格里戈利。调查人员没有在格里戈利身上查出什么端倪，这件事情也就不了了之。6月19日，叶卡捷琳娜动身前往彼得霍夫宫。为了以防万一，她将儿子保罗留在了圣彼得堡，托付给保罗的老师尼基塔·帕宁照看。到达彼得霍夫宫之后，叶卡捷琳娜选择住进了逍遥津，这是彼得大帝时期修建的一所临海别墅，位置相对偏僻。

在圣彼得堡，密谋者们正在紧锣密鼓地为政变做着最后的准备。然而，计划赶不上变化。1762年6月27日，近卫军团的一名密谋者帕赛克上尉被秘密行动部门抓获。情况一下子变得危急起来。在酷刑之下，他将很快招供，或许他此时已经招供了。率先得到帕赛克被捕消息的格里戈利心急火燎地去找宫中的内应、保罗的老师帕宁商议接下来的行动方案。帕宁当时正与叶卡捷琳娜的崇拜者达什科娃殿下在一起。这还是达什科娃第一次听说他们在密谋政变。想着自己也可以参与其中，达什科娃感到异常兴奋。几名密谋者一致认为他们不能再等了，必须立即采取行动，他们必须赶在29日彼得三世前往彼得霍夫宫接叶卡捷琳娜之前发动政变，把皇后接回圣彼得堡继承皇位，并宣布废黜彼得三世。

按照帕宁的安排，"疤脸"阿列克谢负责前往逍遥津通知叶卡捷琳娜。格里戈利的另一个弟弟费奥多尔在夜色中飞奔向伊兹梅洛夫近卫军团，告知另外一名叶卡捷琳娜的支持者基里尔·拉祖莫夫斯基政变的消息。基里尔就是伊丽莎白女皇的情人拉祖莫夫斯基的弟弟，也是叶卡捷琳娜早期的爱慕者之一。作为一名俄国人，基里尔非常痛恨彼得三世的亲普作风。受过良好教育的他如今不仅是伊兹梅洛夫近卫军团的首领，还是哥萨克的盖特曼，同时身兼俄国科学院的院长一职。哥萨克人是俄国境内的一个特殊群体，由好战的人群、自由人、流浪汉、逃犯、逃跑的农奴以及逃兵和强盗组成。哥萨克有许多分支，其首领被称作盖特曼。从16世纪开始，他们就在俄国东部与南部的边境居住，朝廷为了管辖他们，专门在那里为他们设置了自治区。大多数哥萨克人都拥有鞑靼人的血统。他们作战英勇，但很少为朝廷效力，是一支相对独立的武装队伍。收到消息的基里尔立即行动起来，命令下属印刷彼得三世宣布退位、叶卡捷琳娜即位的公告。基里尔指挥的伊兹梅洛夫军团位于圣彼得堡通往彼得霍夫宫和奥拉宁姆堡的必经之路，如果叶卡捷琳娜可以顺利启程前往圣彼得堡，那么她第一个路过的就是这个军团的兵营。伊兹梅洛夫近卫军团是彼得大帝建立的三个俄国步兵团之一，其他的两个分别是普列奥布拉任斯基和谢苗诺夫斯基近卫步兵团。

确定了行动方案之后，"疤脸"阿列克谢即刻启程赶往叶卡捷琳娜的住处彼得霍夫宫。6月28日凌晨，阿列克谢趁着天色未亮混进了逍遥津。叶卡捷琳娜的女仆将她从睡梦中唤醒，告诉她阿列克谢来了。叶卡捷琳娜立即爬了起来，大脑快速地运转着。阿列克谢坐在她的床边，脸上流露出一种大战在即的神情。"疤脸"压低了声音，镇定地对她说："小母亲（俄国人将沙皇称为小母亲、小父亲，表示对他们的尊敬），该起床了，一切都准备妥当了。"接着他加了一句："帕赛克被捕了。"这一次，叶卡捷琳娜没有犹豫。她天生就具有政治家敏锐的直觉，可以准确地判断时机。在阿列克谢的带领下，她和女仆快速走出房门，在路过仆人什库林的房间时顺便把他叫起来，一行人急匆匆地趁着夜色坐上阿列克谢准备的马车向圣彼得堡疾驰而去。

马车的声音划破了芬兰湾夏天早晨的宁静。在场的每个人焦急不安的内心里又夹杂着政变带来的那种难以言喻的兴奋和期待。叶卡捷琳娜不敢想象这一天竟然以这种方式突然到来。马车里的气氛异常紧张，似乎可以听到每个人粗重的喘息声。就在这时，叶卡捷琳娜突然指着女仆的脚大笑起来。原来他们逃走的时候太慌张，她的女仆竟然只穿了一只鞋。车里的其他人也跟着捧腹大笑起来，尤其是当他们发现叶卡捷琳娜本人还戴着一顶蕾丝边睡帽的时候，大家笑得更加合不拢嘴。半路上，他们遇到了叶卡捷琳娜的法国发型师迈克尔，他正准备前往逍遥津为皇后做头发。他们刚好将其拦下，让他在通往革命的路上为叶卡捷琳娜做一个象征着胜利的发型。毕竟个人形象在政变中向来都事关重大。

正当一行人风风火火前进之时，一匹马由于劳累过度倒下了。由于来得仓促，阿列克谢并没有准备备用的马匹。如果因为一匹马导致政变失败，他们面临的可是灭顶之灾，而阿列克谢也将成为罪人。正在一车人心急如焚之时，一个当地农民驾着马车从对面驶来。阿列克谢立即冲上前去，用金钱换取了他这批精力充沛的好马。众人终于可以继续上路了。在距离圣彼得堡不远的地方，叶卡捷琳娜的情人格里戈利正等候着她的到来。她立即换上格里戈利的马车，随他一同前往伊兹梅洛夫军团。此时已是早上七点钟，天色已亮。军营里的士兵们早已做好准备迎接他们小母亲的到来。当看到叶卡捷琳娜的车驾后，士兵们都被政变的激情点燃，整个兵营都沸腾起来。叶卡捷琳娜克制着自己激动的心情，在格里戈利的指引下，接受士兵的欢呼。叶卡捷琳娜用铿锵有力的声音发表了一番演讲，表明她对俄国、对东正教的热爱，并声明现在国家和她本人正在遭受威胁，因此她必须得到近卫军的保护以进行反抗！此刻的她就像勇士一般无所畏惧。她义正词严的声音激起了众人胸中的热血，军官们欢呼着，纷纷单膝跪地亲吻她的衣摆。这时，基里尔高声宣布叶卡捷琳娜成为俄国的女皇以及俄国人民唯一的主人，并以士兵的名义向她宣誓效忠。整个兵营的士兵们也随之山呼万岁,向她宣誓效忠。

接着,在基里尔和伊兹梅洛夫军团的护送下,一行人浩浩荡荡前往谢苗诺夫军团。在经历了同样的宣誓效忠流程后,合并后的两个军团向着喀山圣母大教堂挺进,大主教正在那里等着宣布叶卡捷琳娜正式登基。在喀山圣母大教堂门前,政变的军队与普列奥布拉任斯基近卫军团相遇了。普列奥布拉任斯基近卫军团是俄国三大近卫军团中势力最为强大的一支。与前两个军团不同,这个军团的军官西蒙·沃伦佐夫是彼得三世的情人沃伦佐娃的哥哥。沃伦佐娃的命运关系着他们家族的命运,因此他肯定是站在叶卡捷琳娜的对立面的。他号召他的军团遵守效忠彼得三世的诺言,阻止"叛军"继续前行。虽然叶卡捷琳娜率领的"叛军"在数量上占据多数,然而与装备严整的普列奥布拉任斯基军团相比,他们更像是一群乌合之众。已经有人举起了手中的来福枪,情况变得危急起来。万一发生交火,这群靠一时激情组建起来的反叛军团是很容易被打散的。马克思说过,继承的关键是生物学。虽然俄国的军队痛恨彼得三世的种种行为,厌恶身上的普鲁士军装,然而他们清楚彼得三世是彼得大帝的亲外孙,是罗曼诺夫王朝名正言顺的继承人。叶卡捷琳娜不仅没有罗曼诺夫家族的血统,还是个德意志人。可以说她对俄罗斯帝国的皇位没有一丁点的继承权。在这个千钧一发的时刻,普列奥布拉任斯基军团中突然有人带头高呼了一声:"叶卡捷琳娜女皇万岁!"几秒的寂静过后,军团里的其他士兵纷纷高呼着"女皇万岁"冲出队伍。有人抓捕了他们的军官,跪倒在叶卡捷琳娜面前亲吻她的衣角并宣誓效忠。危机解除了,整个圣彼得堡似乎都在欢呼雀跃。

在奥尔洛夫兄弟和近卫军团的护卫下,叶卡捷琳娜终于进入喀山圣母大教堂。大主教庄严地宣布叶卡捷琳娜正式继承俄罗斯帝国皇位，成为叶卡捷琳娜二世。与此同时，教堂的钟声响彻全城。此时已是上午九点，天已大亮，城中的居民们早已挤满了大街小巷，每个人都想亲眼看看他们的小母亲。从教堂出来后，叶卡捷琳娜来到了冬宫。帕宁和皇子保罗正在此等候她的到来。叶卡捷琳娜抱起保罗，在冬宫的阳台上向群众展示皇太子。看到皇太子之后，人群更加激动，欢呼声响彻全城。叶卡捷琳娜清楚，自己这个八岁的儿子是使她夺权具有合法性的唯一理由。但她早已打定了主意要亲自主宰朝政，即使保罗长大了，她也不会将皇位让给他。到此为止，叶卡捷琳娜确信圣彼得堡已经在她的掌控之中。然而危险并没有解除。她还要完成一件至关重要的事情——抓住她的丈夫彼得三世。

退位与暗杀

当圣彼得堡发生了翻天覆地的变化之时，身在奥拉宁姆堡的彼得三世对政变之事还一无所知。为了防止消息泄露，叶卡捷琳娜早已下令封锁所有从圣彼得堡通往奥拉宁姆堡的道路。

虽然叶卡捷琳娜已经占领了首都圣彼得堡并在全城散布了政变当晚印刷的彼得三世退位的诏书，但是她清楚彼得并没有退位。不仅如此，彼得还掌握着在丹麦边境集结的军队以及喀琅施塔得要塞的海军。只要稍微研究一下圣彼得堡的地理位置就会发现拥有喀琅施塔得要塞是多么重要。圣彼得堡是一座海滨城市，喀琅施塔得要塞正是起到了保护和控制这座城市的作用。当年彼得大帝打造的波罗的海舰队就停靠在喀琅施塔得。彼得只需要从奥拉宁姆堡搭乘一辆快艇在海面上穿过几英里的路程就可以到达喀琅施塔得。一旦占领了这个要塞，他就可以命令军舰从海上袭击圣彼得堡。到时候，就算叶卡捷琳娜最终可以守住圣彼得堡，也难以避免发生流血牺牲。经历了一天的折腾，叶卡捷琳娜已经筋疲力尽，但她必须马不停蹄地与彼得进行一场时间赛跑，先发制人地占领这个重要的战略要塞。

叶卡捷琳娜首先命令哨兵封锁住所有通往奥拉宁姆堡的路，尽量拖延政变消息泄露的时间。同时，她命令塔利勤元帅立即率军前往喀琅施塔得，以女皇的名义宣布废黜彼得三世、接管这座海军驻地。近卫军的士兵们痛恨身上的普鲁士军装，纷纷把衣服脱下，换上了此前的俄式宽大军服。叶卡捷琳娜也找来了一件普列奥布拉任斯基军团的绿色镶红边军装，跨上她的战马"光辉"，亲自率领近卫军主力向彼得霍夫宫进军，抓捕彼得三世！当她拔出战剑时，忽然发现自己的剑柄上缺少了剑穗。在政变这种特殊时刻这种细节也是非常重要的。当时叶卡捷琳娜的眼睛快速地向四周张望了一下，一个目光犀利的近卫军捕捉到了她迟疑的眼神，立即驱马向前将自己的剑穗递给了她。叶卡捷琳娜迅速打量了一番这个年轻的士兵。他的身材高大魁梧，面孔英俊，卷曲的头发非常优雅，下巴上长了一条"美人沟"。这个天生就善于抓住时机的士兵叫作波将金，这一年他二十三岁，比叶卡捷琳娜小十岁。此后他将成为俄国政坛的风云人物，同时也是陪伴叶卡捷琳娜一生的重要伴侣。

当叶卡捷琳娜率领的各路军队在夜色中前进之时，彼得三世还在奥拉宁姆堡检阅着他的荷尔斯泰因军队，对首都圣彼得堡发

波将金（1739—1791），
他是俄国历史上的一位重要军事家、政治家，
也是叶卡捷琳娜二世的情人之一

生的事情一无所知。6月29日,按照此前的计划,彼得三世将在他的情人沃伦佐娃、首相沃伦佐夫和老元帅明尼希的陪同下前往彼得霍夫宫接叶卡捷琳娜参加他的命名日庆典。按照规矩,叶卡捷琳娜应当在彼得三世到来之前身穿礼服站在门口恭候他的大驾。然而,当沙皇一行在当天下午来到彼得霍夫宫的时候,没有任何人出门迎接他的到来,整个宫城似乎都空荡荡的。这已经是一个不祥的预兆了。走进逍遥津之后,他们撞到了一个神色慌张的仆从,经过询问,他对彼得说,皇后已经离开了,没有人知道她去了哪里。听到这些话之后,彼得的神经骤然紧绷起来。他冲进叶卡捷琳娜的房间,发现了铺在床上的叶卡捷琳娜本该今天穿的礼服,这是一个极其凶险的征兆,彼得顿时慌了手脚。这时,他们收到了圣彼得堡传来的消息:叶卡捷琳娜发动了政变,已经占领了首都,并且宣布自己为全俄的统治者、女皇叶卡捷琳娜二世。

听到这个消息的彼得三世呆在了原地,几乎不能站立,接着又像个小孩子一样双手搂住沃伦佐夫的脖子抽泣起来。老元帅明尼希不断地请求彼得保持镇定,因为他们的手上还有军队。明尼希做出了正确的决策,他建议彼得立即向喀琅施塔得进发,占据这个海军要塞之后再号召奔赴前线作战的俄军一起从海陆夹击圣彼得堡。他向彼得保证只要这样做,圣彼得堡一定会回到他的手中。然而彼得不能接受现实中的武装冲突。虽然他曾无数次地训练那些玩具士兵,幻想着像他的偶像腓特烈大帝那样身穿戎装驰骋沙场,但是他根本没有领兵作战的能力。他的性格懦弱,惧怕对抗。在政变之后,一位评论家说道:"如果彼得三世是一个残忍嗜杀的君主的话,他倒是有可能会保住自己的皇位。"然而彼得没有杀人的勇气,他想寻求另外的解决方案。在接下来的黄金时间里，他在徘徊犹豫、饮酒和哭泣中度过，白白错过了做出反击的最佳时机。其间，彼得还乞求首相沃伦佐夫前往圣彼得堡代他与叶卡捷琳娜谈判，劝说叛军向他投降。到了晚上十点，彼得终于决定按照明尼希的方案，乘船前往喀琅施塔得，但他拒绝扔下他的那群女眷，尤其是沃伦佐娃。又耽误了一些时间之后，彼得一行人哭哭啼啼地登上了前往喀琅施塔得的帆船。他已经喝醉了，几乎站不稳，要由几个人扶着才能上船。到达喀琅施塔得要塞时，已是凌晨一点钟了。要塞上的哨兵发现了他们的船，大声询问来者何人。明尼希答道："你们的沙皇到了！"站岗的哨兵回复道："已经没有什么沙皇了！赶紧离开！"明尼希依然坚持不肯走。哨兵喊道："所有的舰队已经全部向女皇宣誓效忠，如果还不离开，就马上开火把你们的船击沉！"明尼希力劝彼得不要害怕，继续上岸，因为他们不敢开火。但是彼得已经被吓得双腿发软，坚决不肯登陆。明尼希又建议他立即调转船头前往与丹麦的作战前线，集结那里的俄国军队进攻圣彼得堡。但是彼得实在"太累了"，他没有力气再做出任何决策，他现在需要的是"在沃伦佐娃的身边好好睡上几个小时"。所有人都意识到，彼得三世已经没有希望了。

连夜开拔的叶卡捷琳娜很想知道彼得此时在做些什么，塔利勤元帅是否已经成功占据了喀琅施塔得？有没有与彼得交火？正当大家焦虑之时，他们遇到了彼得派来的谈判者——首相沃伦佐夫。沃伦佐夫向叶卡捷琳娜传达了彼得三世的指示，说彼得三世愿意与她分享皇位，共同统治俄国，与她做共治沙皇；还说希望她迷途知返，立即命令叛军停止前行。听到他的一番言论，叶卡捷琳娜捧腹大笑起来。想到彼得三世软弱的样子，再看看眼前这位无比从容的女人,沃伦佐夫清楚彼得三世大势已去。识时务的沃伦佐夫当即跪在叶卡捷琳娜面前,向她宣誓效忠,转向了她的阵营。凌晨六点,一位信使带来了更好的消息:喀琅施塔得已经属于女皇了。叶卡捷琳娜的内心无比激动,但她还是尽力掩饰着自己的情感,表现出一切尽在掌握中的稳重自信的神态。

当叶卡捷琳娜一行来到彼得霍夫宫的时候,她发现自己的手下已经和平接管了这里。一切都很平静,彼得三世的荷尔斯泰因军队没有进行任何反抗就缴械投降了。叶卡捷琳娜的政变在没有流一滴血的情况下大获全胜,这可以说是一个奇迹。在她的逍遥津里,叶卡捷琳娜指示部下拿出了为彼得准备好的退位诏书:

> "在我统治俄罗斯帝国的短暂时间里,我由衷地感觉到自己的能力不足以承担治国的重任……经过深思熟虑,我郑重地宣布,从即日起,我将主动让出俄罗斯帝国的沙皇之位。"

当退位诏书被送到彼得三世面前时,已经几近崩溃的他就这样没有任何异议地在上面签署了他的大名。后来他的偶像腓特烈大帝这样形容当时的场景:"就像一个被哄去睡觉的孩子一样接受了被废黜的命运。"

接下来,叶卡捷琳娜下令将彼得三世以及他的情妇和副官一起带上一辆马车,送往彼得霍夫。彼得祈求得到叶卡捷琳娜的召见,但是被拒绝了。并非叶卡捷琳娜无情,而是她拒绝给自己任何心软的机会。帕宁受命向彼得传达女皇的旨意。彼得虚弱得无法站立,一直都无法停止抽泣。对帕宁来说,这项任务未免过于残忍，但他还是对这位前任沙皇宣布："您已经是帝国的囚徒，在吾皇决定您最终的归宿之前，将会把您送往洛普沙。"后来帕宁在他的回忆录中写到，这是他一生中最糟糕的一次经历。

彼得清楚自己"最终的归宿"将是吕塞尔堡要塞，这是专门关押重要政治犯的地方，也是一个令人胆寒的地方。此前被伊丽莎白女皇废黜的婴儿沙皇伊凡六世就被关押在那里。不久前彼得还出于好奇去那里看过他。彼得给叶卡捷琳娜写信，哀求她允许自己带上情人一同前往洛普沙。叶卡捷琳娜拒绝了。但她允许彼得带上自己的小提琴、他的仆人和他的爱犬一同前往。在"疤脸"阿列克谢押送彼得前往洛普沙的同时，叶卡捷琳娜返回了圣彼得堡。她此生都不会再见到彼得。

洛普沙关押彼得的地方环境清幽，他的姨母伊丽莎白女皇生前喜欢在此处钓鱼，后来她将这里赏赐给彼得。阿列克谢将彼得安排在石制别墅的一个小房间里，房间内的窗户严严实实地关着，窗百叶也都拉了下来。房门口守着一个荷枪实弹的哨兵，别墅外面还有一百多个武装护卫把守。但彼得没有被剥夺写信的权利，他先后给叶卡捷琳娜写了三封信，乞求女皇叶卡捷琳娜允许将沃伦佐娃送到他的身边，请求女皇可以见上自己一面并允许自己带着沃伦佐娃返回他普鲁士的家乡。在信里，彼得卑微地将自己称为她忠诚的仆人，称她为陛下。但是叶卡捷琳娜没有回信。身为一国之君，她不能对已退位的沙皇抱有同情之心，她必须保持理智。事实上，叶卡捷琳娜也在如何处理这位前沙皇的事情上举棋不定。她清楚被废黜的沙皇只要在世一天都将对她的统治造成威胁。当初凭借一时的激情支持她政变的人也有可能在某天对她不满之时调转矛头将她赶下台。即便如此，叶卡捷琳娜也并没有除掉彼得的打算，至少目前如此。她是一个谨慎的人，而且从她一直以来的处事风格来看，她也是一个宽厚之人，她不希望刚一上台就产生什么对自己不利的舆论。

由于焦虑过度，在被软禁的第二天，彼得出现了严重的腹泻。1762年7月2日，阿列克谢向叶卡捷琳娜发来一封信，说彼得患了严重的绞痛，还说"担心他会死去，但更担心他活下来"。叶卡捷琳娜毫不迟疑地安排了一名医生前往洛普沙医治彼得，但并没有对阿列克谢的信做出回应。在"疤脸"看来，这似乎是女皇释放的某种默认彼得"意外死亡"的信号。医生医好了彼得的病，但是彼得似乎感受到了身边的危险，变得更加惶恐不安。7月6日，叶卡捷琳娜接到了来自"疤脸"的第二份报告，这是一张皱巴巴的纸条，字迹非常潦草，而且写得语无伦次。可以看得出写信的人是在一种紧张慌乱的状态下写的如下内容："我们的小母亲，仁慈的陛下，我不知道如何向您讲述究竟发生了什么……我已经准备好赴死，如果您无法宽恕我们的话……但是我们也不知道做了些什么，竟然忤逆了您的旨意……那个人不在了。当时我们正在一起吃饭，他与巴利亚廷斯基亲王发生了冲突，我们试图拉开他们的时候发现他竟然死了……我们有罪，但我还是恳请仁慈的陛下看在我哥哥的份上宽恕我们。如果不能得到宽恕，就请尽快处决我们。不论您做出何种决定，我们都是罪有应得。"

叶卡捷琳娜震惊了，她清楚这是一起谋杀，是阿列克谢·奥尔洛夫想要扫除障碍做出的蓄意谋杀。而阿列克谢扫除的绝不仅仅是叶卡捷琳娜执政道路上的障碍，还有他哥哥格里戈利的障碍。虽然彼得已是阶下囚，但仍是叶卡捷琳娜的合法丈夫，只有他死了，他的哥哥才有机会与女皇结婚，到时他们家族才会在俄国屹立不倒。谋杀彼得是阿列克谢的赌注,他赌女皇不会因此惩罚他。他赢了,叶卡捷琳娜的确不是嗜杀之人。更重要的是,她不能杀他。叶卡捷琳娜正是依靠了奥尔洛夫兄弟为代表的近卫军才获取了政变的成功,刚刚登基七天的她怎么可能向政变的功臣下手?而且格里戈利还是她的情人,是新生婴儿的父亲。但她必须对彼得的死做出交代:"在执政的第七天,我们万分悲痛地得知前任沙皇彼得三世死于一场严重的痔疮绞痛……"

虽然俄国人民并不在意这种荒唐的说辞,然而当时的国际社会却把"痔疮绞痛"当成了形容政治谋杀的黑色幽默。后来叶卡捷琳娜邀请法国的一位启蒙思想家访问俄国时,他幽默地拒绝道:"我可不敢来,我有痔疮,这在俄国可是一种危险的疾病。"

叶卡捷琳娜没有对外界的说法做出任何回应,不论别人信不信她的说辞,她都独自承担了一切责任。她将阿列克谢的这张小纸条锁在了自己的抽屉里,在她执政的三十四年时间里,再也没有人发现这个秘密。

彼得三世的遗体穿上了他生前最爱的普鲁士军装,头上戴着一顶三角形军帽。叶卡捷琳娜这样安排似乎是在提醒众人,彼得三世生前是一位亲普鲁士的沙皇。他的脖子上戴了一条领巾,看上去有些突兀,似乎是为了遮住一个不可告人的秘密。事实上,他的颈部有一条显著的勒痕,这是当时他被别人暴力勒死的证据。瞻仰期过后,彼得三世的遗体被安葬在了圣彼得堡的亚历山大·涅夫斯基修道院。自始至终,叶卡捷琳娜都没有露面为她的丈夫送行。她不知道如何面对这个她刚到俄国时将她视为亲人的伙伴或者是那个令众人厌恶的"亲普分子"。这一切来得太快了,彼得三世的短暂统治似乎就像多米诺骨牌一样瞬间垮台了。如今刚刚登上皇位的她必须振作起来，向俄国、向全世界证明她有能力治理朝政，她可以带领俄国变得更加强大、更美好。

7月7日，也就是叶卡捷琳娜向世人公布彼得死讯的这一天，她下诏称将于当年9月在莫斯科举行女皇的加冕仪式。

加冕盛典

与前任沙皇彼得三世不同，叶卡捷琳娜在夺权十天之内就决定了要在旧都莫斯科举行盛大的加冕典礼。她清楚加冕仪式对俄国这种东正教国家的重要意义，只有举行过加冕礼的皇帝才拥有被世人认可的统治权。

在政变成功之后，新任女皇面临的一个重要任务就是论功行赏。这是对专制君主的一项重大考验。由于叶卡捷琳娜是通过政变夺取的皇权的，几乎所有参与政变的人都认为自己居功至伟。在叶卡捷琳娜的日记中，她这样写道："就连地位最低级的士兵都可以在私下里吹嘘说：'看，这就是我一手创造的女皇'。"为了给参加政变的功臣安排合适的职位和奖赏，叶卡捷琳娜费尽了脑筋。在她授予自己曾经的一名总管——伊凡·贝斯特科伊伯爵三千卢布的奖赏和圣亚历山大勋章时，这位年迈的总管竟然拒绝了她的奖赏。他跪在地上说这种赏赐不适合他，他认为自己应该位居首功，因为政变之前是他用金钱帮女皇收买的大量近卫军。当意识到他并不是在说笑时，叶卡捷琳娜以一种宽大的胸怀化解了尴尬。她笑着对他说："我承认你功不可没。所以我把制作加冕皇冠的重任交给你，希望在你的监督下可以做出一顶全欧洲最漂亮的皇冠。"这些话对伯爵果然很有用,他为女皇的胸怀所折服,开开心心地领命而去。后来他没有辜负叶卡捷琳娜的期望,果然做出了一顶全欧独一无二的皇冠。这顶皇冠很快就会在加冕礼中亮相。

与彼得大帝一样,叶卡捷琳娜从来都不喜欢旧都莫斯科。对她来说,莫斯科象征着往日,而朝气蓬勃的圣彼得堡代表着未来。对于她这种视时间为生命的人来说,莫斯科懒散无序的生活令她无法忍受。她曾写道:"我给自己立下一条规矩,在莫斯科我绝不召见任何人。因为我今天召见一个人,可能要等到明天才能收到他是否可以前来的消息。"然而她清楚莫斯科是俄国精神的象征,也是民族遗产的仓库。更重要的是,俄国的历代沙皇都是在莫斯科的克里姆林宫加冕称帝的,因此她也渴望通过莫斯科克里姆林宫的历史神圣感来强化自己尚未稳固的政权。

1762年8月27日,叶卡捷琳娜命令帕宁带着皇太子保罗先行前往莫斯科。由于政务缠身,她本人四天之后才能出发。然而还没到达莫斯科,她就收到了保罗病重的消息。保罗生病的消息令叶卡捷琳娜寝食难安。她清楚自己当政的唯一合法性就是这个柔弱的儿子赋予的。她虔诚地祈求上帝保佑保罗平安无事的同时,也是为她自己的皇位祈祷。在保罗生病期间,叶卡捷琳娜承诺只要他可以恢复健康,她愿意划拨资金筹建一所公立医院。叶卡捷琳娜不敢耽搁时间,如果她不能如约进入圣城,人们是不会原谅她的。好在到了9月上旬,保罗勉强可以支撑着下床了。9月13日,按照原计划,叶卡捷琳娜的豪华车队浩浩荡荡地驶入圣城莫斯科,城里钟声齐鸣。秋天的阳光照耀在莫斯科五颜六色的圆形屋顶上,城中居民的木屋门口装饰着彩色的毯子和花环,等候着女皇的驾临。整座莫斯科城里都挤满了人,看到女皇的车驾,人们高呼着"小母亲叶卡捷琳娜万岁!"叶卡捷琳娜坐在高高的车驾上,向人群点头微笑,挥手致意,她的旁边坐着皇子保罗。从来没见过这种重大场面的保罗显得有些惊恐。整座城市进行了为期八天的狂欢。9月22日,加冕仪式正式开始。

加冕典礼的前夕,城里的人们就已经为自己找好了观礼的位置。那些拿到票的幸运儿可以第二天一早到克里姆林宫的观众席观看这场伟大的盛典,没有拿到票的人们则爬到距离克里姆林宫最近的屋顶占好位置,只求可以远远地看一眼他们的女皇。每当莫斯科举行庆典之时,整座城市就会变成犯罪者的天堂,但是叶卡捷琳娜进城时,人们的心情是很愉悦的。虽然人群密集,却没有令人担忧的犯罪事件发生。

9月22日凌晨五点,钟声和礼炮声轰动了莫斯科全城。人们欢天喜地地等候着女皇的到来。九点钟,叶卡捷琳娜来到了位于克里姆林宫正中间的圣母升天大教堂。五十五名神职人员围成了一个半圆形的圈子。面对圣坛,教堂的西边坐的是来自欧洲各国的外交使节,女宾按照各自的地位坐在北边,与各位女宾相对的则是俄国各级重要官员。女皇叶卡捷琳娜在最中间的位置,她御座右侧的桌子上摆放着那顶全欧独一无二的皇冠。这顶皇冠极其精美奢华。竖立在皇冠中间的十字架镶嵌在一颗389克拉的硕大的红宝石上。这颗红宝石是彼得大帝的父亲阿列克谢沙皇从大清国的康熙皇帝那里花重金购买来的。皇冠的周围镶嵌着75颗大粒珍珠。皇冠上总共镶有2500颗钻石和5000颗各种珍奇的宝石。整个皇冠重达八斤多,是一件名副其实的稀世珍宝。它彰显出叶卡捷琳娜要举办一场超越前面任何一任沙皇的盛大加冕典礼的决心。大主教脱去了叶卡捷琳娜身上披着的那个由4000张白鼬皮缝制而成的披肩，为她换上象征皇权的紫色长袍。叶卡捷琳娜授予自己圣安德鲁勋章，这是俄国最高等级的骑士勋章，由彼得大帝在1698年首创。接着，按照俄国的传统，她为自己戴上那顶举世无双的皇冠，左手托起圣球，右手举起权杖，庄严地站定。大主教高声宣布，叶卡捷琳娜成为全俄至高无上的君主——叶卡捷琳娜二世。在场的人群对女皇行三次跪拜礼。随着炮兵轰隆隆地发出101响礼炮，莫斯科全城的钟声再次响起，加冕仪式也随之达到了高潮。

在典礼即将结束之时，大主教做了一番慷慨激昂的演讲，向万民宣读着叶卡捷琳娜二世成为全俄以及东正教的领袖。就像她在十八年前与彼得大公的婚礼中表现的一样，叶卡捷琳娜始终腰身挺直地端坐在女皇的御座上，戴着那顶沉重的皇冠，头部一动不动地保持着平衡。不同的是，如今的她再也不会抱怨头上那顶皇冠的重量令她难以承受，更加不会想要将它取下来换取短暂的休息。她始终端坐在那里，以一种神圣不可侵犯的表情面对着匍匐在她脚下的万民。这一年，叶卡捷琳娜三十三岁，从离开安哈尔特-泽布斯特的家乡算起，已经过去了十九个年头。十九年的岁月里，究竟需要多大的毅力才能在异国他乡孤身一人走到今天的位置？谁劝君王回马首，真成一掷赌乾坤。十九年前，谁能想到这个从德意志的小城泽布斯特嫁到俄国来的小公主会在今天得遂大志，龙飞九五？回首往事，她的人生似乎才刚刚开始。

Екатерина II Алексеевна

第六篇

稳坐江山

众口难调

"放掉我身上最后一滴德意志人的血,我就会成为一个真正的俄国人。"——这是叶卡捷琳娜初到俄国身患重病的那一年,御医为她放血治疗时她说的话。从踏上俄国领土的那一刻起,叶卡捷琳娜就抱定了留下来的信念,不管历经多少磨难,她都不会回头。如今,三十三岁的她不仅成功地留在了俄国,还靠着自己的努力在这个陌生的国度获得了至高无上的皇位,成为整个俄罗斯帝国的主宰者。在今人看来,她的经历不可谓不励志。然而刚刚登基称帝的她却没有太多的时间感慨人生。

1762年,叶卡捷琳娜接管的俄国内政和外交形势都非常不乐观。由于她是在一种非常规的情况下突然间攫取了政权,国际社会并不看好她的统治。法国国王路易十五直截了当地说:"法国对俄国的政策就是尽可能地将他们孤立于欧洲事务之外。"有些国家的外交使节甚至预言她的统治将和她那个不幸的丈夫一样短暂,很快就会被另一场政变推翻。他们的推断的确具有一定的合理性。在政变的激情过后,曾经支持叶卡捷琳娜的那些狂热分子又开始发出对她不满的声音。有传言说,近卫军中有人预谋将被囚禁多年的婴儿皇帝伊凡六世释放出来,把他扶上皇位取代叶卡捷琳娜。俄国国内的状况也令人担忧。经历了七年战争之殇的俄国,国内经济凋敝,百废待兴,人民迫切地等待着这个新登基的女皇可以改善他们的生活现状。在叶卡捷琳娜的回忆录里,她曾意志坚定地书写道："我曾经为了在这里生存拼尽全力。在这个举目无亲的地方，我没有精神失常，没有死于忧伤。在俄国生活的十八年以来，我忍受着他们践踏我尊严的行为，吞下所有的苦水，咬紧牙关锻造自己的每一根神经。如今，我终于拥有了一颗钢铁一般坚强的内心。"历经千辛万苦得到今天的位置的她，也一定会拼尽全力牢牢地守住这个来之不易的位置。

为了达到巩固皇位的目的，叶卡捷琳娜明智地保留了伊丽莎白和彼得三世统治时期的许多政府官员，让他们继续留在自己的工作岗位上为国家效力。叶卡捷琳娜对自己的政敌也非常慷慨，至少是对没有威胁到她统治的政敌如此。她不计前嫌地让曾经与她势不两立的沃伦佐夫继续在朝廷任职。作为彼得三世时期的首席大臣，沃伦佐夫认为自己这个前任沙皇的人在政变结束的那一刻起政治生涯就结束了。没想到的是，叶卡捷琳娜不仅没有怪罪于他，还继续重用他，让他前往俄国南部首府奥伦堡担任总督。"不要为你现在的处境感到尴尬。你是一个有能力的人，去做你该做的事吧。努力的工作、为国效力可以改变众人对你的看法。"叶卡捷琳娜对沃伦佐夫说。他没有辜负女皇的期望，在奥伦堡做出了一番政绩。1764年，叶卡捷琳娜又将他召回圣彼得堡，让他专门负责管理国家的工业生产。沃伦佐夫家族的另外一名成员，亚历山大·沃伦佐夫，也就是彼得三世的情妇沃伦佐娃的哥哥，也被朝廷委以重任，专门管理国家的商业。就连彼得三世的情人沃伦佐娃都得到了宽恕。叶卡捷琳娜只是将她送到了莫斯科，并且还为她购买了一座宅子。后来沃伦佐娃还嫁给了当地的贵族，过上了正常人的生活。政变当天给彼得三世出谋划策的老元帅明尼希也得到了叶卡捷琳娜的召见，她没有怪罪这位八十岁的老人，而是和善地对他说:"你只是在尽自己该尽的责任罢了。"

对于政变中的功臣,叶卡捷琳娜更是给予了他们丰厚的赏赐。尼基塔·帕宁被任命为俄国外交部首席外交顾问。对于为政变做出巨大贡献的奥尔洛夫五兄弟,叶卡捷琳娜给了他们大量的赏赐并授予他们每个人伯爵的称谓以及无尽的殊荣,但是并没有让他们手握重权。除了这些为政变做出重要贡献的人之外,叶卡捷琳娜还提拔了那位政变期间及时地递上自己剑穗的年轻军官波将金。叶卡捷琳娜当然没有忘记伊丽莎白时期帮助过她的老臣、她的盟友别斯杜捷夫。登基的第二天,她便差人将这位被流放了四年的盟友召回了圣彼得堡,并为他拨乱反正,恢复了他的一切头衔。叶卡捷琳娜不仅仅封赏了这些颇具势力的大人物,也没有落下地位卑微的仆人。她忠实的奴仆、放火烧毁自己的房屋掩护她顺利生产的什库林得到了她授予的贵族头衔。

除了提拔和授勋以外,叶卡捷琳娜二世还赏赐给这些有功之臣大量的钱财、农奴与田产。单是格里戈利和阿列克谢就分别得到了800个农奴和2.4万卢布的赏赐,后来她又再次赏给格里戈利5万卢布。其他各位功臣也都收到了类似的奖赏。执政之前,叶卡捷琳娜曾经写下"人生来是平等的,农奴制的存在是一种罪恶"这种语句。很显然,将大量的农奴赏赐给有功之臣的做法违背了她反对农奴制的初衷。将来她还会继续使用赏赐农奴和土地这种手段笼络人心。事实上,这位声称农奴制不人道的女皇反而是俄国历史上赏赐农奴最多的君主。在她的统治下,农奴的生活水平虽然得到了提高,但是人身的自由和人权跌落到了谷底。后世因此评论叶卡捷琳娜是一个拿着启蒙思想做幌子的虚伪女人。事实上,叶卡捷琳娜也有自己的苦衷,在那个时代,她很难凭借一己之力废除在俄国根深蒂固的农奴制。

　　农奴制是颇具俄国特色的一项制度。作为一种免费的劳动力，农奴是像田地一样的财产的象征。就算叶卡捷琳娜真心认为它的存在是一种罪恶，有心要废除农奴制，也绝对不是通过一纸诏令就可以做得到的。与多数人想象的不同，当时俄国的人口并非大多由农奴构成。当时俄国的农奴主要集中在旧都莫斯科的周围，而在帝国的南部和广大的西伯利亚地区，分布的农奴是很少的。农奴的生活也并非如现代人想象的那样困苦不堪。事实上，他们中的很多人生活质量并不差，甚至比欧洲有些国家和地区的农民还要富足。他们与其他地区的农民最大的不同就在于他们没有人权。这意味着国家没有法律保护他们免受暴力侵害，他们也没有对簿公堂的权力。叶卡捷琳娜二世当政期间，不仅将大量自由人变成农奴送给她的臣子，甚至还颁布法令规定无论遇到何种情况，农奴都不得状告他们的主人。农奴可以被农奴主当作商品那样买卖，就算妻离子散也无人问津。因此农奴主的人品直接决定了他们的生存环境。

　　虽然叶卡捷琳娜已经慷慨解囊并且几乎面面俱到地照顾到了每一个人，但还是有人对她的奖赏感到不满。其中反应最激烈的莫过于她的崇拜者达什科娃殿下了。自从政变成功以来，这个年轻的公主就狂妄到了无以复加的地步，她认为自己在政变中起到了决定性的作用。不论女皇给予她多少赏赐，都无法满足她巨大的胃口。当女皇为她颁发圣叶卡捷琳娜勋章之时，她拒绝接受，甚至傲慢地说"无论任何人做什么都无法收买我为他们效劳"。她一再挑战叶卡捷琳娜权威的行为最终使她与叶卡捷琳娜渐行渐远。由于仕途的不得志，加上与自己娘家的关系非常紧张，政变成功之后的达什科娃陷入了人生的低谷。后来，叶卡捷琳娜资助她前往欧洲深造。回国后的达什科娃全身心地投入俄国文化界中，成为俄国思想和学识极为卓越的人物之一。具有雄才大略的叶卡捷琳娜二世再次发掘了达什科娃的价值，于1783年任命她为圣彼得堡艺术科学院院长，并支持她组建了俄国科学院。达什科娃也就此成为俄罗斯帝国历史上首个女性科学院院长。除了达什科娃以外，奥尔洛夫兄弟也对他们得到的赏赐颇为不满。作为政变的主力，他们认为叶卡捷琳娜欠他们太多人情。在叶卡捷琳娜加冕前夕，格里戈利甚至当众放言："我可以把她捧上皇位，也可以在一两个月之内把她拉下皇位。"一旁的基里尔·拉祖莫夫斯基回应他道："如果你敢这样做的话，我们不出两个星期就会把你送到绞刑架上。"不过这只是格里戈利的胡言乱语。对整个奥尔洛夫家族来说，他们最渴望看到的就是女皇与格里戈利的婚礼。"疤脸"阿列克谢之所以迫不及待地杀死彼得三世，目的之一就是为他的哥哥扫清道路。

叶卡捷琳娜的确想过与格里戈利结婚。按照叶卡捷琳娜后来所说的，她希望格里戈利是她可以托付一生的人，她不想再找其他人了。在别人看来，格里戈利缺乏智慧、知识贫乏、性格懒散而且在政治方面也无知无能，与叶卡捷琳娜几乎没有任何相似之处。但是他愿意倾听叶卡捷琳娜的政治见解，这是她可以和他相处的重要原因。为了成为叶卡捷琳娜精神上的知己，他还努力读书，与卢梭通信探讨哲学思想。虽然最终他还是意识到自己并不是做学问的材料，但至少为此付出了努力。为了与格里戈利秘密结婚，叶卡捷琳娜曾做过多次试探。但是女皇嫁给一个下级军官的风险是极大的，会牵扯到太多人的利益。皇室成员从来就没有所谓的家事,他们的任何行为几乎都与政治有关,做任何事都要顾及各方利益。皇室的婚姻尤其如此。

当叶卡捷琳娜询问帕宁对与格里戈利结婚一事的看法时,他的回答颇具智慧:"女皇可以随心所欲地做她想做的事情,但是奥尔洛夫夫人没有资格做俄国的女皇。"帕宁本就非常厌恶奥尔洛夫兄弟这种靠政治投机发达起来的暴发户,因此绝不可能赞成他与女皇的结合。其实帕宁的意见也代表了多数人的看法。历史上还有一段关于叶卡捷琳娜想要争取与格里戈利结婚的故事:虽然与格里戈利结婚的想法遭到了众人抵制,叶卡捷琳娜还是不肯罢休。她想起了宫廷里关于伊丽莎白女皇和她的情人拉祖莫夫斯基秘密结婚的传说。如果伊丽莎白女皇可以嫁给一个农奴出身的人,她为什么不可以嫁给一个下级军官呢?为了证实这个传闻,叶卡捷琳娜悄悄地指派沃伦佐夫前往拉祖莫夫斯基的住处打探这个消息。当沃伦佐夫询问拉祖莫夫斯基是否与伊丽莎白女皇秘密结婚时,拉祖莫夫斯基陷入了沉默。过了一会儿,他起身从柜子中取出了一个系着丝带的羊皮纸,轻轻地亲吻了它之后,将丝带解开,把羊皮纸投入了燃烧着的壁炉中,然后回复沃伦佐夫:"告诉陛下,我只是伊丽莎白女皇的一个下人罢了。"

这段故事是否真的发生过已经无从考证。但它存在的意义绝非是为了证明叶卡捷琳娜究竟有多爱格里戈利。就算叶卡捷琳娜真的为了结婚之事差人拜访了拉祖莫夫斯基,也只是她的一种政治手段罢了。她希望通过这种方式告诉格里戈利,她已经尽力了,但是没有结果,所以他必须对结婚一事死心。事实上,仅是女皇可能与格里戈利结婚的传闻就已经引起了一场不大不小的叛乱风波。当时朝廷内外都流传着女皇要嫁给格里戈利的说法。近卫军中的一名年轻军官基特罗沃不能容忍女皇的做法，于是纠集了几名军官，密谋杀掉格里戈利。计划暴露之后，叶卡捷琳娜令人对基特罗沃进行审讯，他义正词严地说他们近卫军不能接受女皇嫁给格里戈利，他们认为这是对俄罗斯帝国的侮辱，因此只能用谋杀的手段维护女皇和帝国的声誉。搞清楚情况之后，叶卡捷琳娜决定息事宁人，只是将主谋基特罗沃放逐到他家族的领地，其余的同伙一概不予追究。随后叶卡捷琳娜下达了一道敕令，禁止众人过问与自己无关的事。

如果说这次刺杀格里戈利的密谋不足为惧的话，那么接下来的这件事则触动了叶卡捷琳娜敏感的神经。

加冕典礼结束后不久，在叶卡捷琳娜还沉浸在被群众崇拜敬仰的喜悦中时，一场阴谋已经在背后悄悄地酝酿。近卫军中的一批军官正在策划一场政变，企图推翻叶卡捷琳娜二世的统治，拥立曾经的"婴儿皇帝"伊凡六世复辟称帝。他们认为叶卡捷琳娜没有任何继承皇位的权利，甚至开始秘密调查彼得三世的死因。其实叶卡捷琳娜早就意识到那个关在要塞里的伊凡六世是一个不容小觑的威胁。这个两个月大的时候就坐上沙皇之位，两年之后又被伊丽莎白女皇通过政变赶下台的不幸的人，已经被监禁在暗无天日的要塞里长达二十年之久。关押他的地方被人日夜严密看守。尽管生存环境恶劣，但伊凡的生命力却异常顽强，如今22岁的他依然在世。俄国人民对弱者怀有一种同情之心。在俄国民间，伊凡被人们美化成了一位善良贞洁却惨遭政治迫害的王子。每当遭遇不公正待遇的时候，人们就会幻想有这样一位充满正义的王子来拯救他们。这就是民间时常会有打着被废黜的统治者的旗号进行造反之事发生的原因。因此，在位的统治者往往会处死那些被废黜之人,以绝后患。

事实上,美好忧郁又充满正义感的王子仅存在于人们的幻想之中,被囚禁了20年之久的伊凡绝对不可能是什么为世人打抱不平的王子。现实中的伊凡是一个衣衫褴褛、精神恍惚的人。彼得三世当政之时就曾出于好奇专门到关押他的要塞里探视过他。与彼得三世一样,叶卡捷琳娜二世也对这个具有传奇色彩的阶下囚充满了好奇心。终于,刚登基不久的她也决定去探视这个神秘又具有煽动性的人物。选好日子之后,叶卡捷琳娜来到了关押伊凡的地方。进入戒备森严的要塞之后,她令人将伊凡带出来。叶卡捷琳娜看到的是一个面色苍白、目光呆滞、神情恍惚的人。虽然已经22岁了,但是20年的牢狱生活使他几乎不会正常说话,甚至不知道自己的姓名、被关押于此的原因。但神奇的是,他可以说出自己是沙皇。从伊丽莎白时代开始,伊凡就被命名为"一号囚犯",就连许多看管他的人都不知道他的具体身份,可见帝国的统治者对这个已经丧失了正常思维能力的人的忌惮之深。虽然亲眼看见了伊凡颓废呆滞的真面目,叶卡捷琳娜依旧认为他是一个巨大的威胁。离开要塞之后,她下令加强对"一号囚犯"的监管,不许他与任何人联系。如果他生病,也不许派遣医生给他看病。除此之外,叶卡捷琳娜还给看守下达了一项特殊的指令:只要有任何没有得到女皇特许却试图接近"一号囚犯"的人出现,不论出于何种原因,都要立即杀死"一号囚犯"。

1762年10月,加冕礼结束后不久,女皇的秘密调查部门收到了近卫军官密谋发动政变,计划让伊凡六世复辟的风声。很快,秘密调查部就查出了带头的三名军官。令叶卡捷琳娜感到惊讶的是,这些人竟然都在几个月前支持她政变的人员名单里。人果然是善变的，今天支持你、崇拜你的朋友，明天就可能变成诅咒你、推翻你的敌人。事实上，他们自己也不知道究竟应该支持谁。帕宁半开玩笑似的说道："人们是会朝秦暮楚的。"但是这一次，叶卡捷琳娜不想心慈手软了。审判庭判处带头的三名军官死刑。但在执行之前，她又改变了主意，赦免了他们的死罪，改为流放之刑。

经过一番整顿，俄国国内的形势总算是趋于稳定。与此同时，叶卡捷琳娜还要兼顾国际事务。

彼得三世在位之时，凭借着他与腓特烈大帝的私人感情，使俄国单方面解除了与法国和奥地利的同盟关系，从普鲁士撤军，并莫名其妙地对丹麦宣战。这种行为无疑激怒了法国和奥地利，使这两个国家对俄国充满了敌意。叶卡捷琳娜二世即位之后，为了稳定国际形势，首先宣布不会再对丹麦用兵。对普鲁士，叶卡捷琳娜既没有继续对他们用兵，也没有与他们和解结盟的意思。至于法国、奥地利和英国，她决定暂时以一种无为的方式处理与他们的外交关系，对他们的不满之声报以友好的微笑，静观其变。

庞大的帝国和不知疲倦的女皇

"上帝将我指引到这个伟大的国度，我希望自己所做的一切都可以使这个国家变得更好……俄国的荣耀就是我个人的荣耀。"这是叶卡捷琳娜在执政之前就写下的格言。如今她终于有了将治国理念付诸实践的机会。坐在女皇的宝座上，叶卡捷琳娜二世不由地感慨着俄罗斯帝国的庞大。用俄国人的话说，就是俄国的土地里埋藏着门捷列夫化学元素周期表上的所有物质。"需要我做的事情实在是太多了。"这是叶卡捷琳娜心里的真实感受。

与彼得大帝一样,叶卡捷琳娜二世也是一个视时间为生命的人。她说:"时间不属于我,而是属于整个国家。"加冕典礼结束之后,她又在莫斯科停留了八个月的时间。一方面是因为她必须要好好了解这个象征着俄国精神的古都,另一方面也是因为保罗的病一直都没有痊愈。密谋事件的风波过后,叶卡捷琳娜虽然在公众面前依然表现出高傲和沉着冷静的姿态,但是她的心里非常清楚自己面临的挑战。经历了七年战争之后,欧洲各国都在致力于恢复国内经济,俄国也不例外。她在备忘录中记录了自己所继承的俄国"遗产":"八个月都没有领到过军饷的军队、一群废弃掉的战舰、众多倒塌和损坏了的要塞,还有一个空空如也的国库。到处都可以听到人们抱怨贪污腐败的官吏。"虽然面对的问题层出不穷,叶卡捷琳娜并没有表露出焦虑的神态。在莫斯科最后一周时间里,她巡幸了几位朝中大臣在莫斯科的府邸。与中国古代一样,帝王驾临是臣子莫大的荣幸。大臣们都争先恐后地邀请女皇驾临自己的府邸。为了迎接她的到来,有的大臣耗费了数月之久的时间安排宴席和演出。"我不想辜负了他们的美意,所以有时候不得不去。"行程紧凑的叶卡捷琳娜如是说。

虽然彼得大帝在圣彼得堡建成之后强制性地将官员和贵族迁往新都居住,但朝廷里的官员们在莫斯科仍然保留着传统的俄国宅邸。每到年节或者休假期间,官员们总喜欢回到莫斯科的家乡。就像一句俄国谚语所说的"圣彼得堡是我们的头,莫斯科是我们的心"。俄国人对旧都的依恋非常深。伊丽莎白女皇统治时期,每当朝廷迁往莫斯科,官员们就不愿再回圣彼得堡,于是找各种理由请求在莫斯科继续逗留一段时间。他们不愿意住在圣彼得堡的欧式豪宅里。由于习惯于莫斯科那种充满俄国本土气息的居住环境，官员们通常在他们圣彼得堡的豪宅里隐藏着一块属于俄国的空间。在这些欧式住宅的庭院深处，人们可以发现家禽和家畜到处乱窜，孩子和仆人们穿着俄式的长袍坐在院子里晒太阳、聊家常。通过走访这些大臣的家，叶卡捷琳娜了解了更多俄国的传统习俗，也加强了和臣子们之间的纽带。但她始终还是不喜欢莫斯科的这种懒散和无序。

1763年6月28日，也就是叶卡捷琳娜发动政变和登基称帝一周年纪念日的这一天，她与文武百官返回了首都圣彼得堡。皇太子保罗的身体也已经好转。这是一个意义重大的日子，叶卡捷琳娜二世再次举行了盛大的进城仪式。一万一千名官兵在圣彼得堡的道路两旁依次排开，当车驾经过时向女皇致敬。城中响起三声巨大的礼炮，接着排钟齐鸣。

回到圣彼得堡的叶卡捷琳娜二世开始马不停蹄地整理千头万绪的政务。七年战争结束之后，整个国家百废待兴。战争耗尽了帝国的积蓄，政变后对功臣的慷慨赏赐更是加剧了朝廷的财政赤字。如果没有经济支撑，任何雄心壮志都是一纸空谈，因此叶卡捷琳娜首先决定解决的就是国库空虚的问题。当时的俄国，家族垄断现象非常严重，不仅扰乱了正常的商品市场，还大大影响了政府的财政收入。彼得三世在位时已经发现了这个问题，并做出了相应的改革。叶卡捷琳娜二世延续了彼得三世解除家族垄断的那些政策。除此之外，叶卡捷琳娜还公开放弃了属于女皇个人的私房钱，有150万卢布之多。她的行为起到了表率作用，俄国的大贵族例如舒瓦洛夫家族迫于压力只得放弃一部分家族垄断行业。女皇还下令成立国家财政委员会，负责监督货币流通，还成立了一个单独的部门专门调查官员贪污受贿的案件。与伊丽莎白女皇不同，叶卡捷琳娜取消了宫廷里铺张浪费的奢华舞会。她也举办盛大的社交活动，但是就像她说的那样"宫廷里举办一切活动都要以提高俄国的形象和影响力为目的"，可算是把钱用在了刀刃上。

叶卡捷琳娜似乎是一个不知疲倦的女人。除了一国之君日常要做的批阅报告、写备忘录、处理国内和外交关系、主持会议、接见来访的人员之外，即位之初的她还坚持亲自阅读广大群众的诉状和请愿书。然而不久之后，叶卡捷琳娜就发现自己要被这种来自民间的信件淹没了。人们热爱他们的"小母亲"。有一次，在她前往教堂的路上，前来请愿的人们堵住了她的去路。当警察举起棍棒准备驱赶人群时，叶卡捷琳娜用手臂护住了她的子民。人群中发出了感激的呜咽声。这件事情之后，整个圣彼得堡都流传着"小母亲"保护人民的佳话。叶卡捷琳娜不仅善待她的子民，对宫中的下人们也是和颜悦色。她从不对仆人们动粗，甚至不会训斥他们。一天傍晚，多次摇铃铛无人应答后，叶卡捷琳娜亲自起身来到前厅，发现值班的仆人正在打牌。她丝毫没有动气，而是礼貌地问这个仆人是否可以帮她送一封信？当她的仆人愧疚地跑去送信时，为了不耽误牌局，叶卡捷琳娜坐在他的位置上顶替他继续打牌。女皇善待下人的故事在宫中广为流传，每个人都乐意为她赴汤蹈火。

面对堆积如山的工作，叶卡捷琳娜每天都保持着极其自律的生活。与日夜颠倒的伊丽莎白女皇完全不同，叶卡捷琳娜每天六点准时起床。简单的洗漱后便进入书房开始工作。她的仆人会为她准备一杯咖啡，这是她的最爱。叶卡捷琳娜喝的咖啡浓度非常高，常人喝这个浓度的咖啡可能会导致心悸。工作到九点，她会返回卧室接见那些等候着向她汇报重要工作的官员。如果此时仆人悄悄地传话说她的情人来了，她就会令所有人先行退下。直到中午，叶卡捷琳娜才开始正式梳洗打扮，仆人们会为女皇准备好她当天要穿的服装。叶卡捷琳娜钟爱颇具斯拉夫民族特色的俄式长袍。这种长袍本是俄国农村妇女日常穿着的传统服装，由于叶卡捷琳娜女皇对它的喜爱使它渐渐进入了高级时装的行列。穿着得体之后的女皇接下来会邀请十名左右的官员与她一同进餐。似乎与当今的德国人一样，来自德意志的女皇对食物的兴趣并不浓厚，因此她的午餐总是非常简单，通常只有煮牛肉、腌黄瓜和俄国特有的红浆果果汁。与她一同进餐的俄国大臣们通常会在午餐结束之后再让自己的小厨房单独加餐，再吃一顿。

由于叶卡捷琳娜的午餐非常简单，因此她的进餐时间通常不会超过一个小时。下午是朝中大臣呈递奏折的时间，叶卡捷琳娜有时会当场给予他们工作指示。当一天的工作结束之后，回到房间的她已是筋疲力尽，所以几乎不会吃仆人们为她准备的晚餐。叶卡捷琳娜几乎从不熬夜，总是在晚上十点准时休息。周四、周六是她给自己定的休息日，这两天她不接待任何政务人员，只与朋友相聚。这是女皇一周里最为放松的时光。

自彼得大帝以来，俄国就没有出现过一个勤政的沙皇，朝中的大臣和各级政府官员更是上行下效、游手好闲。就连在沙皇眼皮底下工作的官员们都不会按时上下班。确切地说，他们压根就不知道什么叫作上班。叶卡捷琳娜自然看不惯他们这种懒散做派的。她要求朝中的大臣们规范自己的作息时间，要求他们在积压的业务办完之前每天上午都要工作四个小时，一周之中有三天下午要工作三个小时。虽然一开始不太适应，但是看到他们的女皇每天孜孜不倦地工作十几个小时，大家也就没有了怨言。叶卡捷琳娜总是毫不留情地向大臣们提出各种尖锐的问题，经常把他们问得哑口无言。有一次，在探讨税收的问题时，叶卡捷琳娜问道："俄国有多少个城镇？"在座的大臣们惊慌失措，没有一个人答得出。她没有责怪他们，而是微笑着拿出五个卢布，让在场的一位年轻官员前往科学院买一份俄国地图，让大臣们认真学习本国的地理。看到一个从德意志来的小公主把自己的热情全部倾注到俄国身上，官员们都感到自愧不如。想到这里，还有什么理由不为她效命呢？

虽然多数时候，叶卡捷琳娜二世的身上都闪耀着理智和慈爱的光辉，但是如果就此认为她软弱可欺那可就大错特错了。

彼得三世在他短暂的统治时期，曾向俄国的教会开刀，发布了一项没收教会的农奴和田产的诏令。他也因此触犯了东正教教会的利益，这也最终成为他的政权覆灭的原因之一。叶卡捷琳娜即位之初，为了笼络各方势力，向教会做出了妥协，下诏归还他们的田产。然而曾经依附于教会的农奴不愿再回到他们的主人那里了。叶卡捷琳娜清楚东正教教会占用了国家的大量良田和免费劳动力，并且无须纳税。作为一个专制君主，她自然将国家和统治者的利益放在首要位置，因此与彼得三世一样，她也想要没收教会的资产，只是即位之初迫于现实的压力暂时向他们妥协。加冕礼结束后，叶卡捷琳娜的地位得到了一定巩固。如今国库空虚，她打算借着农奴不肯返回教会为由，收回自己此前的诏令，将教会的田产彻底收归国有，并将他们的世俗资产收缴国库。

女皇食言的行为引发了教会的强烈不满。但是大部分人还是屈服了，只敢私下里发泄一下自己的情绪，因为他们知道如今的女皇与彼得三世不可同日而语。只有一名大主教亚瑟尼斯不肯接受女皇的摆布，拒绝听命。他就是二十年前为叶卡捷琳娜主持婚礼的那位大主教。因为德高望重，亚瑟尼斯还利用他的影响力到处散布煽动性的言论，号召大家"挺身而出捍卫教会的神圣利益""将妄图侵占上帝赋予的神圣资产的统治者驱逐出去"，矛头直指女皇本人。这一次，叶卡捷琳娜不打算心软了。她下令立即逮捕这位大主教，并将他押送至莫斯科。当时加冕礼刚刚结束不久，女皇和她的朝廷尚未离开莫斯科。当手下把亚瑟尼斯押送到女皇面前时，他依然气焰嚣张，当着满朝文武的面大声咒骂，攻击叶卡捷琳娜二世是来自国外的异教徒，称被关押的伊凡六世为"伟大的殉道士"。叶卡捷琳娜终于听不下去了，捂住耳朵怒吼道："让他给我闭嘴！"然而竟然没有人敢制止这位义正词严的神职人员，因为他们都怕受到上帝的惩罚，害怕永远无法得到宽恕。但是叶卡捷琳娜下定了决心要杀鸡儆猴，她将亚瑟尼斯交给了秘密警察处理。

负责这个案子的警察私下里请求别斯杜捷夫向女皇求情，希望女皇可以宽恕大主教的罪。当听到别斯杜捷夫让她慈悲为怀时，叶卡捷琳娜怒了，她对别斯杜捷夫吼道："我不要再听了，让那个人见鬼去吧！你年纪大了，不该再插手此事，你该去休息了！"别斯杜捷夫为女皇的话所震慑，他意识到眼前这个威严的女人已经不是当年那个无助的大公夫人了。别斯杜捷夫战战兢兢地退下，从此远离朝政，再也没有染指政治。法院不敢忤逆女皇的旨意，最终判决亚瑟尼斯有罪，剥夺他的一切神职并将他囚禁在修道院，让他整日做挑水劈柴的苦工和最累的杂役。即便如此，在执行人员脱去亚瑟尼斯身上神职人员的长袍时，他依然大声责骂叶卡捷琳娜背信弃义的行为。亚瑟尼斯之后，罗曼诺夫王朝里再也没有出现第二个敢于与皇权抗争的神职人员。扫清了一系列的执政障碍之后，叶卡捷琳娜逐渐适应了这种充满斗争和挑战的环境。她甚至喜欢上了挑战。在别人看来越是艰难的事情，她就越有战胜它的信念。斗争增强了她的权威。从此以后，叶卡捷琳娜学会了使用刚柔并济的统治手段，朝臣们看到的也将是具有两幅面孔的女皇。

处理完亚瑟尼斯的案件之后，朝廷对教会的改革再也没有了阻力。从此以后，俄国的教会彻底变成了政府管辖的一个机构，再也没有能力与世俗统治者抗衡。教会资产的没收也达到了充实国库的目的。接下来，叶卡捷琳娜终于可以着手实现她的宏伟规划了。

彼得三世统治时期，曾经颁布了一部有利于贵族阶级的《贵族自由宣言》，免除了贵族的兵役和肉刑，因此深受广大贵族的欢迎。这是彼得三世做过的为数不多的"好事"之一。叶卡捷琳娜二世延续了彼得三世的这项改革，并将其继续发扬光大。1763年2月，叶卡捷琳娜二世发布诏令，确定了彼得三世时期关于贵族特权的诏令仍然有效，并且允许他们自主开发伏尔加河以及黑海北岸的大量土地，同时还赋予他们惩罚农奴的权力。这一政策为叶卡捷琳娜赢得了贵族的大力赞赏和支持。虽然叶卡捷琳娜一直鼓吹自己是奉行平等自由等启蒙思想的"开明君主"，然而在实践中，她却非常现实地站在了贵族一边。从夺得政权的那一刻起，她就清楚地知道自己必须"在理论上同情农奴，在实践中依靠贵族"。这种理念在一次轰轰烈烈的农民起义之后将会被她继续发扬光大。

在皇子保罗重病之时，叶卡捷琳娜曾发誓只要儿子能够恢复健康，她就筹建一所公立医院。如今她兑现诺言的时候到了。事实上，她做的远远比建立一所公立医院要多得多。1763年，叶卡捷琳娜一返回圣彼得堡便开始将她的理想付诸实践。除了建设公立医院之外，她还拨款筹建了一所孤儿院、一个培养助产士的学校还有一所贵族女子学校。后来这所贵族女子学校发展成为闻名于全俄国的斯莫尔尼贵族女子学校，为国家培养出不少优秀的女性。

除了重视医疗和教育之外，叶卡捷琳娜还非常重视农业。她的多项改革措施也突出了重农主义。在她的提议下，俄国设立了自由经济协会。她还邀请诚实、有头脑、有先进技能的外国人（主要是德意志人）到俄国开垦乌克兰和伏尔加河流域富饶的土地。为了促进土地开垦，叶卡捷琳娜任命情人格里戈利为外国移民部门大臣，专门负责吸引殖民者开垦乌克兰南部的领土。女皇引进外国人还有一个目的，那就是希望这些外国人可以激发相对落后的俄国农民学习欧洲先进的工作方式。女皇的初衷是好的，但是她忘记了人类根深蒂固的劣根性——嫉妒。看着富足的德意志农民，俄国农民的心里只有满满的恨意，根本不愿意虚心向他们学习什么先进技术。

除了引进外国农民以外，叶卡捷琳娜还从欧洲各国聘请了医生、建筑师、工程师和技师。为了促进商业繁荣，女皇禁止政府干涉贸易，允许商人自行建立行业协会。与此同时，国家还设立了专门管理货币流通的金融委员会、监督政府官员的反贪委员会以及旨在增强国防的兵工厂和军营。叶卡捷琳娜不知疲倦地亲自督促各个部门按照她的要求完成所有建设。自彼得大帝以来,俄国第一次出现了一位夜以继日辛勤工作、事无巨细都要过问的君主。朝廷中的大臣们都以一种诧异和崇敬的目光看着这位本没有任何斯拉夫血统的外来统治者。他们不明白究竟是什么信念支撑着女皇为了俄国付出一切。

对叶卡捷琳娜二世来说,这一切还只是一个开始。

重塑国际形象

"我们俄国人有两个祖国:俄国和欧洲。"俄国著名作家陀思妥耶夫斯基这样写道。

在彼得大帝以一种"野蛮"的方式将俄国拖入"欧化"的世界之前,俄国实际上是一个封闭落后的斯拉夫国家。经过几十年强制性的"欧化"熏陶,俄国人学会的仍然是一些非常表面和肤浅的欧洲文化,并没有领悟欧洲文明的精神。在西欧发达国家看来,俄国仍然是野蛮和黑暗的代表。然而这并不是俄国人民的错,这与俄国特殊的历史和地理环境有着巨大的关系。如果不是13世纪突然出现在他们领土上的蒙古骑兵给这片土地带来的长达两个世纪的灾难,俄国或许可以与欧洲其他国家一样早早步入近代化的进程。蒙古-鞑靼的统治给俄国的各方面都留下了深刻的印记。正如拿破仑所说:"在俄国人的皮肤下面都藏着一个鞑靼人。"也是在这个时期,俄国逐渐脱离了西方,变成了一个封闭的东方国家。

俄国特有的地理环境也影响着这个国家的发展。虽然俄国地域辽阔，是地球上面积最大的国家，但它的地理区位却有着先天性的不足。放眼俄国最北部，是一片长满苔藓的冻土带，几乎无法提供适宜人类生存的条件。冻土带以南是浩瀚无边的森林，旧都莫斯科就是位于此处。这片森林带的北部是漫山遍野的针叶林带，中部是针阔叶混交林带，这两个地带的土壤也都不适宜耕种。只有南部的一条狭长的地带是适宜耕种的肥沃黑土地，因此这里成为整个俄国的重要粮仓。然而不幸的是，这片令人垂涎的黑土地一度受到南部奥斯曼土耳其的骚扰和控制，这也是俄国与奥斯曼土耳其势不两立的原因之一。叶卡捷琳娜二世统治时期，将会不断地与奥斯曼土耳其交战，争夺和控制这片区域。森林带的南方，是一望无际的大草原。这里看不到一棵树木，只有望不到边界的野草，因此这片地区只适合放牧。在那个以农业生产为主的时代里，俄国的地理缺陷显而易见。俄国的气候又使这种情况雪上加霜。由于冬季格外漫长，俄国全年适合耕种的时间仅有 4 到 5 个月，而多数西欧国家的农耕时间长达 8 到 9 个月。这就使得俄国在粮食生产方面远远落后于西欧诸国。粮食产量的多寡又影响着人口的增长以及城市的发展。俄国就是在历史地理环境各种因素的影响下逐步落后于西方的。直到 18 世纪晚期，俄国城市居民的人口仅占全国总人口的 3%。正是俄国的这种状况，西欧国家才将其视为一个蛮荒之地，认为这里只有贫瘠的土地和无知的人们。

在俄国生活了 20 年之久的叶卡捷琳娜自然清楚俄国的这种特殊性。作为一个从西方世界来的开明君主，她意识到如果要把自己和俄国的荣耀散布到整个欧洲的话，就必须找到一个在全欧具有影响力的宣传者。通过他的宣传，逐步改变西欧各国对俄国固有的原始、粗犷、落后的印象。政变后的第九天，叶卡捷琳娜就邀请了《百科全书》的作者、法国启蒙思想家狄德罗到圣彼得堡进行访问。当时狄德罗的著作因为触及了法国统治阶级的利益而被法国政府禁止出版发行。叶卡捷琳娜想借助这个时机，给他提供在圣彼得堡继续出版《百科全书》的机会，以此换取国际社会的美誉。然而狄德罗拒绝了女皇的美意，因为他并不了解刚刚登基的叶卡捷琳娜二世和她统治的这个陌生的国家。与多数欧洲人的看法一样，狄德罗认为俄国就是落后和危险的象征。接着，叶卡捷琳娜又出重金邀请法国另外一名启蒙思想家让·勒朗·达朗贝尔到圣彼得堡工作，并打算请他做皇子保罗的科学老师。她又一次遭到了拒绝。虽然让·勒朗·达朗贝尔给了叶卡捷琳娜一个体面的理由，但是私下里，他写给伏尔泰的信道出了他不去俄国的真实理由："我患有痔疮，这在俄国可是致命的病，彼得三世就是死于痔疮。"很显然，这是对叶卡捷琳娜二世和她统治的俄国的一种莫大的讽刺。被拒绝了两次的叶卡捷琳娜并没有灰心。不久之后，她收获了一个巨大的突破，法国著名的启蒙思想家伏尔泰为她写了一首赞美诗，恭维她为"充满智慧的女王"。叶卡捷琳娜激动坏了，刚读完伏尔泰的诗就迫不及待地给他回信。她在信中讲到了自己是如何欣赏伏尔泰的大作，言语之间充满了对他的崇敬之情。就这样你来我往，伏尔泰竟然成为叶卡捷琳娜长达十五年的"笔友"。他从不吝啬对叶卡捷琳娜的赞美之词，将她称呼为"北方之星""我心目中最崇高的君主"。叶卡捷琳娜的目的达到了，伏尔泰成功地将她和她的国家推向欧洲，使各国的君主以一种好奇的目光重新衡量起这个庞大的帝国。

不久之后，曾经拒绝过叶卡捷琳娜善意邀请的狄德罗在出版《百科全书》时又遭遇了困境。他的这部书宣扬理性和科学的重要性，严重冒犯了法国统治阶级的利益，法王路易十五对他的著作进行了封杀。由于狄德罗将所有的积蓄都用在《百科全书》的出版上，需要养家糊口的他几乎被逼到了绝路，竟然开始打折出卖自己的藏书。1765年，得知狄德罗境遇的叶卡捷琳娜再次向他伸出援手。她不仅买下了狄德罗的所有藏书，还在他开的价格上增加了一千英镑。更加慷慨的是，叶卡捷琳娜还告诉狄德罗，他在世的时候，这些藏书仍然归他所有。狄德罗对这位俄国女皇的做法感到震撼。他没想到俄国这种国家竟然有像她这样开明的君主。狄德罗受宠若惊，在给叶卡捷琳娜二世的信中，他写道"愿意匍匐在您的脚下"以感谢女皇的恩德。从此以后，狄德罗全身心地投入为俄国女皇招募人才的工作中。欧洲各国的许多建筑师、科学家、作家在他的号召下纷纷前往圣彼得堡，希望得到俄国女皇的赏识，在俄国成就一番事业。

叶卡捷琳娜还在朝廷中组建了属于自己的私密小圈子。为了让自己和大家彻底放松，她还给这个圈子中的成员立下一些规矩，比如不准诽谤他人、不准说谎和发脾气，还有见到女皇时不准起立。叶卡捷琳娜曾跟她的密友抱怨道："世界上最痛苦的事情莫过于做一个伟人了。当我进入一个房间时，大家就像见到美杜莎似的（古希腊神话中的蛇发女妖）绷直了身子起立。"叶卡捷琳娜的小圈子成了她放松身心的港湾。这个圈子大概维持在十个人左右。格里戈利、列夫·纳雷什金、帕宁、布鲁斯夫人都是这个圈子的成员。有时候叶卡捷琳娜会为大家阅读她收到的来信、分享她读过的书，有时他们会玩一些社交游戏、讲故事、打牌等。叶卡捷琳娜崇尚快乐的生活，她自己也是一个喜欢到处找乐子、开玩笑的君主。"必须保持身心愉悦，这样才能拥有更大的力量承担压力克服困难。"她经常对朋友们这样说。叶卡捷琳娜将这个小圈子命名为"艾尔米塔什"，也就是"隐修院"的意思。1764年，她命人从柏林购入了近225幅伦勃朗、鲁本斯等著名画家的绘画作品，存放在冬宫新建的一排侧翼宫殿里。叶卡捷琳娜将这所专门用来收藏艺术品的宫室也命名为"艾尔米塔什"，也就是"隐宫"的意思。这就是当今俄国艾尔米塔什博物馆的前身。第二年，叶卡捷琳娜又命令一位亲王专门负责从巴黎购入大量名画，这其中当然少不了她的粉丝狄德罗的帮助。在写给他的朋友、法国雕塑家法尔科内的信中，狄德罗说道："朋友，现在的世道变了，我们竟然可以在和平年代以不错的价格出售自己的作品。"叶卡捷琳娜对购买欧洲名画和艺术品上了瘾，不惜出高价将这些作品集中到她的隐宫。但这并不能说明她对艺术有多么浓厚的兴趣。私下里，叶卡捷琳娜自嘲地说自己和列夫·纳雷什金都是"（对艺术品）无知的专家"，并且以自己的"无知"去干扰艺术鉴赏专家伊凡·舒瓦洛夫（伊丽莎白女皇的情人）的鉴赏工作。她之所以搜罗这些艺术品，目的还是为俄国赢得国际声誉。除了艾尔米塔什博物馆之外，叶卡捷琳娜还在冬宫的二楼开辟了一所宽敞的温室。这所温室的屋顶用玻璃覆盖，里面种着大片的草坪、绿树、鲜花。除此之外，温室里还修建了不少喷泉。鸟儿们在这片广阔的空间里自由飞翔。即使到了冬季，这里依然生机盎然。叶卡捷琳娜特别喜欢在寒冷的冬季来到温室漫步，享受这里温暖的气息。

除了想方设法通过启蒙思想家传播自己的开明统治之外，叶卡捷琳娜二世知道时刻关注国际社会关系的动向也是必不可少的。

1758年，自叶卡捷琳娜的前任情人斯坦尼斯瓦夫被伊丽莎白打发回波兰之后，他们二人一直都保持着书信往来。起初，叶卡捷琳娜写给他的信里充满了对他的思念之情。结识了格里戈利之后，或许是因为这位新情人无法满足她在精神方面的追求的原因，叶卡捷琳娜仍然保持着与斯坦尼斯瓦夫的联络。这就给了这位单纯的男人一个错觉，那就是叶卡捷琳娜依然深爱着他，盼望着自己可以回到她的身边。1762年叶卡捷琳娜政变成功，成为叶卡捷琳娜二世。得到这个消息的斯坦尼斯瓦夫喜出望外。他乐观地认为自己很快就要被自己心爱的女人召唤至圣彼得堡了。然而，他等来的不是情人的召唤，而是她的一封言语"诚恳"的信。信中表明，让他"不要来俄国"，因为"当前的局势非常危险……我每天都忙于公务，已经三天三夜没合眼了"。很显然，这些都是搪塞他的说辞。但是这位痴情的恋人不肯放弃，仍然坚持表达自己想要尽快与她重聚，甚至与她完婚的念头。叶卡捷琳娜开始渐渐地对这个幼稚的男人丧失了耐心。在接下来的回信中，她不再顾及他的感受，直接表达出自己对格里戈利的爱慕之情。叶卡捷琳娜如此绝情并非仅仅是有了格里戈利这个新情人的缘故。作为一个国家利益至上的现实主义者，她坚定地拒绝斯坦尼斯瓦夫来圣彼得堡主要是因为她对他有一个更有利于俄国的安排——她想将斯坦尼斯瓦夫推选为波兰国王。

　　对波兰国王的选择是18世纪欧洲各国的一场外交竞技。卷入这场竞技的主要国家有俄国、普鲁士、奥地利和法国。长期以来，法国在东方的盟友就包含了奥斯曼帝国、瑞典和波兰三个国家。彼得大帝当政之后，通过扶植一个附庸国王的手段控制了波兰，将波兰变成了俄国的卫星国。这就触犯了法国的利益。叶卡捷琳娜二世当政后，计划继续奉行彼得大帝对波兰的政策。首席外交顾问帕宁坚定地的支持女皇的做法。他甚至提出了一个建立"北方体系"的外交方案：通过控制波兰对抗法国和奥地利。此时的波兰国王奥古斯都三世已经奄奄一息，在叶卡捷琳娜看来，她的前情人斯坦尼斯瓦夫是波兰国王的最理想人选，因为他具备了软弱、没有什么影响力、容易受控制等各种"有利"因素。

当得知自己心爱的女人想要让他做波兰国王时，被爱情冲昏了头脑的斯坦尼斯瓦夫又对叶卡捷琳娜生出了一丝幻想。他希望自己当上国王之后可以光明正大地与她成婚。格里戈利得知这个消息之后非常焦虑，他担心叶卡捷琳娜与她的老情人旧情复燃，真的要嫁给将来的波兰国王。就连普鲁士的腓特烈大帝听说俄国女皇打算将斯坦尼斯瓦夫拥立为波兰国王时也表示反对。他知道斯坦尼斯瓦夫是叶卡捷琳娜的情人，因此也推断她将此人扶上王位的目的是将来与他结婚。腓特烈大帝写信给叶卡捷琳娜二世，提醒她如果她与前情人结婚的话，那就是与整个欧洲为敌，因为没有哪个国家想看到波兰王国并入俄国的势力范围。其实这些人都多虑了，叶卡捷琳娜是绝对不会让私人感情扰乱政治事务的，更何况她已经不爱斯坦尼斯瓦夫了。为了打消他们的顾虑，叶卡捷琳娜立即指派俄国外交大臣前往波兰的首都华沙，督促她的前情人立即找一个波兰女人成婚，并且广泛散播言论，让欧洲各国的外交使团知道这是俄国女皇的意思。对斯坦尼斯瓦夫来说，这个消息未免过于残忍，但是他完全没有力量与俄国对抗，只得听命。

1763年9月，波兰国王奥古斯都三世驾崩。得到这个消息的叶卡捷琳娜二世"激动万分地从椅子上跳了起来"。这是俄国控制波兰这个战略缓冲地带的重要时机。像狐狸一样精明的腓特烈大帝对波兰也虎视眈眈，而且与叶卡捷琳娜二世非常有默契。得知波兰国王的死讯后，腓特烈兴奋地"跳了起来站在桌子上"。然而，兴奋的腓特烈却被普鲁士战后重建工作搞得无法抽身。因此对他来说，最明智的选择就是与俄国合作，以图将来有机会从波兰身上分到一杯羹。1764年4月11日，叶卡捷琳娜二世与腓特烈大帝签订了一份条约，为俄普两国缔结了为期八年的攻守同盟。条约中包含了关于波兰王位继承事宜的一系列约定。俄普两国的结盟再次震惊了欧洲外交界。法国和奥地利作为俄国的仇人，立即站出来反对俄国对波兰国王选举的干预。然而这两个国家也被七年战争摧残，并且俄普已经结盟，眼下他们只能做出口头上的谴责和抗议。这给了叶卡捷琳娜二世一个绝佳的机会操控1764年的波兰选举。为了"帮助"波兰人民做出正确选择，叶卡捷琳娜二世派出一支三万人的军队开进波兰边境"保卫波兰的自由选举"。俄国的行动得到了腓特烈大帝精神上的支持。1764年8月26日，在俄国军队的"保护"之下，波兰议会选举斯坦尼斯瓦夫为国王。叶卡捷琳娜二世大悦，这是她当政以来的第一次外交胜利。

"一号囚犯"之死和疫苗接种

就在叶卡捷琳娜二世忙于推行她的波兰策略时，俄国境内也发生了一件不容小觑的事，将她再次推到国际舆论的风口浪尖。

1764年，一名叫作米洛维奇的年轻中尉因为在官场上屡屡不得志，逐渐萌生了发动政变的想法。恰在此时，他被派往了吕塞尔堡要塞，这个要塞是专门关押重要犯人尤其是政治犯的地方。不安分的他很快就对这里的"一号囚犯"产生了强烈的好奇心。不久之后，米洛维奇便打听到"一号囚犯"的真实身份竟然是在两个月大时经历过神圣涂油礼的婴儿皇帝伊凡六世。他认为自己建功立业的机会来了。被功名蒙蔽了双眼的他决定将自己的前程系于这位"真命天子"身上。他认为如果可以帮助伊凡六世复辟，那么自己将成为当今朝廷中像奥尔洛夫一样叱咤风云的人物。想到这里，米洛维奇感到兴奋不已，他认为解救伊凡是上帝赋予他的神圣使命。世间总是存在这种陷入自己臆想的世界无法自拔的人，米洛维奇就是其中之一。1764年7月5日凌晨，米洛维奇决定开始行动。他首先对自己的手下发表了一番激情昂扬的演讲，义正词严地批判篡位者、当前的女皇叶卡捷琳娜二世，号召他们拿起枪炮一起解救身处牢狱之中的真命天子伊凡六世。按照计划，他们接近了关押伊凡的地堡。监狱的看守听到外面的吵闹声，立即起身查看发生了什么。米洛维奇大吼道："你们为什么囚禁我们的沙皇？！"然后用枪托砸晕了一名看守。接着，堡垒内外发生了短暂的枪战，但是双方都无人受伤。米洛维奇终于进入关押着伊凡的堡垒，见到了看守他的军官。他激动地一把抓住军官，大吼着问他沙皇在哪。看守官镇定地答道："俄国没有什么沙皇，只有叶卡捷琳娜女皇。"米洛维奇用力地将他推到一边，命令他打开关押"一号囚犯"的牢门。看守官按照他的要求做了。牢房内一片死寂。当米洛维奇的眼睛适应了里面的黑暗时，他看到了一具躺在血泊里的尸体。这就是他准备拯救的伊凡六世。他万万没有想到会是这种结局，他不清楚女皇赋予看管伊凡的军官的那项特殊使命：只要有人试图靠近"一号囚犯"，就立即将"一号囚犯"杀死。在刚听到外面的异动时，看守官就已经遵照女皇的旨意将睡梦中的伊凡刺死了。米洛维奇像丢了魂一样瘫软倒地，喉咙里因为恐惧发出奇怪的声音。他绝望地搂起伊凡的尸体，抽泣着亲吻伊凡的双手。一切都结束了，伊凡死了。他的尸体被放到一张床上，抬到了外面。

这一切发生之时，叶卡捷琳娜二世正在波罗的海各省巡视。听到这个消息时，她有一丝尴尬，这是她即位以来死掉的第二个沙皇了。不过他们的死除了制造出一些不利于她的舆论之外，对她来说更多的是一种如释重负的轻松感。她感慨着高深莫测的上帝之道，喜悦之情溢于言表。经过这件事情，她更加深信自己就是那个天赋神权的真命天子。

伊凡之死为叶卡捷琳娜扫清了执政道路上的又一大障碍。虽然倍感轻松，但对这起案件的调查是必须要做的事。虽然伊凡间接死于叶卡捷琳娜之手，但是她完全有理由将罪责全部加在米洛维奇身上。叶卡捷琳娜或许正在心里以一种嘲笑的方式默默地"感谢"米洛维奇这个傻瓜。为了表现出自己的无辜和正义，她决定命人好好将此案调查一番。米洛维奇和吕塞尔堡的近五十名军官遭到逮捕。在对米洛维奇进行审讯之后，法院判处他死刑。叶卡捷琳娜毫不犹豫地批准了。这还是她即位以来签署的第一份死刑判决书。那些被米洛维奇煽动、一起参与劫狱的几名军官被判处"跑棍子"的刑罚。"跑棍子"是俄国特有的一种刑罚。受刑的人被脱去上衣，上千名壮汉手持桦木做的鞭子，站在道路两旁。受刑者从他们中间跑过，壮汉们用手中的鞭子卖命地抽打他们。这批军官被判处在这种恐怖的千人阵营中来回跑三到十次。最终能够活命的寥寥无几。这一次，叶卡捷琳娜没有心慈手软。这件事情过后,她的臣民再也不单纯地将女皇视为仁慈的"小母亲"了。惩罚完罪犯之后,女皇嘉奖了不辱使命的两名看守,伊凡之死也使他俩得到了巨大的解脱。"一号囚犯"的风波总算过去。

国际舆论一片哗然。驻圣彼得堡的外国使节纷纷向本国报告,称伊凡六世之死是女皇一手制造的除掉执政隐患的阴谋。虽然这些外交使节这样说,但他们见到女皇时仍对她报以恭敬的微笑。已是叶卡捷琳娜私人朋友的伏尔泰更是以一种轻描淡写的口吻发表了自己对彼得三世和伊凡六世之死的看法:"这是女皇的家务事,与我们并没有任何关系。"对叶卡捷琳娜来说,外界的舆论丝毫不会对她造成影响。她对伊凡之死造成的骚乱做出了正确的评估,认为这场风波很快就过去,大家很快就会把这件事忘记。当帕宁向她抱怨国际社会对她的恶评时,叶卡捷琳娜镇定地说:"只要这些话都是针对我本人的,我就不会在意。我只会在国家的荣誉受损时才会感到担心。"

如今叶卡捷琳娜二世执政道路上的两个主要障碍都被除掉了,纵观整个朝堂,她已经没有了对手,虽然这只是暂时的,毕竟她年仅十岁的儿子保罗尚未长大成人。

解决了这些问题之后,为了增强俄国的国际影响力,叶卡捷琳娜又萌生了一个勇敢的想法:亲自接种天花疫苗。这在俄国可是史无前例的事,应该说在整个欧洲都是前无古人的做法。没有哪个君主敢先拿自己做这种试验。朝中的大臣和女皇的情人格里戈利都力劝她放弃这个想法,甚至普鲁士的腓特烈大帝都专门写信请求她不要冒险。但是叶卡捷琳娜主意已定,她决心改变欧洲对俄国固有的看法,树立俄国的威望,向世界证明俄国可以引领世界文明。

叶卡捷琳娜是个一旦下定了决心就会去付诸实践的人，但她绝非鲁莽之人。她之所以如此笃定地要拿自己做接种实验是因为她对疫苗这种新奇的东西已经做了大量的研究。她首先与国家卫生学院主席拜伦讨论了接种的计划。拜伦尊重女皇的想法，但是仍然提醒她要考虑臣民们会怎样看待这个问题。在整个俄国或许都找不到一个人愿意接受自己的身体被注入这种令人闻风丧胆的病毒，即使他们知道在理论上注射疫苗是为了防止病毒的侵入。大家提出的种种疑虑，叶卡捷琳娜都考虑到了。但是比起这些风险，她更加痛恨的就是天花这种困扰世界的顽疾。她所熟知的许多人，不论是贵族还是平民都死于天花，比如她的舅舅、伊丽莎白女皇的未婚夫就是在结婚前夕被天花夺去了性命，还有她自己的丈夫彼得三世同样也受到过天花折磨，最终留下一脸的伤疤。在欧洲，每年都有成千上万的人死于天花。得知这种全新的免疫接种法的时候，她产生了浓厚的兴趣。忙于政务的叶卡捷琳娜抽出时间亲自阅读有关这种新技术的大量著作。事实上，接种天花疫苗当时已经在英国和英国在北美的殖民地得到了成功的运用。美国的开国元勋之一托马斯·杰斐逊就在1766年接种了天花疫苗。只是当时的欧洲大陆仍然没有哪个国家敢于尝试。向来都无畏挑战的叶卡捷琳娜决定做这个敢为天下先的君主。根据她的诏令，卫生学院主席拜伦请来了伦敦的天花疫苗接种专家迪姆斯戴尔。迪姆斯戴尔于1768年8月抵达圣彼得堡。当叶卡捷琳娜身边的朋友发现她真的要做接种手术时，都跪在她的身边哭着祈求她不要拿自己做这种尝试。他们的样子好像是在阻止她自杀似的。众人都强烈要求女皇花重金找一名民间的百姓先行接种，但是她拒绝了这个提议。

1768年10月，经过与叶卡捷琳娜的反复沟通协商，迪姆斯戴尔将接种时间定在了10月12日。当天晚上九点，在众人焦急的等待下，迪姆斯戴尔用他的小针刀在叶卡捷琳娜的手臂上注射了天花疫苗。这支疫苗取自一位刚刚治愈天花的农村少年亚历山大·马尔科夫身上的天花脓液。叶卡捷琳娜接种后，医生接着为她的情人格里戈利进行了接种。格里戈利想通过这种方式表达自己与叶卡捷琳娜同生死的决心。女皇接种的这一天，整个俄国宫廷都沉浸在一种莫名的紧张和悲痛中，他们怕这个来自英国的医生会害死俄国人民的女皇。只有叶卡捷琳娜本人非常沉着冷静，她说注射过后身体只有轻微的不适感。随后，她便来到圣彼得堡郊外的皇村休养。观察期过后，迪姆斯戴尔宣布俄国女皇的疫苗接种成功。为了表示对迪姆斯戴尔的嘉奖，女皇授予他俄罗斯帝国的爵位，赏金一万英镑，外加每年五百英镑的年金，终生受用。那个为女皇提供了组织液的男孩也被封为贵族，但是大家给他取了一个不太讨喜的绰号——"天花大人"。

11月1日，女皇的车驾返回圣彼得堡。次日，医生为皇太子保罗成功接种了疫苗。有了皇室成员的成功示范，俄国的贵族们也陆续接种了天花疫苗。接下来，疫苗接种又在全国各大城市进行推广。对俄国来说，这不愧为一项伟大的创举。欧洲各国更是对俄国女皇率先接种天花疫苗的行为赞不绝口。但是叶卡捷琳娜二世的接种行为并没有起到令欧洲各国皇室效仿的作用。在当时的法国，注射疫苗被神学院认为是对上帝旨意的干涉而被禁止，甚至启蒙思想者的先进圈子也不能接受它。叶卡捷琳娜二世接种后的第六年，法王路易十五染上了天花死于非命。他的继任者路易十六总算妥协了，即位后立即接受了天花疫苗接种手术。

雄心勃勃的立法运动

在叶卡捷琳娜二世加冕后仅仅三年的时间里，俄国的名声得到了极大的提高，国际社会看到了一个与此前大不相同的俄国。俄国境内的文武百官由此更是对女皇敬仰有加。经过几年的努力，叶卡捷琳娜的政权已经相当稳固。作为一个拥有雄心壮志的帝王，叶卡捷琳娜认为开启她下一个伟大计划的时机到了。

1765年三月，叶卡捷琳娜在给她友人的信中写道："两个月以来，我每天早上都要花三个小时的时间研究俄国的法律。"她打算为俄国制定一部全新的法典，她每天如此忙碌是在为她的新事业做准备——她要亲手起草一部《训令》。

18世纪的欧洲大陆奉行"开明君主专制"的政治思潮。开明君主专制是18世纪法国启蒙思想家提出的政治主张。当时这种思潮在许多欧洲国家的宫廷风行。"开明君主专制"肯定了君主专制统治，但在思想上否定君权神授，认为人们应该服从君王的命令或者君王制定的法律而非君王本身。这在当时算得上是一种进步的思想。腓特烈二世、叶卡捷琳娜二世以及即将登场的神圣罗马帝国皇帝约瑟夫二世都是推行开明君主专制的代表。叶卡捷琳娜二世正是在这种开明君主专制思想的主导下开始的新法典的编纂工作。

彼得大帝在位时，也曾有过编纂法典的尝试。彼得大帝曾经以极其强大的魄力颁布过三千多条法令。他深知"法"的重要性，曾下令广泛搜集欧洲各国的法律、法令和规章制度，以便参照制定出俄国人自己的法典。然而由于种种原因的影响，彼得大帝的立法计划最终未能实现。后来继任的沙皇也有过几次立法的尝试，但均以失败告终。叶卡捷琳娜二世统治时期，俄国使用的还是1649年彼得大帝的父亲阿列克谢沙皇颁布的《1649年法典》。虽然叶卡捷琳娜赞赏这部法典通俗易懂，但是她认为该部法典里面关于酷刑的条例与她宽容的治国理念背道而驰，而且法条的叙述也有相互矛盾之处。由于年代久远，很多条例也已经不适用于当时的俄国。因此她立志为俄国编纂一部闪耀着启蒙思想先进光辉的新法典。

为了开启这项宏伟的计划，叶卡捷琳娜打算在全国各地选出各个阶层的代表齐聚莫斯科，成立一个立法委员会，通过民主讨论的方式制定一部包罗万象的法典，而她亲手起草的《训令》则是这部法典的纲领性文件。《训令》中的内容大部分为孟德斯鸠、狄德罗等启蒙思想家的著作原文，里面充满了自由、平等、公正、理智等措辞。她希望将来这部新法典的颁布实施可以让俄国步入一个崭新的时代。这可是一个巨大的工程。但是叶卡捷琳娜信心满满。1767年5月，当五湖四海的代表们响应女皇的号召准备浩浩荡荡地前往莫斯科时，已经写完了《训令》的女皇坐上了前往喀山的邮轮。她打算在大事业开始之前对伏尔加河流域附近的地区做一番巡视，亲眼看看这个庞大的帝国，为接下来的立法工作做准备。

此次旅行的终点站喀山给叶卡捷琳娜留下了深刻的印象。喀山是俄国一座古老的穆斯林城市。沙皇伊凡五世在1552年将其占领，从此以后喀山成为俄国的一部分。喀山还被视为通往西伯利亚的门户。俄国的母亲河伏尔加河在此处雕刻出一个大气磅礴的九十度大转弯，向南方奔流而去。

在喀山，叶卡捷琳娜兴致勃勃地参加了当地官员为她准备的舞会。摩尔多瓦人、楚瓦什人、切雷米斯人、鞑靼人穿着自己的民族服装随着充满异域风情的音乐在女皇面前翩翩起舞。接下来，叶卡捷琳娜又接见了当地的少数民族首领，还有来自西伯利亚的商人代表。这些经历令她难以忘怀。虽然早就知道自己统治的这个国家民族成分复杂、疆域极其辽阔，但是亲眼见到的时候还是难免感到震惊。叶卡捷琳娜忽然对她即将开启的立法大业感到一丝气馁。她在喀山向远在法国的伏尔泰写了一封信表达自己失落的心情："你能想象吗？我统治着一个跨越亚洲和欧洲的国家……全国各地的气候、民族、风俗、思想差别都如此巨大！我现在停留的这个地方，临近的两个城镇的人们风俗习惯甚至语言都没有任何相似之处。而我要做的却是要缝制一件适合所有人穿的衣服。或许制定原则性的规章制度是可行的，但是细节怎么办？我可能一辈子都无法完成这个事业。"

但是箭已经搭在了弦上。全国各地的代表在女皇的号召下，已经陆续赶到了莫斯科。1767 年 7 月 30 日，叶卡捷琳娜决定在克里姆林宫内的多棱宫举行立法委员会的盛大开幕仪式。来自全国各个省份的近 500 名代表按照各自所属的区域落座之后，女皇出现了。她戴着一顶小皇冠，庄严肃穆地站在御座前面。旁边的桌子上摆放着她亲手起草的《训令》，皇太子保罗站在她的左侧。副首相亚历山大·戈利岑宣读了女皇对各位代表寄予的厚望："为自己与祖国增添荣耀、为这片土地上的子民和子孙后代谋求福祉。"每一位与会代表都有一本俄文版的《训令》，这是叶卡捷琳娜特意让人翻译的版本。

次日清晨，立法委员会正式投入工作。考虑到许多代表目不识丁，副首相戈利岑首先大声宣读了一遍《训令》。这部纲领性的文件是叶卡捷琳娜二世实行开明君主专制的精华之作。她曾经甚至想在《训令》中提出对农奴制的批判。她希望可以逐步地消除农奴制，将农奴变为全新的拥有人权的公民。她甚至想好了逐步解放农奴的途径——允许富有的农奴用钱为自己赎身。当她把这些提议拿给她的大臣看时，他们的反应异常激烈却相当一致——他们无一例外地坚决反对。在俄国，农奴是像土地一样的财产，解放他们意味着动摇了贵族的根基，而沙皇的统治要依靠贵族的支持，而非农奴。"这会为国家带来毁灭性的打击。"帕宁毫不留情地说。迫于现实的压力，叶卡捷琳娜只得闭口不谈农奴的话题，只是谴责农奴主对农奴的虐待行为。虽然未能解决农奴的问题，但是《训令》对俄国的司法问题做出了明确的指示。当时的俄国，一直备受司法问题困扰，就连负责判案的法官都不清楚本国的法律。在《训令》中，叶卡捷琳娜明确提出将透明、精确、统一作为司法部门的三大基本准则。她还提出法律需要用大众听得懂的语言表述，这样才能使臣民对国家的司法怀有信心。她还专门对刑罚提出纲领性的要求，提出法官只可以执行法律不可以解释法律，因为对法的解释会导致腐败，只有制定法律的君主才有权力解释法律。刑讯被定义为违反自然和理性的行为，死刑也是不可取的。"制止犯罪比惩罚犯罪重要得多。"叶卡捷琳娜在她的《训令》中写道。除了对司法问题做出指引以外，叶卡捷琳娜还对俄国的人口问题提出了自己的看法。她写道："促使人口增长的最佳方式是提高臣民的幸福指数。"可以看出，叶卡捷琳娜在《训令》中的提议是相当前卫的，到处都体现出人性和理智的光辉。然而，对于那些来自偏远地区的少数民族和没有受到过西方教育的商人、农民和小贵族来说，这部充满了启蒙思想的纲领性文件却如天书一般难懂。《训令》中提到的关于"建立一个绝对高尚的政权""维护臣民的自由和财产"等一系列说法对他们来说更是天方夜谭，令代表们感到匪夷所思。

事实上，参加立法委员会的代表们根本没有想过怎样按照女皇的旨意制定一部伟大的法典，他们想的只有如何感谢和讨好他们伟大的君主。在立法委员会开始之前，他们就已经给女皇提供了几个响亮的头衔——"大帝""圣人""国母"等等。最终，"大帝"的称号获得了多数人的赞成。从此以后，叶卡捷琳娜二世便有了与彼得大帝等同的叶卡捷琳娜大帝的称号，成为俄国历史上第二个也是最后一个被冠以"大帝"称号的君主。虽然叶卡捷琳娜自谦地表示自己不需要什么头衔，但是当得知众人将她称为"大帝"时，她还是由衷地感到自豪。

1768年11月，在经历了两百多场会议之后，召开了十八个月之久的立法委员会仍然没有取得任何成果。在此期间，叶卡捷琳娜被代表们的无知和极低的工作效率激怒过无数次。忍无可忍的她终于宣布会议在下个月中旬暂停，并命令代表们在来年的二月前往圣彼得堡重新集合。返回圣彼得堡的叶卡捷琳娜感到无比放松。她在皇村度过了自己三十九岁的生日。女皇回来之后，圣彼得堡朝廷上下也恢复了活力。

1769年2月代表们如期在圣彼得堡重新集合。但是立法委员会的讨论仍然局限于代表们各自关心的问题：贵族们只想通过立法扩大自己的特权，农民们则为了谁踩踏了他家的庄稼、损坏了他的篱笆争论不休。立法委员会似乎陷入了一个无法自拔的沼泽。

急于求成的叶卡捷琳娜不得不承认俄国的土壤并不适合讨论什么启蒙思想，最终决定在当年的圣诞节休会。事实上，这场立法运动的失败并不能完全归咎于她的臣民的愚昧无知，这与俄国当时的政治环境有很大的关系。与欧洲的其他国家不同，俄国的贵族并没有实质性的权力，他们依附于皇权。即使贵族拥有大量的田产和农奴，也可以因为沙皇的一句话剥夺他们所有的权利，并有可能瞬间将他们贬为平民且没有申诉的机会。这就大大减少了他们参与政治的热情。至于那些数量众多的农奴，就更加没有任何话语权。虽然叶卡捷琳娜高呼着善待农奴，但是她的所作所为却完全与此相反。就在她呼吁立法委员会的代表们善待农奴之时，她签署了一项禁止农奴反抗自己主人的法令，也不允许农奴对主人的体罚做出反抗。由此可见，叶卡捷琳娜立法行动政治作秀的意义远远大于实际运用的意义。

1769年，立法委员会的代表们在圣彼得堡举行完最后一场不成功的会议之后，陆续返乡。后来，立法委员会的分设委员会又断断续续地运转到1774年，最终还是无疾而终。

叶卡捷琳娜二世耗费多年心血发起的轰轰烈烈的立法运动以失败告终，俄国未能诞生出一部划时代的法典。经历了这次立法运动之后，叶卡捷琳娜对俄国的现状有了更加深刻的理解，她意识到只有君主专制才适合当时的俄国。欧洲启蒙思想的先进理念对当时的俄国人民来说过于超前。一直到一百多年以后，俄国都没有孕育出实现这些理念的土壤。叶卡捷琳娜起草的《训令》被翻译成多种语言，受到伏尔泰和腓特烈大帝等具有影响力的人物的吹捧，被视为俄国思想进步的代表之作。叶卡捷琳娜本身还是非常具有自知之明的，她在给腓特烈大帝的信中写道："正如寓言故事中的乌鸦一样,我借用了孔雀的羽毛装扮自己的作品,只有偶尔几处是我本人的发明创造。"她还坦诚地表明,自己的作品"掠夺"了孟德斯鸠的心血,希望他可以为了两千万人民的利益原谅自己的剽窃行为。对于叶卡捷琳娜颁布《训令》的真实用意,人们一直众说纷纭。有人认为这是女皇进步思想的体现,也有人说这只不过是她安抚人心的谎言。无论怎样,《训令》都是俄国第一部从最高层面宣传启蒙思想的著作,并且为女皇实行"开明君主专制"奠定了理论基础。

1768年,立法委员会尚未结束之时,俄国的边境发生了一些棘手的外交问题,使叶卡捷琳娜二世不得不将注意力集中到处理国际争端中去,面对她执政以来的另外一个重大挑战。

俄土战争——女皇的第一次对外战争

当叶卡捷琳娜二世在莫斯科忙着举办她的立法委员会时,国际形势开始变得不稳定起来。事情的起因在于俄国的邻居波兰。

自从俄国扶植斯坦尼斯瓦夫登上波兰王位之后,波兰国内就形成了一股爱国运动的暗潮。波兰爱国主义者组成的爱国者联盟立誓摆脱国家被俄国控制的命运,同时限制波兰境内非天主教信徒的公民权利。所谓波兰境内的非天主教信徒主要指的就是波兰东部靠近俄国的东正教教徒以及北部的路德教教徒。他们希望通过这种宗教狂热的方式增强国人的凝聚力。他们不知道的是,他们所做的正是叶卡捷琳娜二世所期望的。因为这给了俄国打着重建一个自由平等的波兰的旗号来镇压他们的骚乱的理由。于是,俄国的军队就这样正大光明开进波兰，狠狠地收拾了波兰的这些"叛军"。作为叶卡捷琳娜的粉丝，伏尔泰为俄国的正义行为欢呼呐喊。在波兰的首都华沙，俄国的外交大使开始像长官一样对波兰指手画脚，波兰的处境变得更加艰难了。

法国路易十五的宫廷强烈谴责了俄国对波兰的无耻之行。但是谴责归谴责，法国并不想直接介入这起波兰事件。法国认为最好的方案是假手他人来消灭俄国的嚣张气焰。早在两年前，法国就已经着手为这个计划做准备工作了。他们找到的"他人"是法国的盟友，也是俄国的宿敌——奥斯曼土耳其帝国。他们需要等待一个合适的时机教训俄国。这个时机很快就来临了，而且还直接点燃了一场战争的导火索。

1768年6月，被派往波兰境内镇压叛乱的俄国哥萨克军队跨出了波兰国界，进入了奥斯曼帝国的境内，并且洗劫了奥斯曼帝国的边境小镇巴尔塔，屠杀了那里的犹太人和鞑靼人。奥斯曼帝国被激怒了，准备以此为理由向俄国宣战。奥斯曼土耳其苏丹穆斯塔法三世向圣彼得堡发出最后通牒，要求俄国立即从奥斯曼土耳其和波兰撤军。叶卡捷琳娜拒绝了苏丹的要求。9月25日，苏丹下令将俄国驻君士坦丁堡大使关进七塔要塞，正式对俄宣战。

这是叶卡捷琳娜二世即位以来面临的第一场对外战争，但她不仅没有感到畏惧，反而对战争充满期待。她对俄国的陆军和舰队充满了信心，认为通过这场战争或许可以实现彼得大帝生前未能实现的宏伟目标——吞并克里米亚，打通俄国通往黑海的出口，甚至一举消灭奥斯曼土耳其，最终占领东正教的圣城君士坦丁堡。那样她将成为与彼得大帝比肩齐名的名副其实的叶卡捷琳娜大帝。尽管女皇野心勃勃，但是此时俄国的军队和装备并没有她想象的那么强大，而且战争也并不是靠雄心壮志就能打赢。欧洲各国普遍都不看好这场战争。腓特烈大帝戏称这将是一场"瞎子和瘸子的战争"。法国宫廷则发出许多诋毁俄国的言论。叶卡捷琳娜与法国进行了一番纸上的较量，称其为"西方的土耳其"。由于奥斯曼土耳其是穆斯林的世界，叶卡捷琳娜这话的意思是在讽刺法国是异教徒的天堂。法国驻圣彼得堡大使馆的前秘书从西伯利亚地区旅行回国之后，写了一篇介绍俄国的书，里面充满了对俄国的蔑视和诽谤。在书中，他描述了俄国农民凄惨的生活状况，说西伯利亚地区土地极其贫瘠、寸草不生。为了反击他的言论，叶卡捷琳娜给身在法国的伏尔泰邮寄了产自西伯利亚的丰硕橡果。可见叶卡捷琳娜不论是从言语上还是行动上都表现出一种绝不相让的必胜信念。与同一时代的男性统治者不同，身为女性的叶卡捷琳娜不能亲临战场，只能在圣彼得堡的宫廷里间接体会这场战争。很快，她就可以让整个欧洲见识到在她用纸和笔的统筹指挥下所向披靡的俄国军队，从而颠覆欧洲对俄罗斯帝国的看法。

为了迎击奥斯曼土耳其，叶卡捷琳娜二世派出两支作战部队，分别为戈利岑将军领导的第一集团军和鲁缅采夫领导的第二集团军。叶卡捷琳娜对她的军队充满了信心。她给伏尔泰的信中写道："我们的士兵就像去参加婚礼那样斗志昂扬地前往战场。"但是战争毕竟不是婚礼。对俄国的士兵来说，这次对奥斯曼土耳其的战争更像是一场消灭异教徒的艰苦圣战。事实上，叶卡捷琳娜自信的言语也是为了给自己打气。身在圣彼得堡的她无时无刻不在关注前线的形势，甚至因为过度焦虑犯了严重的头痛症。1769年，戈利岑率领的八万大军由于行进速度过慢，眼看就要失利。好在他的对手，奥斯曼土耳其的大维奇（相当于首相）穆罕穆德·迩明是个认为伊斯兰的赞美诗比战争还要重要的将军,行军速度比戈利岑还慢,俄军因此才侥幸避免了一场灾难。与第一集团军不同,鲁缅采夫率领的第二集团军则传来捷报,称大军在第聂伯河东岸击退了敌军,并且成功封锁了克里米亚半岛。叶卡捷琳娜对戈利岑的表现极其不满,将他从前线撤回,命令鲁缅采夫接管第一集团军,尼基塔·帕宁的弟弟彼得·帕宁接管第二集团军继续作战。第一集团军在鲁缅采夫的指挥下迅速展开进攻,并于1769年10月占领了重要据点雅西(位于今罗马尼亚东北部)。第二集团军也在彼得·帕宁的带领下从克里米亚迅速移动,准备与第一集团军汇合之后消灭土军主力。与此同时,奥斯曼土耳其军队也于1770年在多瑙河北岸集结完毕。俄军在鲁缅采夫的统一指挥下从雅西南下。7月21日,俄土两军主力在卡古尔河(多瑙河左岸一支流)附近相遇。土军拥兵十万,持火炮150门;鲁缅采夫率领的俄军仅有不到三万人,在人数上明显处于劣势。但这正是主帅鲁缅采夫大放异彩的时机。

现年四十三岁的鲁缅采夫是彼得大帝近臣的儿子,也是叶卡捷琳娜二世的密友布鲁斯夫人的弟弟。与前任沙皇彼得三世一样,他也将腓特烈大帝视为自己的偶像。在那个时代,鲁缅采夫是俄国公认的最具有天赋的将军。与腓特烈大帝一样,鲁缅采夫既是一个治军严明的将军,同时也是一位举止优雅又健谈的人。他的身世也颇为传奇,据说他本人正是彼得大帝的私生子。这个传言的提供者并非别人,而是鲁缅采夫的母亲。鲁缅采夫的母亲出生于1699年,是彼得大帝最后一个情人。她一直活到八十九岁,见证了首都圣彼得堡从无到有的她可以说出俄国宫廷里发生的一切事情,是俄国宫廷的一部活历史。她的官方丈夫就是将彼得大帝

俄罗斯帝国名将鲁缅采夫
（1725—1796）

的亲生儿子阿列克谢从奥地利带回俄国接受审判的亚历山大·鲁缅采夫。但她声称自己的儿子是她与彼得大帝所生。这个说法具有一定的可信度,因为鲁缅采夫向世人展现出了与彼得大帝不相上下的非凡战斗技艺。七年战争中,就连腓特烈大帝都对他的表现赞不绝口。他也崇拜腓特烈大帝,并且偏爱普鲁士军装,信奉普鲁士的军规。七年战争使他的作战方略得到了优化,将他锤炼成更加优秀的将帅之才。

此次面对奥斯曼土耳其人数众多的主力部队,鲁缅采夫并没有慌乱。通过大量侦查,鲁缅采夫发现对方的军队主要由非正规的军人组成,最优秀的骑兵则由鞑靼人和斯巴达人组成。他们的士兵没有薪水,主要靠劫掠为生。虽然有法国提供的炮兵部队支持,但是总的来说,奥斯曼土耳其的武器装备和作战技术都比俄军落后。做出精确的判断之后,鲁缅采夫决定先发制人发起攻势。卡古尔河战役正式打响。值得一提的是,此次战役中负责保卫俄军后方的人名叫波将金,就是那位政变当日为叶卡捷琳娜提供剑穗的年轻人。他也将在此次战役中大显身手,再次受到女皇的青睐。在鲁缅采夫的指挥下,俄军在卡古尔河战役中以少胜多,最终占领了多瑙河下游左岸地区。卡古尔河大捷的消息于8月1日傍晚抵达皇村,瞬间治愈了叶卡捷琳娜发作了三天的偏头痛。身体恢复之后,她又给伏尔泰写了一封自我吹捧的信,告诉他目前还没有任何休战的迹象。滑稽的是,就在她写出这封信的同一个月,叶卡捷琳娜默许了鲁缅采夫开始考虑与奥斯曼土耳其和谈的建议,前提是他们释放被囚禁在七塔要塞的俄国大使。没想到的是,这个要求被土方拒绝了。

在鲁缅采夫率领陆军连战连捷之时,俄国的海上战场也传来令人振奋的消息。对叶卡捷琳娜来说,此次对土作战的一个重要目的就是打通俄国通往黑海的出海口。18世纪的欧洲,制海权至关重要,谁拥有海上霸权谁就拥有了垄断海上贸易的权利,这是一个国家富强的源泉。彼得大帝曾经历尽千辛万苦为俄国打通了波罗的海出海口,建立了波罗的海舰队。但这是远远不够的,俄国需要更多的不冻港。因此在黑海建立海上霸权变得至关重要。但此时俄国在黑海没有常驻舰队,因此无法找到一个可以有效打击奥斯曼土耳其舰队的落脚点。在一次军事会议上,"疤脸"阿列克谢看似无心地说了一句"为何不将我们的舰队绕道直布罗陀海峡,从后方打击奥斯曼土耳其舰队"。听到这个大胆构想的叶卡捷琳娜有如醍醐灌顶,她想做出这个尝试。摊开地图可以发现,如果要实现这个战略构想,俄国必须得到控制着直布罗陀海峡的海上霸主英国的同意。叶卡捷琳娜立即向英国发出求救信号。虽然奥斯曼土耳其并非英国的敌人,俄国也不是他们的盟友,但是由于奥斯曼土耳其是英国的宿敌法国的盟友,英国本能地答应了俄国的请求,毕竟只要对法国不利的事情英国都愿意做。英国不仅允许俄国的舰队通过直布罗陀海峡,还表示愿意为他们提供海上补给。1769年,叶卡捷琳娜任命阿列克谢为波罗的海舰队队长,在波罗的海的喀琅施塔得要塞为俄国舰队饯行。由于阿列克谢从未有过出海的经历,所以事实上舰队的航海事务是由一名苏格兰海军将领负责的。第二年的6月,奥斯曼土耳其海军上将在爱琴海的海域突然发现了插着俄国军旗的海军舰队,这对毫无准备的奥斯曼土耳其舰队来说是有如鬼魅一般的凶兆。"疤脸"阿列克谢下令用火船攻击停泊在切什梅港口的奥斯曼土耳其舰队,奥斯曼土耳其对此毫无准备。俄军率先击毁了奥斯曼土耳其的一艘旗舰。奥斯曼土耳其军队指挥失灵，陷入混乱之中。经过一番肉搏战，奥斯曼土耳其舰队被全部歼灭，整个切什梅港口变成了人间炼狱，近一万名奥斯曼水军葬身海底。俄国舰队控制了爱琴海海域，并封锁了达达尼尔海峡。

频频收到捷报的叶卡捷琳娜大悦，整个俄国都沉浸在胜利的狂欢中。这是自彼得大帝的波尔塔瓦大捷以来俄国对外战争取得的最大一次胜利。为了铭记这个光荣的时刻，叶卡捷琳娜命人专门在皇村建造了一座庆祝对奥斯曼土耳其军事大捷的纪念广场。她授予鲁缅采夫陆军元帅一职，并在纪念广场为他指挥的卡古尔河之战树立方尖碑。为了纪念阿列克谢的切什梅一役，她下令在皇村开辟出一个湖泊，象征着俄军对奥斯曼土耳其作战的海面，并在湖边树立起纪念石柱。

对奥斯曼土耳其作战的胜利令叶卡捷琳娜二世和整个俄国在欧洲扬眉吐气了一把。她忠实的粉丝伏尔泰在病床上上蹿下跳地为异教徒之死唱起颂歌。然而欧洲各个国家的君主们表现得就不那么乐观了。俄国一连串的胜利开始令他们感到不安。作为俄国的盟友，普鲁士的腓特烈大帝也对俄国的扩张感到不满。腓特烈还专门将他的弟弟亨利亲王派往圣彼得堡劝说女皇停战。奥地利也为俄国的势力将要渗透到巴尔干半岛而感到惶恐不安，为了阻止俄国单方面对奥斯曼土耳其的征服，他们甚至扬言要与奥斯曼土耳其结盟。为了安抚国际舆论，叶卡捷琳娜二世信誓旦旦地向亨利亲王表明，俄罗斯帝国不仅仅拥有军事力量，同时还是一个讲究社会责任、拥有公民美德的国家。她让亲王放心，因为"我们清楚应该怎样将敌人击败"。事实上，俄国宫廷内部并不希望停战，女皇的朝臣们都认为敌人已经在垮台了，应该趁此机会一击致命。但是此时，俄国境内发生了一件令人始料未及的事，使他们不得不考虑与奥斯曼土耳其和谈。

圣彼得堡的"雷石"和莫斯科瘟疫

普鲁士的亨利亲王奉命出使俄国之时，受到胜利鼓舞的叶卡捷琳娜二世邀请他来到彼得堡要塞，向他展示被俄军俘获的奥斯曼土耳其军旗。映入亲王眼帘的还有当年彼得大帝亲手制造的象征着俄国海军力量崛起的一艘帆船。似乎是为了展现出自己怀有超越彼得大帝这个前辈的决心和勇气似的，叶卡捷琳娜还专门请亨利亲王参观了她为彼得大帝的铜像选定的基石——"雷石"。之所以将它称为"雷石"，是因为当地的农民认为这块巨石一个边角上的裂缝是被雷电击中的。这块将来作为彼得大帝铜像基石的底座重达四十吨，是一块完整的花岗石。单是寻找这块合适的石头就耗费了叶卡捷琳娜两年的时间。最终这块巨石在1768年被叶卡捷琳娜和她聘请的负责建造彼得大帝铜像的雕塑家法尔科内在芬兰湾附近发现了它。当时这块高达6.7米、长约12米的原始裸石深深陷入芬兰湾松软的泥土中。为了将它运到圣彼得堡，女皇悬赏一千卢布给能够想出最佳运输方案的人。最终，工程师采用了一种带有滚轮的机器，动用了大量的劳动力，耗费了整整一年的时间才将这块巨石运到圣彼得堡。它到来的那一天正是叶卡捷琳娜加冕八周年的纪念日。女皇命人将它放在了参议院广场，也就是今天彼得大帝雕塑所在的位置。

早在1766年，叶卡捷琳娜就有了为她所敬仰的前辈彼得大帝树立雕塑的想法。在她的另一名粉丝，法国启蒙思想家狄德罗的推荐下，叶卡捷琳娜选中了法国雕塑家法尔科内负责这项巨大的工程。这位雕塑家从此便开始了他在俄国长达十二年的雕塑工作。1769年俄土战争时期，法尔科内正在圣彼得堡进行着他的创作。亨利亲王看到的只是那块千里迢迢被运往圣彼得堡的基座。

亲王在圣彼得堡待了一段时间后，又起身前往莫斯科，最终于1770年底离开俄国。亲王不知道的是，他前脚刚刚离开莫斯科，俄国朝廷就在1770年12月22日收到了莫斯科市长关于本市瘟疫告急的消息。事实上，叶卡捷琳娜早在当年五月就已经收到了关于这场发源于西南地区的瘟疫的报告。9月中旬的时候，西南地区的老城基辅已经沦陷了。那时叶卡捷琳娜就已经开始担心疫情会波及旧都莫斯科。果然，12月她就收到了莫斯科疫情告急的消息。出于对奥斯曼土耳其帝国的厌恶之情，叶卡捷琳娜将罪责推给了奥斯曼土耳其，声称这是来自奥斯曼土耳其的瘟疫，是来自奥斯曼土耳其的纺织品将可怕的传染性病毒携带到了俄罗斯帝国。叶卡捷琳娜如此强词夺理的说法依然赢得了她狂热的粉丝的赞同。伏尔泰请求她"消灭地球上的这两大灾难——瘟疫和奥斯曼土耳其人"。但是这种口舌之快对消灭瘟疫起不到任何作用。虽然莫斯科寒冷的冬季暂时抑制了病毒的蔓延，但是到了第二年的六月气候渐渐回暖之后，这场瘟疫在莫斯科大面积爆发。警察不得不将纺织厂的大量工人进行紧急疏散隔离，莫斯科的贵族们都纷纷逃往乡下避难。到了八月，疫情席卷了莫斯科全城，每天的死亡人数超过了500人。由于死亡的人数过多，倒在街头巷尾的尸体已经无人清理，莫斯科几乎变成了恐怖的停尸房。叶卡捷琳娜紧急下令封锁莫斯科前往其他城市的所有道路，整座城市的百姓都陷入无尽的恐慌之中。

在疫情尚未大规模暴发之前,莫斯科的人们还愿意接受朝廷的疏散和隔离处理。随着疫情的严重化,绝望的人们开始将希望寄托在上帝身上,拒绝听从朝廷下达的禁止聚集的指令,纷纷涌向教堂祈祷。位于莫斯科城的一座圣像成了大量市民聚集的地方。他们匍匐在圣像脚下亲吻它,以至于这尊圣像变成了城里的疫情传播中心。朝廷的官员没有一个敢出来制止这些疯狂的民众,只有莫斯科大主教安布罗斯神父勇敢地站了出来。安布罗斯神父是一位富有学识的神职人员,也是将来叱咤风云的人物波将金的朋友。在波将金还是莫斯科大学的学生时,曾经向他借过500卢布。当时波将金向神父承诺将来一定会连本加息地将钱还给他。然而波将金不知道自己竟永远都没有还钱的机会了。在疫情最严重的时期,为了避免人群聚集,安布罗斯神父悄悄地将那尊圣像转移到其他地方。然而有人发现了正在转移圣像的神父,认为他是在摧毁莫斯科的希望。情绪异常激动的暴徒们蜂拥而至,当场将神父碎尸万段。叶卡捷琳娜意识到莫斯科已经失控了,她必须采取措施平息这场混乱。但是又有谁能担此重任呢?

正当众人一筹莫展之时,女皇的情人格里戈利自告奋勇前往莫斯科。这一年,格里戈利三十四岁了,他已经陪伴了叶卡捷琳娜十年之久。对他来说,在女皇身边的这些日子并不好过。女皇的光辉盖过了他的一切,而他似乎只有在女皇的床上可以找到一些自信。俄土战争期间,曾经在战场英勇杀敌的他请求参战,但是叶卡捷琳娜却以战场太危险为由拒绝了他。奇怪的是,这一次,叶卡捷琳娜竟然答应了格里戈利前往莫斯科平息瘟疫的请求。从某种意义上来说,瘟疫不是比战场还要可怕吗?无论是出于何种考虑，女皇心意已决。1771年10月，格里戈利带着他的人马启程前往人间地狱——莫斯科。

在他到达莫斯科时，当地的死亡人数已经上升到了每月21000人。格里戈利立即展开了疫情防控工作。他首先令手下掩埋那些暴露在外的尸体，然后将3000座已经被病毒"侵占"的老房子烧毁，给接近六千户人家统一消毒，同时命令手下在城中建立孤儿院，并且拿出95000卢布为市民提供衣服和食物。在抗疫的过程中，格里戈利表现出了过人的精力和人道主义的作风。只要他英俊的面孔和结实魁梧的身材出现在众人面前，就足以带给人们抗击疫情的信心。在他夜以继日的努力下，旧都的情况迅速好转。格里戈利在当年的11月返回圣彼得堡时，莫斯科的死亡率已经有了大幅度的下降，整座城市都渐渐恢复了秩序。

格里戈利于12月4日抵达圣彼得堡。叶卡捷琳娜在此等候着他的归来，并专门为他在皇村树立起象征胜利的凯旋门，还为他打造了一枚刻有他的肖像的纯金奖章。在众人看来，经历了这次的抗疫事件之后，女皇对格里戈利的爱似乎已经到了坚不可摧的地步。然而事实上，在格里戈利无限风光的背后，他与叶卡捷琳娜之间的感情其实已经走到了尽头。

波兰遭殃和格里戈利失宠

在俄土战争爆发之际，欧洲各国都以一种鄙夷的态度观望这两个笨拙的国家在战争中的表现。作为一名顶尖的战争艺术家，腓特烈大帝更是嘲笑他们之间是"瞎子和瘸子的战争"。然而，随着战争的持续发展，到了1769年，俄罗斯帝国竟然占领了位于当今东欧地区的摩尔多瓦，叶卡捷琳娜二世更是野心勃勃地叫嚣要继续向前挺近，一举攻占东正教的圣地君士坦丁堡。这就严重威胁到了欧洲国际关系的平衡。奥地利大公国甚至一度准备与奥斯曼帝国结盟阻止俄国的扩张。原本势同水火的奥地利和普鲁士因为共同利益的关系也开始向对方投去暧昧的目光。1769年8月，腓特烈大帝和来自奥地利的神圣罗马帝国皇帝约瑟夫二世（玛利亚·特雷西亚的儿子）私下里在尼斯河会了面。他们私下会晤的消息惊动了叶卡捷琳娜二世。为了巩固与普鲁士的关系，她立即在1769年10月与腓特烈大帝签订了一项新的合约。但是在对奥斯曼土耳其方面，叶卡捷琳娜依然非常强势，她表示俄国会将对东欧的占领进行到底。俄普奥三国就奥斯曼土耳其的问题相持不下。最终，还是普鲁士的腓特烈大帝提出了一个三国都能接受的方案平息了这场争端。这个方案殃及了一个无辜的国家——波兰。

当时俄奥两国都希望普鲁士帮助自己打击另外一方，这让腓特烈大帝这只老狐狸意识到这是为普鲁士捞取利益的最佳时机。他看着自己的这片分布零散的国土，琢磨着如果能将横亘在普鲁士领土中间的那块地区纳入自己的国土该多好，那样普鲁士的领土就可以连接起来了。这片土地恰好是属于波兰的。他将这种想法通过亨利亲王间接地传达给了叶卡捷琳娜二世，并且表达了自己希望俄国也通过分食波兰这块蛋糕起到给他们在与奥斯曼土耳其作战过程中留下的伤口"涂一些膏药"的作用。叶卡捷琳娜没有提出反对意见。1771年俄国境内爆发的那场瘟疫促使她考虑停止与奥斯曼土耳其的战争，然后通过将瓜分波兰作为补偿的提议。当年5月，俄国外交部首席官员帕宁已经开始研究地图并与女皇讨论应该瓜分波兰的哪一块土地了。只有奥地利的玛利亚·特雷西亚痛恨俄普两国意图瓜分波兰的无耻行为，但是她务实的儿子认为与俄普联手是为奥地利争取利益的最佳方案。1772年8月，俄普奥三国终于都在瓜分波兰的协议上签了字，史称"第一次瓜分波兰"。通过这项协议，俄国得到了最大的一块领土，这片领土上居住着大量信奉东正教的俄国人；奥地利则收获了最多的人口和财富；普鲁士的腓特烈如愿以偿地得到了他想要的那块土地，增强了普鲁士版图的凝聚力。腓特烈大帝嘲笑玛利亚·特雷西亚假慈悲，说她"哭哭啼啼的，还把人家的版图给吃了"。

然而，对波兰的瓜分并没有终止俄土战争。1771年，俄国在与奥斯曼土耳其的作战中陷入了僵局。长年征战在外的俄国士兵已经显露出了疲态。1772年5月，叶卡捷琳娜决定与奥斯曼土耳其进行和谈。她派出的俄方和谈代表是不久前成功平息了莫斯科疫情的英雄、她的情人格里戈利·奥尔洛夫。叶卡捷琳娜和帕宁希望通过此次和谈争取到使克里米亚半岛脱离奥斯曼土耳其的控制独立出来的目的，同时使俄国获得对黑海北岸的控制权。但是与在莫斯科的杰出表现不同，这次格里戈利的表现令叶卡捷琳娜大失所望。认为代表着获胜一方的格里戈利格外高傲，在谈判桌上的表现飞扬跋扈，完全没有和谈的诚意。不仅如此，他还公然与鲁缅采夫将军争论了一场，扬言如果将军不服从他的安排就将其送到绞刑架上去。他完全忘记了女皇赋予他的使命是通过和谈结束战争，竟然自作主张地向奥斯曼土耳其代表放言要占领奥斯曼土耳其帝国的首都君士坦丁堡。谈判一度陷入了僵局。此时，奥斯曼土耳其的传统同盟国瑞典国内发生了新的变化——新国王古斯塔夫三世登基即位。长期以来，瑞典都是与俄国对立的国家，尤其是彼得大帝在波尔塔瓦一战中彻底击垮瑞典，为俄国打通波罗的海出口之后，瑞典更是将俄国视为不共戴天的敌人。新登基的瑞典国王颇具实力，在法国的支持下，他通过一场政变将长期以来内讧不断的国家统一起来，恢复了瑞典的国王专制统治。出于对俄国的厌恶，古斯塔夫三世怂恿奥斯曼土耳其继续对抗俄国。有了瑞典支持的奥斯曼土耳其坚定了不肯割让克里米亚半岛的决心。

格里戈利在谈判桌上的一系列表现陆续传到了女皇的耳朵里，叶卡捷琳娜对他大失所望。在与格里戈利做了十一年的情人之后，叶卡捷琳娜已经对他失去了兴趣。当格里戈利前去和谈之时，朝廷里反对他的势力就开始在女皇耳边不断地攻击格里戈利，向女皇报告他在外面拈花惹草的事实。叶卡捷琳娜产生了一种被他欺骗的感觉，这次谈判桌上的恶劣表现更是促使她下定决心趁此机会替换掉这个已经令她感到厌倦的情人。其实这个时候的叶卡捷琳娜早已移情别恋。自政变那天起，她就对为她提供剑穗的那名近卫军官波将金颇有好感。但是此时波将金正在与奥斯曼土耳其作战的前线，无法返回圣彼得堡。向来与奥尔洛夫兄弟不睦的尼基塔·帕宁趁机向女皇引荐了一名二十八岁的近卫军军官亚历山大·瓦西里奇科夫。叶卡捷琳娜很快就被这位年轻帅气的军官吸引。在带他前往皇村之时，叶卡捷琳娜赏给他一个黄金鼻烟壶，以此表示对他满意。1772年8月，女皇任命他为自己的贴身侍卫，随后又赏给他十万卢布还有一栋郊外的别墅，并让他住进格里戈利在冬宫的套间里。远在东欧与奥斯曼土耳其谈判的格里戈利收到了他即将被新宠替代的消息，这令他惊恐万分。8月23日，在没有收到女皇诏令的情况下，格里戈利擅自离开了谈判桌，马不停蹄地赶回圣彼得堡。大臣们和各国外交使节观望着朝中的动向，但是大多数人都认为只要格里戈利一现身,女皇就会再次回到他的身边。出乎所有人意料的是,叶卡捷琳娜压根没有给格里戈利进城的机会。由于担心这个鲁莽的男人在情急之下会做出极端的事情,叶卡捷琳娜以受莫斯科疫情影响,所有进入圣彼得堡的人员均需要隔离为由命令格里戈利退回到他在圣彼得堡城外的加特契那庄园。为了防止意外发生,她甚至更换了自己房间的门锁,并且派自己的亲信卫兵把守房门。格里戈利的失宠震惊了俄国朝堂。此前大臣和外交使节们早就习惯了奥尔洛夫和帕宁在朝廷中维持的平衡状态,格里戈利的失宠使整个朝廷的风向变得不确定起来。

格里戈利在加特契那接受"隔离"期间,叶卡捷琳娜毫不留情地向他索要曾经赐给他的那枚镶嵌在钻石相框中的肖像。格里戈利倔强地退回了价值连城的相框,留下了女皇的肖像,并且继续将她的肖像戴在胸前。经过四个星期的"隔离"之后,女皇终于允许他返回圣彼得堡。在与叶卡捷琳娜的新宠尴尬地相处了一段时间之后,格里戈利接受了自己已经"下岗"的事实。他请求女皇允许他去欧洲旅行。女皇答应了他的请求。作为对奥尔洛夫兄弟的补偿,叶卡捷琳娜慷慨地赠予格里戈利每年15万卢布的年金、一座奢华无比的大理石宫殿、上千名农奴以及各种数不尽的名贵珠宝。在欧洲旅行期间,格里戈利花了46万卢布买下了一颗巨大的蓝绿色钻石——大莫卧儿钻石。这颗钻石重达198克拉,形状像半个鸽子蛋。他希望通过这颗钻石重新点燃叶卡捷琳娜对他的爱。1773年5月,旅欧回来的格里戈利再次出现在俄国的宫廷,并且返回了此前的工作岗位。叶卡捷琳娜收下了他的钻石,但是拒绝了他的爱。至于那位新宠,叶卡捷琳娜发觉他除了拥有一副好皮囊之外没有任何可取之处。"当他抚摸我的时候,我有一种想哭的冲动。"叶卡捷琳娜在给她朋友的信中写道。这个卑微的男宠陪伴叶卡捷琳娜度过了她执政以来最难熬的一段时间,用尽心思满足她的欲望,但是她在他身上得不到任何安慰。他无法为女皇出谋划策,也没有能力给予她精神上的支持。忍无可忍的叶卡捷琳娜最终给了他一笔丰厚的"退休金",将他打发到了莫斯科郊外的一所别墅隐居。当然了,在将他打发走之前,叶卡捷琳娜早已找好了她的新宠。这一次,她绝对不会感到失望。

但是,在真爱到来之前,叶卡捷琳娜还要经历一番巨大的考验。

皇太子保罗

自叶卡捷琳娜登基以来,她对自己的儿子保罗一直都怀有一种复杂的感情。虽然是亲生儿子,但叶卡捷琳娜对他的感情并不深厚。由于伊丽莎白女皇对保罗的扶养方式很不科学,保罗从小到大的身体状况一直不佳。十一年以来,只要他生病,叶卡捷琳娜就担惊受怕,她生怕这个弱不禁风的儿子在成年之前就夭折。她知道自己的政治生命系于他的身上。如果保罗出事,她的皇位也将受到巨大的威胁。但保罗逐渐长大也会影响到她的统治。事实上,在彼得三世和伊凡六世身亡之后,叶卡捷琳娜二世在朝廷里的唯一威胁就剩下她的儿子保罗了。现如今,朝廷里已经渐渐形成了拥护保罗的势力。保罗的老师尼基塔·帕宁就是拥护他的一支主力军的领军人。

叶卡捷琳娜没有任何放权给儿子的打算，她早已打定了主意独揽大权，即使保罗长大成人也不会将皇位交给他。女皇有她自己的理由。她认为保罗完全不具备一名优秀的君主应该具有的素质。叶卡捷琳娜在保罗还是婴儿之时夸赞过他相貌可爱之后，就很少有关于她赞赏这个儿子的记录了。保罗长大之后，叶卡捷琳娜甚至毫不留情地形容自己的儿子样貌丑陋。根据她的描述，保罗与她的第一个情人，也是她声称的保罗的生身父亲谢尔盖·萨尔蒂科夫没有任何相似之处，倒是与她的丈夫彼得三世容貌相近。更加令人匪夷所思的是，长大后的保罗与彼得三世一样热衷于军事训练，并且狂热地崇拜普鲁士的军队和训练方式。尽管宫廷中关于他身世的流言蜚语不断，但保罗认定了彼得三世才是自己的亲生父亲，并且深信他的父亲是在母亲的指使下被人谋杀的。在他眼中，母亲是一个权力欲望强烈的魔女，她害死了自己的父亲，如今又要随时准备对他下手。这种想法导致保罗经常疑神疑鬼，甚至还导致了他癫痫病的发作。由于时常幻想他的母亲要谋杀他，有一次在自己的食物中发现了一个细小的玻璃碎片时，保罗竟然吓得面如土色，一路吼叫着跑到母亲的房间，像疯子一样质问她是不是要谋杀他。叶卡捷琳娜愈发对保罗失去了耐心。保罗总是令她回忆起那个令她厌恶的彼得三世。保罗看得出母亲对他的无视和冷漠，于是更加畏惧和痛恨她的权威。

保罗的成年的确令叶卡捷琳娜感到不安，虽然自始至终她并没有铲除自己亲生儿子的想法。她的这种不安感并非没有缘由。朝廷里始终都存在一股让她将权力交给保罗的暗流。1772年格里戈利前去与奥斯曼土耳其和谈的时候，圣彼得堡的宫廷发生了一场小叛乱。普列奥布拉任斯基军团里的几十名军官密谋发动政变将保罗推向沙皇之位。但是这起阴谋还没付诸实施就败露了。对他们进行审讯时，他们的头目招供道，他们意图趁格里戈利离开之际通过政变将他革除，同时逼迫女皇退位并将她关押到修道院，然后拥立保罗登基。叶卡捷琳娜下令将叛乱的头目处以鞭刑然后罚去终身做苦工，其他人被施以"跑棍子"的惩罚后永久流放。鞭刑是当时俄国一种常用的刑罚。与普通的鞭子不同，施刑的鞭子用厚重的硬皮制成，大约有一米长，鞭子的尾端还套着金属球。只需一鞭子，受刑者后背上的皮就会被生生地撕下来。标准的行刑方法是鞭笞犯人十五到二十五下，再多打几下就有可能要了人命。当初彼得大帝的儿子阿列克谢就是被这种鞭刑活活打死的。即便如此，按照那个时代的谋反罪标准来看，这些惩罚也算是轻的了。女皇之所以对这些人从轻发落，主要是考虑到他们都是一些没有军衔的年轻军官，很多人还不到二十岁，应该都是受到煽动起事，无法产生巨大影响力。尽管如此，这件事还是加深了叶卡捷琳娜的不安感，她认为目前对自己的皇位造成最大威胁的人就是保罗，甚至怀疑此次的叛逆事件与他有关。最值得怀疑的就是尼基塔·帕宁，因为他向来都支持自己的学生当政。但是经过一番调查之后，没有任何证据表明帕宁参与了此次的密谋。

1772年9月，保罗年满十八岁，已经成年了。帕宁建议女皇为他娶妻。叶卡捷琳娜非常赞成帕宁的提议，但是她和帕宁让保罗成亲的目的各不相同。由于不喜欢保罗，叶卡捷琳娜希望通过婚姻让未来的大公夫人尽快生下一名罗曼诺夫王朝未来的接班人。到时她就可以与伊丽莎白女皇当年一样亲自培养她的皇孙，这样将来皇位的继承者也就多了一个选择。主意已定，接下来要做的就是为保罗娶妻。很自然的，叶卡捷琳娜想到了腓特烈大帝这个眼光独到的媒人。当年自己就是通过他牵线来到的俄国。腓特烈当然乐意再做一次月老，借此增强俄国与普鲁士的纽带。慷慨的腓特烈大帝这次一口气为叶卡捷琳娜提供了三个人选，均为普鲁士路德维希九世伯爵的女儿。与当年为彼得大公选妃的标准一样，出于将来改宗的需要，腓特烈挑选的三位公主均出身于普通的贵族家庭，没有显赫的身世，她们的父亲也被禁止一同前往圣彼得堡。叶卡捷琳娜对未来的儿媳妇充满了期待，立即安排基里尔·拉祖莫夫斯基的儿子安德鲁·拉祖莫夫斯基负责接人。当安德鲁见到三位公主时，他自己迷上了大公主威廉明娜·路易莎，一路上都与她眉来眼去。威廉明娜是三位公主里样貌最为突出的一个。当她们被带到保罗大公面前时，大公一眼相中的也是这位威廉明娜公主。只是不知道这位公主对丑陋的大公是否有好感。不过从她今后的表现来看，她对保罗应该是毫无爱情可言的。叶卡捷琳娜看得出公主对保罗的失望之情，因为她的反应就与当年她刚见到彼得大公时的反应一模一样。眼前的一切似乎都是历史的重演。但是叶卡捷琳娜不允许自己多愁善感地怀旧，她必须尽快着手准备为选定的大公夫人举行东正教受洗仪式的事项，让她尽快改宗。受洗之后，叶卡捷琳娜赐予她娜塔莉娅·阿列克谢耶芙娜的教名，并将她与保罗大公的婚礼定在了1773年9月29日。叶卡捷琳娜似乎看到了俄罗斯帝国未来的希望，但是她的心里又缠绕着一丝焦虑。保罗成婚之后，就会与他的大公夫人组成一个属于他们自己的小宫廷，一如当年她做大公夫人时那样。他们会效仿当年的自己，发展自己的势力，最终取代她这个大宫廷吗？没想到当年伊丽莎白女皇的担忧如今也发生在了自己身上。与伊丽莎白一样，她也会尽全力阻止这对新婚夫妇在小宫廷形成他们自己的势力。

尼基塔·帕宁是她最不放心的一个人。当初帕宁提议让保罗大公成婚的主要目的正是组建将来可以全心全意地服务大公夫妇的小宫廷。叶卡捷琳娜不可能不知道他的心思。保罗成婚后，叶卡捷琳娜立即撤掉了帕宁太子教师的岗位，这样他就没有理由频繁地前往小宫廷了。对心怀政治抱负的帕宁来说，这无疑是一个巨大的打击。为了安抚他的情绪，女皇将他提拔为外交部部长，并且让他享受朝廷官员最高等级的待遇，同时赏赐给他三万卢布的年金和九千名农奴。

1773年，俄罗斯帝国发生了太多的事，叶卡捷琳娜无暇过多地考虑小宫廷的问题。在保罗成婚之时，一场巨大的风暴已经渐渐酝酿成熟，向帝国的心脏席卷而来。

"彼得三世"归来

1773年，当俄国还深陷与奥斯曼土耳其的战争中无法自拔之时，叶卡捷琳娜收到了一个的消息：她那个已经死了十一年之久的丈夫彼得三世又复活了。之所以说他"又"复活了，是因为在她当政的这十年时间里，彼得三世曾经被俄国人民复活过四次之多。俄国民众总是狂热地臆想着那些合法的沙皇死而复生或者逃出生天之后救民于水火，就像基督复活一般。当他们对现实生活不满的时候，就容易打着复活的君主的旗号反叛当前的统治者。叶卡捷琳娜已经习惯了他们的这种臆想，所以这一次，她对彼得的第五次复活并没有特别的重视。她认为这又是一起民众的小规模暴乱而已，因此只是随意地派出一支军队前去镇压。由于对这起叛乱非常轻视，叶卡捷琳娜在收到彼得第五次复活的消息时还满怀热情地接待了一位远方的来客，他就是那位曾经接受了她慷慨资助的启蒙思想家狄德罗。

叶卡捷琳娜二世慷慨的资助使几近破产的狄德罗摆脱了困境。从那时起，狄德罗就决定亲自前往遥远的俄国感谢他的恩主，顺便在那片陌生的土地上推广他的启蒙思想。1773年的5月，年届六十的启蒙思想家狄德罗当真从法国动身前往千里之外的圣彼得堡。对他这个年纪的人来说，这趟旅程异常艰辛。四个月之后，狄德罗终于抵达了圣彼得堡。那是1773年的9月，狄德罗到达圣彼得堡的时候刚好赶上了保罗大公的婚礼。当时叶卡捷琳娜正苦于无人与她谈心，保罗的婚礼让她感到焦头烂额，她那个枯燥乏味的新欢令她感到厌倦，狄德罗的到来让她心生愉悦。她与这位启蒙思想家神交已久，如今终于可以与他促膝长谈。从9月一直到10月，叶卡捷琳娜几乎每天都会在自己的书房里接见狄德罗，与他交谈一到两个小时。对视时间为生命的女皇来说，这可是异常难得的。狄德罗将女皇视为知己，毫无保留地向她倾吐自己的思想见解，喋喋不休地教导女皇如何统治她的国家和臣民。与女皇交谈的时候，狄德罗会情不自禁地抓住女皇的手，摇晃她的胳膊，甚至用力砸她面前的桌子。有时候他演讲得特别激动时，甚至会一把扯下自己的假发，将其甩到地上。每当这时，叶卡捷琳娜总会将他的假发捡起来，微笑着将其递给他。狄德罗对女皇的建议无所不包，从保罗大公的教育问题到俄国的公共设施建设再到君主的施政纲领，他全部给出了详细的意见。狄德罗甚至列出一份含有48个问题的调查问卷请女皇作答。这些问题涵盖了俄国社会的方方面面。比如，俄国哪些省份有羊毛加工厂，叶卡捷琳娜机智地答道："那些有羊的省份都有羊毛加工厂。"当看到农奴这个敏感的话题时，叶卡捷琳娜略带吃惊地答复他道，俄国可没有什么"奴隶"，只有依附于土地的农民，并声称这些农民都拥护独立的思想，只是身体受到某种限制而已。狄德罗不留情面地反驳了她，并督促女皇尽快做出改革。他的意思是让女皇解放农奴。对那个时代的专制君主来说，狄德罗的言论过于激进和理想化。叶卡捷琳娜发现自己喜爱的这位哲学家对俄国的现实生活毫无认识。如果按照他的方案进行统治，一定会天下大乱的。叶卡捷琳娜直言不讳地对他说："您的理论虽然伟大高深，但是毫无实践的意义。作为一个思想家，您可以尽情地发挥自己的想象纸上谈兵。但是我不一样，作为一个可怜的女皇，我需要面对的是成千上万难以应付的民众。"狄德罗不知道的是，正在他大谈特谈公民美德、解放农奴的话题之时，叶卡捷琳娜正在面临一场她即位以来最严峻的考验，而带给她这份考验的人正是成千上万的俄国农奴。

1773年的10月，由第五次复活的"彼得三世"领导的叛军已经达到了空前的规模。这个自称是正牌沙皇"彼得三世"的起义领袖是一个名叫普加乔夫的目不识丁的哥萨克人。哥萨克人原本是鞑靼武士，但是后来由于历代沙皇和地主残酷地压迫农民，迫使越来越多的自由民沦为农奴，成千上万的农奴为了逃离朝廷的魔爪，逃往哥萨克人的领地，融入他们的生活。除了这些人之外，一些逃兵、罪犯也加入哥萨克人的群体。在叶卡捷琳娜统治时期，哥萨克人已经拥有相对独立的领地，形成了一个个自治区。哥萨克人不从事农业生产，主要依靠劫掠和养马为生。由于作战英勇，俄国的统治者一直希望将他们收编入军队。但是出于热爱自由的天性，他们拒绝加入正规军。俄国的哥萨克人按照地域形成了许多支系，例如顿河哥萨克、雅伊克河哥萨克、扎波罗热地区哥萨克等等。此次起义的领袖普加乔夫就是一名顿河哥萨克人。

普加乔夫出生于1740年，他曾经参加过七年战争，后因对朝廷牢骚满腹被拘捕，之后自己逃了出来。1773年9月，普加乔夫在伏尔加河下游的雅伊克河附近集结了一支大约80个人的哥萨克队伍，拉起了起义的大旗。他号称自己就是前任沙皇彼得三世。他邪恶的妻子、来自德意志的异教徒、当今的女皇叶卡捷琳娜二世试图杀害他，但是他成功地逃了出来，因此他并没有死。如今他要代表俄国人民反抗她的暴政，解救被奴役的俄国人民。当时俄土战争已经进入了第五个年头。饥饿、战争和瘟疫使广大人民尤其是贫苦农奴的生活异常艰难。8月23日，朝廷发布的征兵诏令要求每一百个人中就要征调一个新兵。这个诏令使人民的生活雪上加霜。就在此时，普加乔夫以救世主的身份出现了，处境悲惨的人们瞬间燃起了希望。关于这位"彼得三世"的身世在民间广泛地传播开来，说他正是因为想要解放农奴才惹来了杀身之祸，最终被他的妻子赶下皇位。为了证明自己是真正的沙皇，普加乔夫向起义军展示了自己被人加害时在胸口上留下的刀疤。事实上，人们根本不在乎他究竟是不是彼得三世，他们就是单纯地愿意相信有这个救世主的存在。在"救世主"的号召下，广大农奴揭竿而起，起义军的队伍迅速壮大起来。短短一个月的时间，起义军就达到了数万人之多。乌拉尔山各个冶金厂的工人的加入更是为普加乔夫提供了充足的武器弹药。

10月5日，当狄德罗向叶卡捷琳娜推销他的治国理论时，俄国东南部的重镇奥伦堡正在遭受普加乔夫起义军的围攻。叶卡捷琳娜淡定地派出卡尔少将前去镇压这起哥萨克人的叛乱。同时，她令手下呈上来一张奥伦堡的地图。正在皇村度假的女皇乐观地认为很快就会收到卡尔传来的捷报。但这一次,她严重低估了起义军的能量。

由于帝国的精锐部队都已经被派往前线对土作战,卡尔将军率领的这支镇压叛乱的军队是临时拼凑起来的一支杂牌军。这支军队中一些农奴出身的军人出于对革命的同情甚至加入了叛军的队伍。11月初,卡尔率领的政府军在与哥萨克叛军首领切卡统领的一支精锐炮兵对抗时完全无力阻挡叛军的攻势。叶卡捷琳娜命名日的前夕,正在皇村度假的她等到的竟是政府军溃败的消息。政府军的败北极大地鼓舞了起义军的士气,起义的烈火迅速蔓延。奥伦堡、乌拉尔山区、西伯利亚以及伏尔加河下游地区全部都是起义军的身影。叶卡捷琳娜大为震惊,她没想到一个已经死掉的

声势浩大的普加乔夫起义

沙皇竟然有这么大的号召力，难道他们忘了这个沙皇在位时是个不得人心的亲普分子吗？11月，势头正旺的沙皇"彼得三世"组建了自己军事委员会，并任命他的心腹切卡为陆军元帅。不仅如此，他还颇为幽默地为其他的起义军首领取名为"帕宁""沃伦佐夫""奥尔洛夫"等，总之女皇身边的重臣他这里都有。为了给朝廷造成震慑，"彼得三世"向起义军宣布，每杀掉一个贵族，就给予他们100卢布的赏金，烧毁十座庄园就能被授予"将军"的头衔。这个政策给了起义军极大的鼓舞。一时间，那些曾经安分守己、对主人唯命是从的农奴们全都变成了凶神恶煞的杀人狂魔，将屠刀伸向了他们的主人。他们就像一群压抑了许久的困兽一样，沿着伏尔加河一路北上，毫不留情地烧杀抢掠，所到之处到处都可以看到被砍掉头颅、尸体被剁成碎片的贵族，就连妇女和儿童也不能幸免于难，被抢劫、焚毁的庄园更加不计其数。这场叛乱已经开始撼动帝国统治阶层的根基。叶卡捷琳娜怀疑这不是一起普通的民众叛乱，其中有奥斯曼土耳其的共谋。事实上，她多虑了，这的确是一起俄国境内的农民起义，并没有境外势力的煽动。意识到问题严重性的她召回了被叛军挫败、令帝国蒙羞的卡尔，派遣作战经验丰富的大将军比比科夫领兵约6500人，前往南方镇压普加乔夫起义军。

为了淡化国际社会对俄国国内暴乱的关注，叶卡捷琳娜二世对外声称："并没有什么大规模的叛乱，只是有一个自称为彼得三世的疯子纠集了500来号人在奥伦堡抢劫了一番，现在一切尽在比比科夫将军的掌控之中。"女皇看似淡定自如的背后是整个朝廷的惶恐不安，帝国高层的知情者此刻都笼罩在一层不确定的阴影当中。在叛军盘踞的地区，当地的贵族家庭纷纷携家带口慌忙逃往圣彼得堡和莫斯科。贵族们的逃亡更是增强了圣彼得堡和莫斯科民众的恐慌情绪，尤其是听到这些逃难的贵族描述他们目睹的惨状时，更感到毛骨悚然。1774年新年这一天，圣彼得堡宫廷的侍卫在冬宫发现了一张揭发朝廷腐败的布告，署名为"诚实的人"。朝廷立即下令追查此事，然而除了找到散布在圣彼得堡街头的更多宣传解放农奴、惩罚贵族的小册子之外一无所获。最终，秘密警察只得将此份布告在参议院的门前当众烧毁。这是一个极其凶险的征兆，代表着叛军的人已经渗透到了帝国的中心，冬宫的安保立即升级。

如果只是对付这些起义的农民军，朝廷的正规军是绰绰有余的。然而不巧的是，此时俄国对奥斯曼土耳其的战事仍然处于胶着状态，而且前线的俄军已经相当疲惫，朝廷很难腾出手来应付国内的叛乱。1774年1月，奥斯曼土耳其帝国的苏丹穆斯塔法三世驾崩，继任者是他的弟弟阿卜杜尔·哈米德。这位年轻的新任苏丹野心勃勃，完全没有与俄国和谈的意向，法国也怂恿他们继续与俄作战。不仅如此，奥斯曼土耳其军为俄国国内的叛乱所鼓舞，士气大增。在奥斯曼土耳其的煽动下，俄国境内乌拉尔和高加索地区的穆斯林部落也加入到普加乔夫的阵营反抗叶卡捷琳娜二世的统治。这下这起单纯的农民起义真的被境外势力利用，情况变得更加复杂了。与奥斯曼土耳其和谈已是不可能的事。如今俄国急需在对土作战中再次赢得一次胜利，才能将他们逼到谈判桌上。陆军元帅鲁缅采夫担起大任，再次奉命出征，率军渡过多瑙河。

在国内的战场上，比比科夫将军不负女皇所托，很快掌控了全局。1774年初，在朝廷正规军有条不紊的打击下，装备简陋、纪律松散的叛军节节败退。当年三月，普加乔夫见大势不妙，率

第六篇　稳坐江山

领叛军逃往乌拉尔山区。奥伦堡之围总算解除了。但是所有人都清楚，没有抓到叛军的首领是很危险的，他一定会卷土重来。

波将金登场与女皇热恋

对叶卡捷琳娜来说，1773年末到1774年初的日子是相当难熬的。她统治下的俄罗斯帝国面临着对奥斯曼土耳其作战和镇压普加乔夫起义的双重压力。雪上加霜的是，在这个艰难的时刻，朝廷内部竟出现了一股反对她统治的势力。1773年末，外交部部长帕宁的朋友，来自普鲁士的萨尔丁在帕宁的引荐下成为保罗大公夫妇小宫廷的主管。萨尔丁是个不安分的人，自他成为小宫廷的主管以来，就一直怂恿保罗大公争取与他的母亲叶卡捷琳娜二世共同摄政的权力。所有人都知道保罗大公是亲普鲁士的代表，萨尔丁这样做很显然是为他的祖国着想。作为知情人，帕宁并没有揭发萨尔丁的这种叛逆行为，因为帕宁此时的外交立场正是加强俄普关系，况且他一直都是保罗大公的支持者。令人感到意外的是，保罗大公向他的母亲汇报了萨尔丁的表里不一，揭发了他的企图。怒火中烧的叶卡捷琳娜发誓要将邪恶的萨尔丁五花大绑，然后带到她的面前狠狠地惩处他。帕宁站出来求女皇开恩。最终叶卡捷琳娜只是将萨尔丁打发出俄国境内。但是从此以后，她渐渐地不再信任帕宁。

这么多事情交织在一起，令叶卡捷琳娜感到心力交瘁。夸夸其谈的狄德罗无法为她提供任何实质性的帮助，她那个榆木疙瘩一样的男宠亚历山大·瓦西里奇科夫更是令她心烦意乱。她急需一个能够令自己身心愉悦并且可以为她出谋划策的男人。这个男人其实早在十一年前的那场政变中就已经出现了,他就是那个将剑穗递给她的波将金。此时,波将金在对奥斯曼土耳其作战的前线,准备在鲁缅采夫的指挥下渡过多瑙河。1773年12月,无法抑制相思之苦的叶卡捷琳娜给波将金寄去了一封亲笔信。她在信中含蓄地写道:"中尉先生、尊敬的骑士,我想此刻你一定忙于攻克城池而无暇阅读书信。虽然我无法断言您是否已经攻下了西里西特拉城,但是我确定您所做的一切都表达了出对女皇以及您挚爱的祖国的热情。然而对我个人来说,我真诚地要求像您这样热情、勇敢、睿智、谨慎的优秀人才不要深陷险境。或许您会问为何我要写封信。我会告诉您,是为了让您相信我对您的想法,让您相信我一直都是对您充满关怀的叶卡捷琳娜。"1774年初,读到女皇书信的波将金难掩心中的激动之情,他无心继续留在战场,当晚就离开了军营,火速前往圣彼得堡。事实上,这是他第二次来到叶卡捷琳娜身边。1762年政变后不久,他就受女皇之邀留在了宫廷里。女皇甚至还请他加入了自己私密的小圈子。如果要对这位将来对俄国影响深远的人物有更加清晰的了解,那还得从他的身世说起。

波将金于1739年出生在俄罗斯帝国西部距离莫斯科360公里远的斯摩棱斯克州的一个小贵族之家。当时俄国的小贵族家庭数量众多,许多小贵族的生活甚至像农奴一样穷苦。波将金的家族介于中间,他们家拥有100名到500名农奴。当时的小贵族都热衷于伪造自己的族谱以彰显自己不凡的身世,波将金的家族也是一样。他们声称自己起源于意大利的一个古老支脉,但事实上,他们属于土生土长的斯拉夫人。波将金的父亲曾经跟随彼得大帝东征西讨，还参加了1709年俄国与瑞典那场具有决定性意义的波尔塔瓦战役。波将金的母亲是一位强势又具有野心的妇女。在怀波将金之前，她已经生了四个女儿。据说在怀波将金的时候，她梦到了太阳从天际线掉落到她的肚子里，因此她断言这次会生一个非同凡响的儿子。波将金母亲的寿命很长，一直活到亲眼见证波将金成为帝国首屈一指的人物之时。波将金的父亲去世之后，他的母亲带领全家搬迁到了莫斯科，寄居在波将金的教父家里。对波将金颇为了解的教父预言道："他（指波将金）将来要么光耀门楣，要么就会丢掉脑袋。"长大成人之后，波将金进入莫斯科大学读书。他酷爱阅读，尤其擅长语言学习。由于在校期间表现突出，波将金受到了伊丽莎白女皇的情人伊凡·舒瓦洛夫的赏识。伊凡将他引荐给伊丽莎白女皇，伊丽莎白任命他为皇家护卫队的下士，但他的学业尚未结束。然而从圣彼得堡这个花花世界返回莫斯科校园的波将金从此无法专注于学业，最终被他的大学教授除名。多年以后，已成为风云人物的他重返校园，刚好遇到了那位将他除名的教授。他当面问这位老人是否还记得曾经将他除名一事，教授坦然地说："那是殿下应得的惩罚。"波将金颇为欣赏教授的答复，满怀深情地拥抱了他。失学之后的波将金向他的朋友——莫斯科的大主教——借了500卢布前往圣彼得堡，并承诺将来一定连本加息如数奉还，然而他没想到自己永远都没有等到还钱的机会，因为这位大主教在那场莫斯科瘟疫中不幸被暴徒碎尸万段。再次来到圣彼得堡的波将金辗转反侧，最后加入了皇家近卫军团。

在1762年的那场政变前期，波将金义无反顾地加入了叶卡捷琳娜的阵营，他赌这位年轻的大公夫人会取代彼得三世成为俄罗斯帝国的真命天子。政变当天，在叶卡捷琳娜前往彼得霍夫宫捉拿彼得三世之时，他准确地抓住了时机递上了他的剑穗，成功地吸引了叶卡捷琳娜的注意。政变后，女皇赐予他近卫军少尉的职务。不久之后，格里戈利·奥尔洛夫将波将金引荐给了叶卡捷琳娜，因为格里戈利发现波将金拥有很强的模仿能力而且非常幽默，他希望波将金可以为日理万机的女皇减压。

就这样，波将金被带到了叶卡捷琳娜面前。叶卡捷琳娜要求他即兴表演一段语言模仿，他回答说自己压根不会做什么模仿，但是他说这话时声音已经发生了变化。在场的所有人都不由得绷直了身体，紧张地看着面前的这个年轻人。他所说的俄语中夹杂着德国口音，语调拿捏得相当精确。没错，波将金模仿的正是女皇叶卡捷琳娜的声音。房间里顿时鸦雀无声，在场的大臣们头都不敢抬起来，他们认为这个小伙子的职业生涯应该就此结束了。突然间，叶卡捷琳娜放声大笑起来。在场的人立即转变自己的表情，赶紧跟着女皇一起笑，一边笑一边赞赏波将金出类拔萃的模仿能力。这次大胆的模仿使波将金成功地博得了女皇的欢心。叶卡捷琳娜将他留在了宫中，并且邀请他加入自己私密的小圈子。但是这并未让波将金感到满足，他想要的是女皇的心。有了接近叶卡捷琳娜的机会之后，波将金开始敞开心扉表达自己对她的爱慕之情。叶卡捷琳娜并不鼓励他的追求，但也没有明确拒绝。她当时的情人格里戈利感受到了波将金带来的威胁。当时奥尔洛夫家族在朝中的势力非常强大，波将金向叶卡捷琳娜示爱的行为是极其危险的。果然没过多久，波将金就悄无声息地离开了宫廷。不知道这段时间他身上究竟发生了什么事，导致他的一只眼睛失明了。从此以后，波将金变成了一个独眼。有一种说法是奥尔洛夫兄弟为了教训他，打伤了他的眼睛造成他的失明。但是波将金从未提及过这段经历，即使是不久后重返宫廷成为叶卡捷琳娜的情人之后。

波将金离开之后，叶卡捷琳娜曾询问过奥尔洛夫他去了哪里，但始终得不到明确的答复。他的离开带走了她的许多乐趣。俄土战争开始之后，波将金奔赴前线加入了鲁缅采夫的队伍。他把所有的心思都用在了战斗上。因为在战争中表现英勇并且立有战功，波将金获得了将军的头衔。虽然距离第一次出现在叶卡捷琳娜身边已经过去了十一年之久，波将金始终没有忘记她。事实证明，叶卡捷琳娜也没有忘记他。当在前线收到那封信时，波将金感到自己的内心在燃烧，他知道这是女皇对他的召唤。1774年1月，波将金终于离开了战场，不顾一切地飞奔回他朝思暮想的女人身边。当他马不停蹄地返回圣彼得堡的宫廷之后，竟然发现叶卡捷琳娜身边还有一位年轻帅气的男宠。这令波将金失望至极。这一年，他已经三十五岁了，长期的军旅生活摧残了他的容颜，不仅如此，他还是一个独眼。想到这些，波将金的自卑之情油然而生，他甚至想永远地逃离尘世，到修道院去做一名神职人员。叶卡捷琳娜可不会让他去什么修道院。对她来说，波将金就是一场解救自己的及时雨。从见到他的那一刻起，四十四岁的叶卡捷琳娜就陷入了疯狂的爱恋当中。与她那些年轻英俊的男宠不同，波将金身形巨大，身体比例似乎也不太协调，面孔也不够吸引人。但是他知识渊博，而且拥有斯拉夫人少有的鉴赏能力。真正对叶卡捷琳娜产生强烈吸引力的是他多变的性格。与朝廷中那些对她小心翼翼、阿谀奉承的人不同，波将金在她的面前也一如既往地我行我素，并且随意表达自己喜怒无常的情绪。他的男子气概也是吸引叶卡捷琳娜的另外一个重要因素。朝臣们意识到，女皇那位笨拙的男宠瓦西里奇科夫已经没有立足的空间了。不久之后，帕宁就按照女皇的意愿给了他一笔退休金，将他打发到了莫斯科。

波将金非常嫉妒叶卡捷琳娜此前的那些风流情史，他责备她拥有过十五个情人。叶卡捷琳娜解释"只有五个情人"，并且竭尽全力地安慰和讨好波将金。有生以来，叶卡捷琳娜第一次体验到这种疯狂和纯粹的爱恋。与波将金在一起的时候，她忘记了自己九五之尊的身份，学会了考虑恋人的感受。为了方便随时与波将金相见，叶卡捷琳娜在冬宫自己房间的隔壁安排了一间崭新的寓所给波将金居住。即便如此，还是无法满足叶卡捷琳娜对他的相思之情，哪怕只是几个小时的短暂分离，都会令她感到心神不宁。每当这个时候，叶卡捷琳娜就会通过书信表达自己对他的相思。她还给波将金起了很多亲昵的称呼。例如"我亲爱的小鸽子，我真的太爱你了，只要与你在一起我就感觉自己拥有了全世界"，还有"我的老虎""我可爱的玩偶""我的心肝""哥萨克人"等。波将金也热烈地回应着她的爱，只是他每次都在回信中礼貌地称呼她为"小母亲"。叶卡捷琳娜与波将金之间的通信通常都很简短，有时只有短短的一句"我想你了""晚安"，很像当代人通过手机发送的短信。

与叶卡捷琳娜德意志式的理智和冷静不同，波将金拥有的是斯拉夫式的狂热和多变的个性。他总是喜怒无常，哪怕是在女皇面前也丝毫不遮掩自己的情绪。有一次，他提出想要加入枢密院，叶卡捷琳娜拒绝了他。在皇村度假时，波将金又向她提出了这个请求，但是再次遭到拒绝。在场的法国大使记录了当时的情形："我就坐在波将金的旁边，他既不与女皇讲话，也不回答她的问题。我看到女皇伤心得快要哭了。那种气氛很尴尬,我有一种强烈的不安感。最终还是列夫·纳雷什金大人打破了沉默,用他一贯的幽默化解了尴尬的气氛。"后来叶卡捷琳娜还是妥协了,让他如愿以偿地加入了枢密院。

叶卡捷琳娜也意识到自己受到了爱情的支配,失去了自我。在一封写给波将金的信中,她写道:"波将金先生,你到底施了什么魔法,令我无法自拔?要知道,我的大脑可是被公认的全欧最明智的!我已经向我的全身,甚至每一根头发下达了指令,要它们不要对你表达任何情爱。我把自己的爱锁在心里,但是这太煎熬了,令我感到窒息。"当波将金令她感到愤怒时,叶卡捷琳娜会在信中骂他是"白痴""鞑靼人",并让他"见鬼去吧"。但她最终还是会选择妥协。

1774年5月,叶卡捷琳娜赐予返回圣彼得堡短短几个月的波将金普列奥布拉任斯基军团陆军中校的职位,她本人是该军团的上校。对波将金来说,这绝对算得上是一份殊荣。不仅如此,叶卡捷琳娜还让他担任宫廷里60名骑兵卫士的首领。这些骑兵卫士身穿戎装,头戴银色头盔,胸前穿有胸甲,风光无比,专门负责保卫女皇的座驾。由此可见,叶卡捷琳娜是多么信任波将金。波将金的崛起威胁到了某些人的地位,令他们感到不安,其中受影响最大的莫过于奥尔洛夫家族。"疤脸"阿列克谢·奥尔洛夫曾两次询问叶卡捷琳娜:"陛下恋爱了,是还是不是?"她承认了,阿列克谢大笑起来。与温和的格里戈利不同,阿列克谢向来都是一个有暴力倾向的人,他的笑声也可能是一种威胁。好在这次他什么都没有做。为了安抚奥尔洛夫家族,女皇给予了他们相当慷慨的补偿。在波将金因为格里戈利的事情吃醋的时候,叶卡捷琳娜也理智地提醒他:"不要做任何有损奥尔洛夫家族声誉的事。不论是在你到来之前还是现在,他们对我的爱都非常深刻。他们几兄弟都是我的朋友,我是不会放弃他们的。希望你能明白这一点。"其实除了对叶卡捷琳娜的情人怀有嫉妒心之外,波将金在与人交往方面是个谨慎和低调的人。他努力与宫廷里的人保持友好,尤其是对保罗的前任老师尼基塔·帕宁。他想通过帕宁给将来的继承人保罗大公留下一个好印象。帕宁对奥尔洛夫兄弟极其厌恶,因此对波将金倒是不排斥,前提是他不要威胁到自己的外交事业。然而保罗大公就没那么好相处了,他厌恶任何一个与他的母亲亲近的男人。此前他讨厌格里戈利·奥尔洛夫,如今他发现波将金更加令人难以忍受。今后保罗大公对他的怨恨将随着波将金政治影响力的增强而逐步加深,一直到不可调和的地步。

不论身边的人对波将金的态度如何,叶卡捷琳娜都铁了心地宠爱他,给予他至高无上的荣誉和地位。在她45岁生日过后,叶卡捷琳娜给予波将金陆军委员会副主席的职位。这严重损害了奥尔洛夫兄弟的利益,因为此前军事方面的负责人扎哈尔·切尔内绍夫属于奥尔洛夫的派系,如今切尔内绍夫不得不知趣地向女皇提交辞职报告。接下来,叶卡捷琳娜又让波将金担任新俄罗斯的总督。所谓新俄罗斯是指俄国黑海北部与依附于奥斯曼土耳其的克里米亚汗国接壤的大片区域。6月,波将金又成了俄国所有非正规部队的总司令,也就是英勇善战的哥萨克部队的总司令。这令波将金兴奋至极,因为他骨子里非常热爱哥萨克,向往他们自由奔放的生活。除了给予他这些实质性的职位之外,叶卡捷琳娜还给予他数不尽的荣誉。她赠给他一把镶有钻石的佩剑,以表彰他在俄土战争中的英勇表现,还有一个镶着她画像的钻石相框,以便他随时佩戴在胸前。此前只有格里戈利享受过这种殊荣。不久之后，叶卡捷琳娜又授予他彼得大帝设立的全俄最高等级的勋章——圣安德鲁勋章。当时欧洲各国的国王热衷于将自己国家的荣誉勋章授予别国的杰出人士以博得外交优势。波将金这个炙手可热的人物很快就成为其他君主青睐的讨好对象。普鲁士的腓特烈大帝率先授予他普鲁士黑鹰勋章，波兰国王斯坦尼斯瓦夫紧跟脚步授予他波兰白鹰勋章，丹麦国王授予他白象勋章，瑞典国王授予他圣六翼天使勋章。奥地利和法国王室拒绝授予波将金勋章，理由是他不是天主教徒。英国王室也拒绝了叶卡捷琳娜二世为波将金索取勋章的请求。事实上，奥地利大公约瑟夫二世与母后玛利亚·特蕾莎的观点大不相同，他很想要对俄国示好，只是时机尚未成熟。波将金的家人也受到了女皇的款待。女皇对他母亲的照顾无微不至，但波将金的母亲并不愿意接受儿子是女皇的男宠这一事实。波将金正在守寡的姐姐有五个女儿，叶卡捷琳娜也把她们统统接入宫中款待。后来，这五个女人，也就是波将金的五个外甥女都成了波将金的情人。一时间，波将金变成了全俄最具权势的人物，此前从来没有哪个人能在如此短时间内获得如此崇高的地位。忍无可忍的格里戈利·奥尔洛夫冲进了叶卡捷琳娜的房间。他们之间的对话无从知晓，但是结果却非常清晰，叶卡捷琳娜说服了他再次前往欧洲旅行。有证据表明叶卡捷琳娜与波将金在当年的6月8日秘密结婚了。他们举办婚礼的地点在圣彼得堡的圣参孙教堂。虽然缺乏足够的证据，但他们秘密结婚的说法的确是有一定的依据的。因为从那时起，叶卡捷琳娜写给波将金的信中开始将他称呼为"亲爱的丈夫"。作为女皇的男宠，波将金的荣誉还远远没有到达顶点。

在这段时期内，叶卡捷琳娜能够有精力与波将金热恋，与当时的国家局势也有很大的关联。1774年3月，比比科夫将军在喀山建立镇压叛军的总部，击退了普加乔夫领导的九千名叛军。在此期间，逗留圣彼得堡许久的启蒙思想家狄德罗终于返程回国了。他的离开也让叶卡捷琳娜松了一口气。然而，在击退叛军不久后，比比科夫患上了疾病，于4月突然离世。这给了叛军喘息的机会。普加乔夫率领余众暂时逃往乌拉尔山区，等待时机卷土重来。

和平终于降临

比比科夫将军的死亡令朝廷有些措手不及，叶卡捷琳娜二世一时半会儿找不到更合适的人选顶替他，最后只得暂时让一位作风懒散的将军顶替比比科夫的位置。与大多数朝臣一样，叶卡捷琳娜也认为普加乔夫已如丧家之犬，不会再次掀起风浪了，甚至有消息称普加乔夫已经在混战中死亡。但是大家的猜测都过于乐观了。1774年7月11日，沉寂了三个多月之久的普加乔夫重整旗鼓，率领两万五千名起义军出现在伏尔加河中游地区的重镇喀山。这一次，他们的气势更加凶猛，对待农奴主、贵族和朝廷官员的手段也更加凶残。起义军席卷了整个伏尔加河流域，他们肆意地屠杀当地的农奴主，甚至没有留俄式胡须的平民百姓也会被残忍地杀害。本是一场哥萨克人的反叛运动演变成了一场阶级大革命，他们威胁到的不再仅仅是叶卡捷琳娜二世的统治，而是整个俄罗斯帝国的根基。起义军所到之处，村镇几乎全部化为焦土，喀山地区的近三千座房舍被他们洗劫一空之后全部烧毁。这个 1768 年立法委员会开始之前女皇驾临过的富庶之地变成一片废墟。7月21日，朝廷收到了叛军占领喀山的消息，叶卡捷琳娜大为震惊。喀山的失守令朝廷陷入恐慌。喀山距离莫斯科仅有160公里，普加乔夫接下来会向莫斯科进攻吗？

第二天，叶卡捷琳娜在彼得霍夫宫召开了紧急军事会议，她在会议中表达了自己要亲自前往莫斯科鼓舞士气的想法，但被朝臣们劝止了。尼基塔·帕宁想到了一位镇压叛乱的合适人选——他的弟弟彼得·帕宁，但他不好亲自引荐他的弟弟，于是游说波将金替他举荐此人。波将金正想与帕宁建立良好的关系，于是答应了他的请求。彼得·帕宁的确是一名优秀的将领，曾经在对奥斯曼土耳其作战时取得优秀的战绩。但是叶卡捷琳娜厌恶他，因为他始终不支持叶卡捷琳娜当政。他坚定地支持保罗大公亲政，认为只有男人才适合统治。叶卡捷琳娜将他视为不安定份子，时刻派人监视他的行为，并且从来不让他插手军事，因此此时彼得·帕宁正赋闲在家。由于当时国家的精锐部队和优秀将领都在对奥斯曼土耳其战争的前线，眼下实在没有解救喀山之难的更好人选。在波将金的游说下，叶卡捷琳娜勉强同意起用彼得·帕宁。彼得·帕宁刚一上任就向女皇索要职务和权力，他希望女皇授予他帝国南部四个受到叛军影响省份的全部管理权，以及帝国所有军事力量的管理权（除去鲁缅采夫第一军团和第二军团外）。尼基塔·帕宁也希望通过他的弟弟增强整个帕宁家族在朝廷的势力。叶卡捷琳娜绝对不可能满足他们的胃口。最终，她仅授予彼得·帕宁大元帅的职位，让他即刻领兵前往伏尔加河流域平复叛乱。叶卡捷琳娜不知道的是，在她紧张地对付死灰复燃的普加乔夫之时，命运之神已经开始眷顾她和她的国家。

喀山陷落之前，俄军对土作战前线取得了决定性的胜利。1774年6月，陆军元帅鲁缅采夫率领大军成功强渡多瑙河，打通了俄国的黑海出海口。在鲁缅采夫军中任职的一名中将苏沃洛夫于6月20日以八千人的兵力击溃了土军四万人马。今后苏沃洛夫将频繁出现在俄国对外作战的战场上，成为俄国历史上屈指可数的名将。土耳其无力继续与俄军对抗，终于提出和谈的请求。7月21日，鲁缅采夫与土耳其签订了《库楚克开纳吉条约》。根据此项条约，俄国商船获得了在黑海和亚速海自由通行的权利，俄国得到了金布恩和刻赤海峡两个关键的战略要塞，曾经紧紧追随奥斯曼土耳其帝国的克里米亚汗国获得了独立。此外，俄国还得到了土耳其四百万卢布的战争赔款。但是《库楚克开纳吉条约》回避了一些重要问题，比如独立后的克里米亚汗国与俄国究竟是何种关系。此后的几年时间里，这个问题始终威胁着克里米亚汗国的生存。但是眼下，对俄国来说这是一项极为利好的条约。叶卡捷琳娜二世实现了俄土战争爆发之时她最初的愿望——为俄国打通黑海出海口，使其在黑海拥有立足点，建立一支与波罗的海舰队相媲美的黑海舰队。收到这个消息的女皇大喜过望，她说这是她这一辈最幸福的时刻。自此，叶卡捷琳娜二世完成了彼得大帝生前未完成的心愿，终于可以无愧于自己"大帝"的称号，成为俄国历史上与彼得大帝齐名的沙皇。

现在，叶卡捷琳娜大帝的一只脚已经拔出了泥潭，终于可以全力以赴地对付那个冒牌沙皇彼得三世了。1774年8月，为了尽快结束这场内乱，叶卡捷琳娜大帝派遣刚从对土作战前线回来的20支骑兵团和步兵团以及在奥斯曼土耳其战场上表现出色的苏沃洛夫将军率军前往伏尔加河流域，与彼得·帕宁一同围剿叛军。

叶卡捷琳娜大帝的这番安排一方面是为了尽快平息叛乱，另一方面也是为了分散彼得·帕宁的权力。纪律松散、装备低劣的叛军完全无力抵挡政府军的攻势。普加乔夫放弃了进攻莫斯科的计划，迅速率领余众向南撤退。当他一路逃向起义的发源地雅伊克河时，他的命运也即将终结。8月21日，普加乔夫撤退至伏尔加河流域的察里津郊外（今天的伏尔加格勒）休整。其中一名起义军指认普加乔夫是一个目不识丁的江湖骗子，根本不是什么彼得三世。一时间，他的追随者们的信仰迅速破灭。9月15日，再次在战场上经历了挫败的起义军意识到他们已是穷途末路。为了给自己争取到最后的赦免机会，他们背叛了"彼得三世"，将他逮捕捆绑之后献给了彼得·帕宁。俄罗斯帝国18世纪这场最为轰轰烈烈的农民起义就这样落下了帷幕。

叶卡捷琳娜大帝命令将普加乔夫押送至莫斯科受审。11月初，押送普加乔夫的队伍来到了莫斯科。普加乔夫像一只困兽一样被牢牢地锁在铁笼里。莫斯科人民聚集于道路两旁，迫不及待地想要看到他被处以某种极刑虐待之后再被处死。但是叶卡捷琳娜大帝犹豫了。叛乱平息之后，惩处余众的权力落在了彼得·帕宁手里。他是一个纪律严明但是心狠手辣的人。他对叛军的报复行为比普加乔夫对贵族和农奴主的残杀手段仁慈不了多少。在他的命令下，三百多名叛乱者被处以五马分尸的极刑，四百人丢掉了鼻子、耳朵等器官，另外还有超过2000人被处以鞭刑或者其他肉刑。这显然超越了女皇授予他的权限，但是女皇远在天边。受到将军的"鼓舞"，当时被起义军施虐的贵族又反过来大肆虐杀农奴，曾经被起义军占领的地区到处都竖立着处死农奴的绞刑架。这大大损害了女皇的声誉，因为她向来都宣称自己是接受欧洲启蒙思想熏陶的"开明君主"。迫于国际舆论压力,叶卡捷琳娜大帝写信给伏尔泰说"如果他(普加乔夫)仅是冒犯了我本人,那么我或许会宽恕他。但是国有国法,他必须接受审判和惩罚"。12月,叶卡捷琳娜大帝下令在克里姆林宫秘密审判这位叛军的首恶,并专门吩咐审讯人员不得对他动用酷刑。最终,法院判决对普加乔夫进行分尸后再斩首,意思就是在他活着的时候就对他进行肢解。

行刑当天,莫斯科波罗塔纳亚广场人潮汹涌。人们热情高涨地期待着这个血腥又刺激的场面。只见普加乔夫浑身被涂成了黑色,由一辆装粪的拖车拉到刑场。他的身后站着两名神父和一名刽子手,旁边的垫头木上放着两把闪闪发亮的斧子。普加乔夫爬上了绞刑架,褪掉身上的衣服,等待着被行刑者肢解。这时,意想不到的事情发生了。刽子手举起斧头,猛地向他的头颅劈了过去。群众未能看到期待已久的肢解场面,他们认为刽子手疯了,竟然忤逆女皇的意思。现场一片哗然,接着陷入了失望的混乱。其实这正是女皇在背后特意交代的。她命令先对普加乔夫进行斩首再分尸以减轻受刑者的痛苦。行刑者正是遵照了女皇的旨意,给了他仁慈的一刀。在普加乔夫被处决之后的第五天,叶卡捷琳娜大帝宣布将叛军起事的地点雅伊克河改名为乌拉尔河。"这样这段不愉快的经历就会很快被人遗忘。"叶卡捷琳娜大帝如是说。

几乎是在普加乔夫叛乱被平息的同时,俄国又出现了一个想要篡夺皇位的冒牌货。与此前那些冒充沙皇的人不同,这个人冒充的是伊丽莎白女皇的女儿。她自称"伊丽莎白公主",说自己是伊丽莎白女皇和"夜间皇帝"拉祖莫夫斯基的亲生女儿,并且声称母亲本是要传位于她的,却被现今的女皇叶卡捷琳娜二世篡位。

由于遭到叶卡捷琳娜二世的陷害，如今的她被迫在外流浪。这绝对是一个谎言，宫廷里所有的人都知道伊丽莎白女皇绝对不可能有什么女儿，因为她根本没有生育能力。叶卡捷琳娜大帝搞不懂为什么这些俄国人总是一而再、再而三地用这种低劣的手段煽动叛乱。最不可思议的是，每次都有人相信这些冒牌货。当时，这位伊丽莎白公主正在意大利流浪，在各地的贵族之间游说。没有人知道她的真实身份，但据说从长相上来看，她的样貌很像意大利人。她的年纪大概20岁左右，是个皮肤白皙的美女。叶卡捷琳娜大帝失去了耐心。1774年12月，她命令"疤脸"阿列克谢不惜一切手段逮捕她。在女皇的督促下，阿列克谢前往"伊丽莎白公主"所在的拉古萨（当时的一个城市共和国，如今在克罗地亚境内）。阿列克谢计划如有必要的话，他会轰炸拉古萨的市镇，以此威胁当局交出这个令人恼火的女骗子。不过这个暴力的计划最终没有被采用，因为阿列克谢想到了一个更好的方案。

阿列克谢与这个假公主暗中通信，欺骗她说自己是来帮她夺取俄国皇位的。照理说这种小把戏很容易就能被识破，但是心里全是女皇大梦的"伊丽莎白公主"居然相信了。不过不得不说阿列克谢的演技真的很好，而且给出的理由的确令人信服。他声称自己的家族受到叶卡捷琳娜二世的不公正待遇，尤其是他的哥哥，被她残忍地抛弃，至今都没有返回圣彼得堡。"伊丽莎白公主"在比萨秘密会见了阿列克谢。阿列克谢又声称自己第一眼就爱上了她，并且信誓旦旦地说会迎娶她，然后助她夺回本该属于她的皇位。这个蠢女人被阿列克谢的花言巧语迷惑得颠三倒四，彻底相信了他。阿列克谢骗她登上了自己的旗舰，对她说，将会在这里举办婚礼。当她登上旗舰的时候，船上的人高呼"女皇万岁"。这是她最后一刻的梦幻。阿列克谢根本没有出现,他令手下逮捕了这个假公主,并将其押送回圣彼得堡。

被关押到圣彼得堡的要塞之后,这个假公主依然沉浸在自己的臆想当中。她给叶卡捷琳娜大帝写了一封信,向女皇求情。信的内容倒是没什么,只是最后署名为"伊丽莎白"。叶卡捷琳娜对她忍无可忍,令人传话给她,要她不要再演戏了。医生检查出她患有肺病,于是叶卡捷琳娜命人将她关押在最潮湿阴暗的地堡里,并且不给她进行任何治疗。女皇对身边的人说:"仁慈会助长反叛。她既然决定一赌,现在输了,就要付出代价。"1775年12月,这位冒牌公主死在了监狱里,死于肺结核。人们戏称她为"蟑螂公主",因为她在监狱里只有蟑螂为伴,直到死亡。

在普加乔夫和"伊丽莎白公主"死后,俄罗斯帝国总算恢复了平静。如果说在普加乔夫起义之前,叶卡捷琳娜大帝还怀有一丝逐步解放农奴的设想的话,那么1774年之后的她绝对不会再提起废除农奴制的话题了。她牢牢地记住了,贵族和地主才是帝国统治的支柱。这次叛乱对叶卡捷琳娜的影响非常深远,她意识到在俄国这个多数臣民尚未开化的国家,启蒙思想对那些目不识丁的民众来说就是天方夜谭。从此以后,叶卡捷琳娜大帝将目光转向了扩张帝国版图上,认为只有这样才能施展自己的理想抱负,同时这也是使俄罗斯帝国繁荣和强大的唯一途径。

Екатерина II Алексеевна

第七篇
黄金时代

新的情人、皇室丑闻和皇孙的诞生

自普加乔夫起义军的熊熊烈火燃烧开始,叶卡捷琳娜大帝就开始反思国家地方行政管理的漏洞。一个落魄的哥萨克人为何能在短时间内集结上万名叛军席卷而来,而各地的地方政府在事前却毫无察觉?她冷静务实的大脑由此开始思考地方行政管理改革的问题。经过长达数月的研究和探讨,1775年11月,叶卡捷琳娜大帝颁布了关于全俄各省管理体制的法令,对俄国的地方行政机构做了精减。根据这项法令,俄国取消了一直以来的省、州、县三级管理体制,代之以省、县两级管理体制。在全国设置了50个行省,省长和副省长都由女皇直接任命。为了防止省长专权、拥兵自重,叶卡捷琳娜大帝还任命了若干总督,每个总督管辖两到三个行省,这些总督又都是中央枢密院的成员,直接对女皇负责。为了防止农民起义,她又在各省设置了更多的县,同时设置行省管理局、税务署、社会救济厅和与各级相对应的司法机关。所有重要的官职全部由贵族出任。通过这项改革,叶卡捷琳娜大帝可以通过枢密院以及各省省长更加直接有效地控制中央和地方,极大地强化了女皇个人独裁统治。

为了纪念对奥斯曼土耳其作战的胜利,叶卡捷琳娜大帝下令在莫斯科城南边建立起14个方尖碑,上面刻着气势恢宏的对土战争场面。女皇与保罗大公也于当年驾临莫斯科。莫斯科全城都沸腾起来,用盛大的焰火表演欢迎他们的到来。女皇的车驶过为胜利而建的凯旋门，对沿途的军队进行了检阅。在《感恩赞》的乐声中，他们走向圣母升天大教堂。叶卡捷琳娜大帝将在这里论功行赏。她赐给陆军元帅鲁缅采夫5000名农奴和10万卢布；授予波将金伯爵的头衔，并且赏给他数不尽的财富和农奴。事实上，此时的叶卡捷琳娜大帝已经有些厌倦了总是喜怒无常的波将金。他不能融入她的朋友圈子，经常在叶卡捷琳娜不认同他观点的时候扭头就走。而对波将金来说，他想要的不仅仅是一个宠臣的身份。但叶卡捷琳娜大帝不能理解一个男宠的心理压力。除了爱情之外，波将金更想得到的是权力和施展自己理想抱负的机会。与叶卡捷琳娜大帝一样，他也拥有着充沛的精力和开拓创新的精神，并且对感情的需求极其强烈。或许正是因为他们在这方面太相似了，导致彼此都无法满足对方巨大的欲望。于是他们开始争吵，但是叶卡捷琳娜大帝仍声称："我们分歧的本质永远都是关于政见，与爱情无关。"即便如此，叶卡捷琳娜还是在1776年的春天"出轨"了。

在推进地方行政改革时，叶卡捷琳娜大帝从陆军元帅鲁缅采夫的参谋部借调了两名秘书参与地方改革法案的起草工作。两名秘书分别是亚历山大·别兹博罗德科和彼得·扎瓦多夫斯基。别兹博罗德科出身于乌克兰一个富裕的哥萨克家庭，他拥有超强的记忆力，工作也非常勤勉，但是长相丑陋。今后他将掌握俄罗斯帝国的外交大权，将起草几项重要的国际条约。另外一名秘书扎瓦多夫斯基虽然没有别兹博罗德科那么突出的才华，但是他工作耐心细致、长相英俊、性格温和。在起草法案的过程中，随着与他接触的增多，叶卡捷琳娜爱上了这个小伙子。1776年1月，女皇将扎瓦多夫斯基任命为自己的侍从长，这是让他成为自己宠臣的标志。叶卡捷琳娜毫不掩饰对他的爱慕之情。从写给他的信中可以看出他们当时热恋的情形："每个钟头，我都给你150个吻。"她的做法令朝中大臣和各国大使瞠目结舌，他们不久前才将金钱和精力投入波将金的身上，难道朝廷的风向又要改变了吗？波将金醋意大发，这让那位小伙子感到无所适从。叶卡捷琳娜大帝一边贪恋着新欢，一边向波将金保证他独一无二、不可撼动的地位。或许这就是与君王相爱的悲哀，作为君王的情人，他们永远没有争取地位平等的可能。好在叶卡捷琳娜大帝的确没有抛弃波将金，而且终其一生都对他非常大度。在今后的日子里，不论波将金做了什么事，叶卡捷琳娜都像对待皇室成员那样对他。他不仅能在政治舞台上施展自己的雄心壮志，还可以像女皇那样享受更年轻伴侣的身体。从某种意义上讲，波将金已经成了叶卡捷琳娜大帝的最佳合作伙伴。

正当叶卡捷琳娜大帝与新欢热恋之时，曾经奉她之命前往欧洲旅行的格里戈利·奥尔洛夫出人意料的返回了圣彼得堡。叶卡捷琳娜的三个新欢旧爱都聚集在小小的宫廷里，他们彼此之间相遇的尴尬可想而知。格里戈利变了一个样子，再也没有了往日英俊的模样。他身体臃肿，并且有中风的症状。令叶卡捷琳娜大帝不可思议的是，他正在与自己年仅十五岁的堂妹恋爱，不久之后还与她正式结为夫妻。虽然已经不再爱他，但叶卡捷琳娜的心里还是有种不悦的感觉。

1776年4月10日，在叶卡捷琳娜大帝忙着恋爱和起草地方法案之时，宫廷里还发生了一件重要的事情——大公夫人娜塔莉娅就要临盆了。虽然叶卡捷琳娜早就已经对大公夫人的奢靡和任性失去了耐心，并且还怀疑她行为不检点，但是看在她怀孕的分上，叶卡捷琳娜没有责备她也没有对保罗讲过这些事情。临盆的这一天，叶卡捷琳娜亲自守在娜塔莉娅的床前，焦急地等待着帝国接班人的诞生。但是娜塔莉娅分娩的过程格外艰难，叶卡捷琳娜守了一个晚上也没有结果。而娜塔莉娅痛不欲生，苦苦挣扎了两天之后，耗尽了最后的力气，婴儿最终胎死腹中。受到死胎的感染，产妇也于4月15日死亡。经过医生解剖，发现这个未能出生的胎儿是个男婴。保罗完全无法接受深爱的妻子的离世，像个婴儿一样恸哭不止。叶卡捷琳娜大帝也筋疲力尽，她发自内心地厌恶保罗萎靡不振的样子。她毫不在意大公夫人之死，只是为失去了一个即将出世的皇孙而感到惋惜。作为一国之主，她必须冷静地面对继承人胎死腹中的事实。对她来说，当务之急是再为保罗找一个女人续弦。但是保罗拒绝再娶。忍无可忍的叶卡捷琳娜命人打开娜塔莉娅那把上了锁的抽屉，搜出了她生前与保罗的密友安德烈·拉祖莫夫斯基，也就是基里尔·拉祖莫夫斯基的儿子之间的大量情书，将它们甩在保罗面前。看着这些情书，保罗感到无比震惊，接着又产生了一种被羞辱和欺骗的感觉，内心愤怒无比。虽然几近崩溃，但是他总算开始变得清醒起来，并且愿意接受母亲为他重新挑选大公夫人的安排。腓特烈大帝再次欣喜地接受了"月老"的使命，积极地为俄国大公物色新的结婚对象。这一次，他提议的人选是符腾堡的索菲亚公主。这位十六岁的公主非常符合俄国女皇选择儿媳的标准——出身贵族，但是家族没有太大的影响力。为了安排这对新人见面，腓特烈大帝提议请保罗大公亲自到柏林来。叶卡捷琳娜大帝对腓特烈大帝的提议表示赞同，她希望可以通过这种方式让刚刚承受丧妻之痛的保罗得到开解。从小就喜爱普鲁士并且崇拜腓特烈大帝的保罗果然很快就将亡妻抛在了脑后，开始积极地筹划自己的柏林之行。

　　1776年6月，保罗大公踏上了前往柏林的旅程。叶卡捷琳娜大帝则焦急地等待着他相亲的结果。腓特烈大帝以最高规格的礼遇接待了这位俄国大公。在他到达之时，柏林全城都响起了礼炮，腓特烈大帝还专门命人为他建造了象征胜利的拱门。不仅如此，腓特烈大帝还亲自主持了欢迎他的各种宴会。保罗感到自己有生以来第一次受到如此的款待，对自己偶像的崇敬和感激之情更加强烈起来。但是善于识人的腓特烈大帝在背后对保罗的评价并不好。他甚至预言这位罗曼诺夫王朝的皇子"会像他不幸的父亲（指彼得三世）一样倒霉"。

当腓特烈大帝将符腾堡的索菲亚带到保罗身边之时，保罗立即爱上了眼前这位高挑迷人的小公主，将他的亡妻抛到了九霄云外。当保罗大公将他的未婚妻带回圣彼得堡之后，像此前所有嫁入俄国的公主一样，叶卡捷琳娜大帝为她举行了受洗仪式，让她改宗东正教，并赐予教名为玛利亚·费奥多洛夫娜。这对新人在9月26日完婚，阿列克谢·奥尔洛夫公爵亲自为保罗大公戴上了新郎的冠冕。与保罗的第一任妻子不同，新任的大公夫人不仅年轻貌美，而且非常谦虚恭顺。作为婆婆的叶卡捷琳娜大帝也对这个甜美可爱的新儿媳非常满意，称她为"我的公爵小姐"，并将皇村附近的一座庄园赏赐给这对小夫妻。保罗大公与玛利亚在一起的这段日子可以说是他一生中最快乐的时光。大公夫人没有辜负叶卡捷琳娜大帝的期望，结婚不久便与保罗大公有了爱的结晶。1777年12月12日，玛利亚顺利产下一名健康的男婴。叶卡捷琳娜大帝大喜过望。与伊丽莎白女皇当年的做法一样，皇孙一出世，她就将他抱到了自己的寝室抚养。叶卡捷琳娜为他取名为亚历山大。从此以后，他成为叶卡捷琳娜后半生的希望。亚历山大的父母非常不愿意与自己的孩子分离，但是叶卡捷琳娜认为他们没有抚养帝国继承人的能力，并向他们解释说："这个孩子属于你们，也属于女皇和帝国。"她忘记了当年伊丽莎白女皇抱走保罗的时候自己那种绝望的心情。

　　为了确保亚历山大可以成长为一个身体健康，并且拥有开明思想的优秀君主，叶卡捷琳娜大帝亲自学习欧洲先进的育儿知识。这一年叶卡捷琳娜才四十八岁，她庆幸自己有足够的时间按照自己的想法培养这位皇长孙。与当年伊丽莎白女皇抚育保罗的方式完全不同，叶卡捷琳娜大帝要求育儿室的温度恒定在十四五摄氏度左右，不允许仆人将她的皇孙层层包裹。她认为在皇孙的房间刻意地降低声音也是没有必要的，即使是在他熟睡的时候。为了锻炼亚历山大的胆量，叶卡捷琳娜还刻意将他的房间安排在一座经常放礼炮的堡垒对面。不过据说亚历山大长大后一只耳朵失聪就是小时候被礼炮声震聋的。叶卡捷琳娜不允许小小年纪的亚历山大流泪，她认为流泪是多愁善感的表现。好奇心则是需要被鼓励和激发的，因为这样才能推动帝国的发展和进步。她还亲自为亚历山大设计服装，为他编写儿童读本。据说这些读本和服装还被欧洲其他国家的皇室借鉴使用，并且得到了欧洲皇室的一致好评。日理万机的叶卡捷琳娜大帝对亚历山大的照顾可谓事无巨细，由此可见她对他寄予的希望之深。在亚历山大出生十七个月之后，大公夫人又生下了第二个孩子，也是一个男孩。叶卡捷琳娜大帝欣喜不已，给他取名为君士坦丁。这是一个不同寻常的名字。奥斯曼土耳其帝国的首都就是君士坦丁堡。从这个名字可以看出蕴含在叶卡捷琳娜大帝心中的对奥斯曼帝国的野心。事实上，君士坦丁出生的时候，她的确正在与波将金筹划着吞并奥斯曼帝国。她之所以给二皇孙取名为君士坦丁正是想在将来攻陷君士坦丁堡的那一天，由她的皇孙君士坦丁统治君士坦丁堡。叶卡捷琳娜大帝的野心使得1774年俄土两国签署的和平协议终将成为一纸空文，下一次的俄土战争也终将无法避免。

"少了爱，我一天也活不下去"

在与波将金轰轰烈烈地恋爱了一年多之后，叶卡捷琳娜对他的爱意逐渐消散。朝廷里那些见风使舵的人甚至已经开始猜测下一次该在谁的身上下注。但如果认为波将金会因为失去了对女皇情欲上的吸引力而退出帝国的核心权力圈子的话，那他们就大错特错了。事实上，波将金不仅没有退出政治舞台，反而成了女皇的精神伴侣以及她处理国家事务的左膀右臂，在女皇的生活和国家的重大决策中都将发挥重要的作用。只是当前的波将金仍与叶卡捷琳娜频繁地争执，并且声称自己要搬出冬宫居住。叶卡捷琳娜表达出自己想要让他继续住在冬宫的想法，同时也将宫外的阿尼奇科夫宫赏赐给他居住。阿尼奇科夫宫是伊丽莎白女皇时代俄国最宏伟的私人住宅，是伊丽莎白女皇为她的情人拉祖莫夫斯基而建的。经过一段时间的纠结和挣扎，波将金终于搬离了他在冬宫那套与叶卡捷琳娜的寝室相连的套房，但始终没有入住阿尼奇科夫宫。

事实上，此时的叶卡捷琳娜和波将金都拥有各自肉体上的伴侣。自从与叶卡捷琳娜在情欲上的联系淡化之后，波将金就开始在他的外甥女身上寻找快乐。那时，他的姐姐离世了，将六个女儿托付给了波将金照顾。其中一个外甥女率先表达了对自己舅父的爱,而波将金禁不起这种诱惑,很快就与她发生了关系。叶卡捷琳娜则尽情享受着她的秘书彼得·扎瓦多夫斯基的爱。但是他们的恋爱关系仅维持到1777年5月就结束了。自从与女皇恋爱以来,扎瓦多夫斯基承受了巨大的心理压力,他小心翼翼地遵守着男宠的本分,同时还要躲开波将金随时爆发的醋意。他几近抑郁的状态渐渐无法为女皇带来欢乐。终于,在煎熬了十八个月之后,他的男宠生涯终于结束了。叶卡捷琳娜赐予他一万八千卢布和每年五千卢布的年金作为他的"退休金",将他打发回了老家。在过了三年的隐退生活之后,这位叶卡捷琳娜曾经的男宠又因为自己出众的才华被任命为俄国国家银行的行长,返回了圣彼得堡。

扎瓦多夫斯基刚刚离任,就有人取代了他男宠的位置。这位新男宠的名字叫作佐里奇,是一名三十二岁的近卫军官,也是波将金的副官。事实上,这位相貌堂堂的男人正是由波将金引荐给叶卡捷琳娜的。在确认他合格之后,叶卡捷琳娜赏给了他一千八百名农奴和一笔巨款作为他担任男宠的见面礼。佐里奇对波将金感恩戴德,私下里送给他的恩人一笔感谢费。波将金则把他位于冬宫的套房"租"给这位新来的男宠使用。从此以后,这形成了一个不成文的规定,所有被波将金引荐的男宠都会交给他一笔感谢费,波将金则会将他在冬宫与女皇相连的套房租给他们居住。但是这位新宠的任职时间比扎瓦多夫斯基还要短暂。得到女皇恩宠的他变得忘乎所以起来,他开始逾越自己的本分,向女皇索要不恰当的头衔。在遭到拒绝之后,他竟然愚昧到挑战起波将金的权威来。作为一名男宠,他完全没有搞清楚自己的使命所在。虽然叶卡捷琳娜对自己的男宠异常慷慨,但是除了波将金在内的几个真正得到她信赖的情人之外,她绝不允许这些宠臣插手国家事务，更不允许他们干涉自己行使权力。男宠的存在，只是为了带给她欢笑，给予她温存。除了陪伴女皇之外，这些男宠几乎得不到与其他人接触的机会。既然决定了用自己的青春换取锦衣玉食，就必须承受失去自由的痛苦。波将金要求叶卡捷琳娜立即将佐里奇这个蠢货赶走。她毫不犹豫地在1778年5月将他打发出宫。与此前一样，给了他一笔丰厚的退休金。

很快，波将金又为女皇找了另外一名男宠填补空缺。这名叫作伊凡·科萨科夫的近卫军官只有二十四岁。与女皇此前的男宠一样，这个小伙长得英俊帅气。也与多数的年轻人一样，他的体内蕴藏着难以抑制的躁动。上岗不久后，他就发现自己不适合男宠这种枯燥乏味的工作。宠臣这个岗位听起来简单，实际上却并不好做。他们要面对和讨好的是上了年纪的帝王，他们要足够明智，不能逾越本分。最重要的是，只要在岗一天，他们就没有什么人身自由，更加不可能有恋爱自由，而这恰好是年轻人最难克服的难关。这个时期，为女皇挑选宠臣的流程已经非常成熟了。这些宠臣们先要得到某个利益集团的推荐，然后让女皇过目。这个时期，推荐宠臣的工作几乎全被波将金垄断。正式上岗之前，他们先要经过御医罗杰逊的全面检查，然后送给女皇最亲密的女侍从也是她的朋友布鲁斯夫人亲自"试用"，待所有的考核都通过之后才会献给女皇。或许是在试用的过程中产生了感情，又或许是宫中的生活太过无趣，科萨科夫竟然与布鲁斯夫人偷起了情。在到处都是女皇眼线的皇宫里，他们很快就被揭穿了。叶卡捷琳娜亲自抓到了这两个正在翻云覆雨的人。但向来理智冷静的她还是表现了自己的克制和大度。她仅仅要求这个不知所谓的男宠离开圣彼得堡，打发布鲁斯夫人回到丈夫的身边。但是这段背叛还是带给叶卡捷琳娜心理上的创伤。整整半年的时间,她都没有再找男宠,直到1780年一名不同寻常的男宠朗斯科耶出现。

在叶卡捷琳娜大帝享受肉体欢愉的时期,她的一位亲密好友、法国著名的启蒙思想家伏尔泰在1778年5月离开了人世。他的离世令叶卡捷琳娜大帝感到悲痛。他不仅仅是她在欧洲形象的鼓吹者,还是与她互通书信的好朋友。终其一生,伏尔泰都未曾见过叶卡捷琳娜大帝。当年狄德罗千辛万苦到俄国面见女皇的时候,伏尔泰曾吃醋地妒忌狄德罗受到的恩宠,并且写信给叶卡捷琳娜大帝表达了自己也要亲自前往圣彼得堡的愿望。但叶卡捷琳娜大帝回绝了他,她怕了这些活在理想中的启蒙思想家,不愿意再花精力接待他们。在给伏尔泰的信中,她坦诚地写道:"答应我,留在法国,你已年迈,不要冒险来圣彼得堡。你的女皇和她的国家只适合远观。"叶卡捷琳娜大帝清楚,伏尔泰之所以如此美化她和她的国家是因为他从未踏上过这片国土。伏尔泰离世之后,叶卡捷琳娜大帝迅速命人与他的继承人洽谈关于购买伏尔泰的藏书的问题。叶卡捷琳娜大帝付了一笔可观的资金,最终买下了伏尔泰的众多藏书。这批珍贵的藏书被运往圣彼得堡的艾尔米塔什博物馆。法国雕塑家乌东创作的一尊伏尔泰的半身像也被送往圣彼得堡,叶卡捷琳娜大帝将其收入冬宫。

叶卡捷琳娜大帝频繁更换男宠的行为使她英明君主的形象蒙上了一层阴影。与同时代的各国君主相比,她更换男宠的行为其实并算不过分。叶卡捷琳娜大帝与这些男宠相处的时候也极其自然,他们正大光明地在一起生活。这些人存在的意义并不仅仅是为了解决女皇的生理需求。按照叶卡捷琳娜自己的说法,她之所以不断地寻找情人是因为她渴望得到爱情。"少了爱,我一天都活不下去。"叶卡捷琳娜如是说。或许是她嫁入俄国那十几年的孤单经历令她极度渴望那种被爱的感觉。但那些"正直"的外交大使不竭余力地诽谤俄国女皇的荒淫，描述圣彼得堡的宫廷充斥着"放荡和心不在焉"的场景，并评论这是"女性统治者导致的必然结果"。有人甚至宣称"如果换成一名男性君主统治，俄国的未来会更加美好"。不过在俄国人民看来，女皇个人的行为完全不能掩盖她伟大的光辉。男宠的更替并没有对女皇治理国家造成影响。统治了帝国十八年之久后，叶卡捷琳娜大帝的权力已非常稳固，俄罗斯帝国也步入了蒸蒸日上的发展轨迹。1774年俄土战争刚刚结束，叶卡捷琳娜大帝就已经着手考虑帝国版图再次扩张的问题。这一次，她将目标锁定在了南方。

野心指向南方

俄土战争结束不久之后，欧洲的外交形势又悄悄地发生了变化。1775年，国际上发生了一件大事，英国远在北美洲的殖民地打响了独立战争的第一枪，长达八年的美国独立战争正式拉开序幕。西方世界的注意力从欧洲大陆转移到了大洋的彼岸。这八年的时间对俄国来说是一个千载难逢的黄金时期。

英国驻俄大使开始向俄国的重要人物波将金示好，试图通过他说服叶卡捷琳娜大帝为英国提供帮助。虽然大不列颠拥有世界上最强大的海军舰队，但是他们的陆军却力量薄弱。为了镇压北美殖民地的独立战争，英国希望向俄国借两万名全副武装的步兵奔赴北美战场。从个人情感上来讲，叶卡捷琳娜大帝对英国是有感恩之心的，因为俄土海战之时，英国曾允许俄国舰队借道直布罗陀海峡并且为俄军提供补给。但是为了俄国的利益，叶卡捷琳娜大帝拒绝了英国政府的请求，只是给英王乔治三世回了一封礼貌的书信，祝他好运。

　　向俄国示好的远不止英国一个国家，曾经与俄国敌对的法国在路易十六登基之后，与叶卡捷琳娜大帝的关系也趋于缓和。俄国的好运还不止于此。1776年4月，普鲁士的亨利亲王再次奉他的哥哥腓特烈大帝之命出使俄国，巩固普鲁士与俄国的联盟。在俄土战争中，腓特烈大帝曾暗中捣鬼，妨碍俄国独吞奥斯曼土耳其的领土，导致两国的关系出现了裂痕。后来腓特烈再次充当月老的行为终于使两国关系趋于缓和。事实上，叶卡捷琳娜与老狐狸腓特烈结盟也是无可奈何的选择。长期以来，普鲁士和奥地利都是一对不共戴天的冤家。俄国自1726年以来就奉行与奥地利结盟的外交政策。拜彼得三世所赐，俄国在1762年背叛了老盟友奥地利，义无反顾地站在了普鲁士的阵营。从此以后，奥地利就对俄国的背叛铭记在心，久久难以忘怀。玛利亚·特雷西亚更是从个人感情上厌恶滥情的叶卡捷琳娜二世。这就使俄国与奥地利结为同盟成了不太可能的事。然而，国际社会永远遵循着"没有永远的朋友，只有永恒的利益"这条铁一般的定律。

　　1778年1月，普鲁士与奥地利的冲突升级，因为奥地利大公、神圣罗马帝国皇帝约瑟夫二世，也就是玛利亚·特雷西亚的儿子，趁巴伐利亚选帝侯死亡之机占领了巴伐利亚的大部分领土，严重威胁到了普鲁士的利益。当时腓特烈大帝正受着痛风的困扰，好在不久之后，他恢复了健康。作为对奥地利的回击，已经65岁高龄的腓特烈再次跨上战马，指挥他的军队入侵了奥地利属地波西米亚。在北美独立战争爆发之后，奥地利的盟友法国为了报七年之战的一箭之仇，坚定地支持英属北美殖民地独立，并于1778年借机对英宣战，因而无暇顾及他们的奥地利盟友。由于普奥两国军事实力相当，两个国家都将求助的眼光投向了俄国。腓特烈二世和约瑟夫二世都不约而同地向叶卡捷琳娜二世示好，期盼着由她出面声明俄国加入己方的阵营。叶卡捷琳娜大帝意识到自己手里握着一副好牌，但是她并不急于做决定。她对双方都抱以友好的态度，却不做出任何表态。由于得不到俄国的支持，普奥双方都不敢冒险将冲突升级。当年冬天，普奥双方的士兵在波西米亚的前线挨饿受冻，争先恐后地挖土豆充饥。历史上将奥普两国的冲突戏称为"土豆战争"。

叶卡捷琳娜大帝对普奥两国的冲突漠不关心，她正在精心地盘算着她的下一步棋。俄土战争结束后签订的《库楚克开纳吉条约》虽然宣布成立了一个独立的克里米亚汗国，但是对这个汗国的许多方面都未作详细规定。这就给了俄罗斯帝国一个觊觎这块土地的可乘之机。在叶卡捷琳娜大帝看来，克里米亚就像一粒悬挂在俄国南方的珍珠，令人垂涎欲滴。正是基于这种背景，波将金提出了他的宏伟规划——吞并克里米亚，进而继续向南进发，占领奥斯曼帝国的首都君士坦丁堡。这是一个了不起的规划。彼得大帝也曾想过向南打通俄国的黑海出口，却以失败告终，最后，他将俄国的外交方向转向北方，不断地与瑞典交战，最终为俄国打通了波罗的海的出口并且控制了波兰。波将金则向叶卡捷琳娜描绘出一幅可以让她超越彼得大帝的宏伟蓝图——"希腊计划"。所谓"希腊计划"是一项扩张帝国南方版图，吞并奥斯曼帝国，重建"拜占庭帝国"的宏伟规划。这个计划得到了叶卡捷琳娜大帝的大力支持。为了表现出对希腊计划的肯定，她还给自己的二皇孙取名为"君士坦丁"，并且请了来自希腊的奶妈和教授希腊语的教师专门培养君士坦丁。事实上，叶卡捷琳娜与波将金重建拜占庭帝国的想法并不算新颖。自1453年君士坦丁堡被奥斯曼帝国攻陷、有"第二罗马"之称的拜占庭帝国灭亡以来，莫斯科就开始声称自己是继承了拜占庭的"第三罗马"。"沙皇"的称号就是来自于罗马共和国末期的伟大首领恺撒。因此重建拜占庭帝国、在欧洲大陆普及东正教是俄国一直以来的梦想。

如果要实现这个野心勃勃的希腊计划，第一步就是将俄国的外交政策转向南方，与奥地利恢复邦交。这就势必与外交部长尼基塔·帕宁为俄国设立的北方体系产生冲突。波将金与帕宁两人由此产生了不可调和的矛盾。为了推行希腊计划，波将金必须在外交方面推翻帕宁和他的北方体系，从而成就自己在南方建功立业的梦想。叶卡捷琳娜大帝支持波将金，但如今的难点在于奥地利。多年以来，奥地利大公约瑟夫二世和他的母亲玛利亚·特蕾西亚都将叶卡捷琳娜视为一个弑君者和女色情狂。玛利亚·特蕾西亚更是对叶卡捷琳娜厌恶至深。因为玛利亚是一个虔诚的天主教徒，叶卡捷琳娜滥情的生活作风令她感到不齿。然而时代变了，将国家利益与个人情感反复权衡之后，更加务实的约瑟夫二世意识到了与俄国结盟才是奥地利当前的最佳选择。他不顾母亲的反对，授予俄国当红人物波将金神圣罗马帝国亲王的称号。所谓的神圣罗马帝国，在当时实际上是一个松散的联盟，其治下的半独立国家遍布中欧的许多地区。神圣罗马帝国和奥地利是不同的政治实体，但前者受到后者的控制。约瑟夫的这一举动是明显的向俄国示好的信号。如果真的有上帝存在的话，那他一定是站在了叶卡捷琳娜大帝这边。正当她着手修复与奥地利的关系之时,约瑟夫二世竟率先向她递出了橄榄枝。

1780年1月22日,奥地利大公约瑟夫二世通过俄国驻维也纳大使向俄国女皇叶卡捷琳娜二世传递了一个信息,表达了想要与她会晤的想法。这个信息来得正是时候,女皇爽快地答应了他,约定于当年5月27日在白俄国的莫吉列夫会晤。叶卡捷琳娜大帝只将这件事情透露给了她的秘书亚历山大·别兹博罗德科、外交部长尼基塔·帕宁和波将金。如果会晤成功,这将成为俄国和奥地利外交的重大转折。奥地利和俄国的两位国君就像一对新婚夫妇一样欣喜,对这次会面充满了期待。

没有人知道叶卡捷琳娜大帝和波将金接下来到底要做什么。但是腓特烈大帝和奥斯曼帝国的苏丹对俄奥两国的会晤有一种不祥的预感,他们几乎可以笃定俄奥两国的会晤对他们而言是不利的。

5月,叶卡捷琳娜大帝一行如期从皇村出发,前往约定的会晤地点。陪伴在她左右的除了波将金和秘书别兹博罗德科等政府官员之外还有一名新男宠朗斯科耶。上一个男宠伊凡·科萨科夫做出背叛她的行为之后,叶卡捷琳娜大帝的感情出现了空档。在度过了六个月的孤独时光之后,这位名叫朗斯科耶的新男宠终于在1780年出现在女皇的视线里。他也是一名近卫军官,也是通过波将金的引荐最终来到女皇身边。年仅二十二岁的朗斯科耶不仅容貌俊秀,性格也温顺和善,因此深得女皇欢心。与前几位男宠不同,朗斯科耶聪明机智,懂得一名宠臣的职责所在,从不插手政务。不仅如此,他还非常具有学识,对艺术也颇具鉴赏能力,因此他对女皇的吸引不仅来自于肉体,还有精神方面的共识。叶卡捷琳娜非常喜爱他,由于对自己的儿子充满失望之情,她甚至将母爱也赋予了朗斯科耶。与他相识之后，叶卡捷琳娜再也不想更换男宠了，她希望这个年轻的小伙子可以一直陪伴她直到生命的终结。

波将金奉命负责安排约瑟夫二世一路上的饮食起居。为了减轻旅途的辛苦，同时让俄国留给约瑟夫二世一个美好的印象，波将金计划给约瑟夫安排最高规格的食宿环境。然而令波将金感到惊讶的是，这位奥地利的最高统治者几乎达到了一种无欲无求的境界。他自称为"国家的首席办事员"，几乎每天都穿一件平淡无奇的灰色制服，一路上只有几名仆从跟随左右。他专门向波将金提出，一路上只需要为他提供简单的饭菜。至于住宿，他拒绝像个皇帝一样居住在那些奢华的宫殿里，喜欢随意地选择一家路边的客栈入住，睡在一张简易的行军床垫上。他的这些要求令身为东道主的波将金有些难为情。毕竟俄国的"路边客栈"可没有约瑟夫想象的那么美好。事实上，俄国的乡下基本上就没有什么所谓的"客栈"。最后，波将金只得将沿途的贵族庄园进行临时改造，让它们看上去像一个小旅馆。与叶卡捷琳娜二世一样，约瑟夫二世也受到启蒙思想熏陶，奉行开明君主专制，是那个时期欧洲的开明君主。

在莫吉列夫会晤过后，两位君主都给彼此留下了相当不错的印象。叶卡捷琳娜二世评价约瑟夫二世"睿智开明，非常健谈，而且很会说话"。虽然第一次见面的过程中，她并没有当面提出瓜分奥斯曼土耳其的希腊计划，但是精明的双方对此次会晤的目的都心知肚明。约瑟夫二世对俄国的访问有着不同寻常的意义。在他之前，从来没有哪位欧洲君主访问过俄国。5月30日，叶卡捷琳娜与约瑟夫暂时分开行动。约瑟夫与他的几名随从前往莫斯科，女皇则前往波将金的出生地奇泽沃。据说波将金还邀请女皇参观了他出生的村落。这是一种莫大的荣耀。为了纪念女皇此次驾临，村里的一口井被命名为"叶卡捷琳娜"。6月18日，叶卡捷琳娜、波将金和约瑟夫都来到了首都圣彼得堡。俄奥双方开始正式坐下来谈论恢复两国邦交的事宜。7月，约瑟夫二世对俄国的访问顺利结束，回到了奥地利。但俄奥两国并没有签署什么实质性的协议，因为约瑟夫的母亲玛利亚·特雷西亚此时仍然在世。玛利亚在奥地利的地位非常崇高，影响力甚至盖过她的儿子约瑟夫。这个女强人对叶卡捷琳娜向来没有好感，因此坚决反对与俄国结盟。虽然没有签订协议，但约瑟夫二世此次对俄访问仍然起到确定两国友好关系的作用。他访问俄国的举动也在欧洲引起了轩然大波。

第一个跳起来的是普鲁士的腓特烈大帝。普鲁士和奥地利算是老冤家了，腓特烈不能容忍他们与俄国眉来眼去，于是开始发布诋毁约瑟夫二世的言论，但是这丝毫不能影响叶卡捷琳娜大帝的判断。向来对俄国若即若离的英国政府也开始督促他们的驻俄大使尽快想办法与俄国结盟，因为英国担心俄国与奥地利交好会间接地影响到英国。他们不知道的是，不论他们做什么都无法改变俄国与奥地利恢复邦交的事实，因为俄国已经决意要实行向南扩张的希腊计划。腓特烈大帝不肯罢休。为了抵消奥地利对俄国的影响，他也决定派一名举足轻重的人物访问俄国。腓特烈派出的访俄代表是自己的亲侄子，也是普鲁士未来的皇位继承人——威廉王子。这个人物的确分量充足，然而腓特烈大帝却忽略了他侄子的社交能力。威廉王子的到访起到了事与愿违的作用。通过与威廉王子交谈，叶卡捷琳娜大帝发现这个人毫无风趣，而且异常笨拙和无知。叶卡捷琳娜毫不客气地显示出自己的冷漠。不久之后，整个宫廷都厌倦了他。发现自己不受欢迎之后,威廉王子赌气地转向了保罗大公的小宫廷,试图与跟他一样笨拙的保罗交朋友。他的确受到了亲近普鲁士的保罗大公的欢迎,但这使得叶卡捷琳娜大帝对他更加厌恶。女皇的秘书别兹博罗德科犀利地评价道:"如果说他(指威廉)精明的叔叔(指腓特烈)在一生的政治投机中有过什么失误的话,那派他访问俄国绝对是最大的一个。"对此并不知情的约瑟夫在看到腓特烈派自己的侄子访问俄国之后也紧张了起来。为了与腓特烈较量,他派出了奥地利的交际能手利尼亲王出访圣彼得堡。利尼亲王现年45岁,但是年龄并不能成为他与人交往的障碍。亲王知识渊博、思想深远、妙语连珠,深受异性喜爱。叶卡捷琳娜大帝夸赞利尼亲王是一名"与众不同、最让人感到舒服惬意的人"。与利尼亲王相比,威廉王子显得更加无足轻重了。

1780年11月,备受奥地利哈布斯堡皇室敬仰的太后玛利亚·特雷西亚离开了人世。她的死亡意味着俄奥之间友好邦交的建立再也没有了障碍。约瑟夫二世与叶卡捷琳娜二世很快就达成了一项俄奥之间的防御性协议,并就奥斯曼帝国的问题达成了一致。一切进展都非常顺利,然而令人意想不到的是,到了最后一步要在协议上签字的时候,两位君主产生了分歧。作为神圣罗马帝国皇帝的约瑟夫二世认为他应该先在协议上面签字,因为俄国自诩为"第三罗马",地位上肯定比他低了一等。但是地位意识同样强烈的叶卡捷琳娜大帝认为俄罗斯帝国的地位更加崇高,因为俄国不论从军事力量、人口数量还是国土面积来看都是欧洲首屈一指的大国,因此应该是她先签字。两位君主因为外交礼仪的问题陷入了僵局。波将金认为因此导致谈判的中断实在太过荒谬,一再请求叶卡捷琳娜做出一个小小的让步。但是叶卡捷琳娜不是一个会轻易改变决定的人。从某种意义上讲，她比约瑟夫二世还要固执。好就好在，叶卡捷琳娜虽然固执，但也懂得变通。协议是必须签的，俄国的脸面也要保住。她想出了一个富有创意的解决方案：她提议与约瑟夫分别签署仅规定了己方责任的协议，然后以私人信件的方式邮寄给对方。约瑟夫二世当即表示同意。1781年的5月18日，这份充满创意的秘密协议总算签署完毕了。据说谈判陷入僵局期间约瑟夫二世因为神经过度紧张变得消化不良，身体都要垮了。这下他终于可以恢复健康了。

根据俄奥之间的秘密协议，俄国需要在奥普之间发生对抗时为奥地利提供支持。约瑟夫二世则承诺如果俄国与奥斯曼土耳其发生冲突，奥地利将会为俄国提供保护。由此可见，俄奥两国已经结成了攻守同盟。欧洲其他国家对此项协议的内容毫不知情。由于保密工作到位，在接下来两年的时间里，整个俄罗斯帝国就只有叶卡捷琳娜大帝、波将金和别兹博罗德科知情。至此，俄国迈出了希腊计划的第一步。接下来，就要依靠军事力量完成女皇征服南方的雄心壮志了。如果真的可以如愿以偿地占领君士坦丁堡，那么叶卡捷琳娜大帝的功绩无疑可以超越彼得大帝，成为俄国历史上首屈一指的沙皇。

青铜骑士和保罗的欧洲之旅

虽然彼得大帝之后的几位沙皇都号称自己将会按照他的精神进行统治，但是这些人全部能力有限，完全无法领会彼得大帝的治国精髓。他们根本算不上是勤政和有作为的君主，因此没有一人可以复制彼得大帝的成功。在叶卡捷琳娜大帝登上皇位之前，或许没有一个俄国人能想到，这个没有一点罗曼诺夫王朝血统的德意志女人能够凭借自己的智慧和不懈的努力真正继承了彼得大帝的精神，将俄国带向了另一个辉煌时代。英雄相惜，叶卡捷琳娜大帝非常敬佩罗曼诺夫王朝的这位伟大前辈，也只有她懂得彼得大帝治国的艰辛。为了表达自己对这位前任沙皇的崇敬之情，早在1766年她就已经开始着手为彼得大帝建造一座气势恢宏的雕塑，并将其放置在彼得大帝亲手建造的城市——圣彼得堡。

1768年，法国雕塑家法尔科内和叶卡捷琳娜在芬兰湾找到了雕塑的基座"雷石"。此后接近十年的时间，法尔科内都在为塑造彼得大帝的伟大形象而努力工作。他的创作过程充满了阻力。每一个小的细节都面临着激烈的争辩。比如雕塑中的彼得大帝究竟应该穿欧式的服装还是传统的俄国服装？赞成他穿俄式服装的人声称，作为俄国人民的沙皇，属于斯拉夫人的彼得大帝当然应该穿本国人民的服装。然而反对者又指出，彼得大帝的一生都为在俄国推行"欧化"改革而奋斗，他的一生都在力图改革斯拉夫式的一切，包括服装。为了完成这个作品，法尔科内耗尽了金钱和心血。在经历了十二年的艰苦创作之后，彼得大帝的雕塑终告完成，但俄国人民还是对他创作的彼得大帝不满意。忍无可忍的法尔科内最终向叶卡捷琳娜大帝提出辞呈，请求她允许自己回国。起初，叶卡捷琳娜支持法尔科内的工作，但是十二年过去了，这尊雕塑依然没有矗立在圣彼得堡，她也对他失去了耐心。在如数支付了法尔科内的薪水之后，叶卡捷琳娜同意了他的辞呈。未能看到自己的作品成功揭幕将会成为法尔科内一生的憾事。

叶卡捷琳娜大帝最终将彼得大帝雕塑的揭幕时间定在了1782

年的 8 月 7 日。这一天刚好是彼得大帝登基一百周年的纪念日。在圣彼得堡的议会广场上，皇家近卫军团庄严肃穆地站在两侧。叶卡捷琳娜大帝的周围站着帝国的高层官员还有来自各国的大使。全部人员到齐之后，只听女皇一声令下，在震耳欲聋的礼炮声中，覆盖在雕塑上的幕布缓缓落下。当彼得大帝的青铜雕塑映入众人的眼帘之时，人群中发出了伴随着惊讶和赞叹的声音。遗憾的是，雕塑的创作者已经满怀怨恨地离开了俄国。此刻没有人提起法尔科内的名字，仿佛这尊伟大的雕塑是自己凭空而起似的。但是历史记住了这位雕塑家，他的这尊青铜骑士为他赢得了国际声誉。法尔科内创作的彼得大帝坐在一匹高大的骏马上，他的左手驾驭着前蹄腾空而起的骏马，右手向前指着奔流不息的涅瓦河，那是圣彼得堡起源的地方。他炯炯有神的双眼凝视着地平线太阳升起的地方。骏马的后蹄踏在一条毒蛇的身上，象征着彼得大帝带领俄国人民战胜一切困难的勇气和力量。此刻，彼得大帝与叶卡捷琳娜大帝正在孤独地对视。叶卡捷琳娜大帝知道俄罗斯帝国不可能再有继承者为她树立起如此宏伟壮观的雕塑了，因为罗曼诺夫王朝不会再有比她更加优秀的继任者。当叶卡捷琳娜大帝身边的人问她需要在雕塑的基座上刻什么铭文之时，她骄傲地答道："献给彼得一世。叶卡捷琳娜二世赠。"在经历了百年的风云之后，彼得大帝的青铜雕塑依然矗立在圣彼得堡的参政院广场上，即使是二战时期德军的炮火也未能将其摧残。

后来，俄国著名诗人普希金为这尊铜像题诗一首，名为《青铜骑士》。"在他身后苍白的月色下，看青铜骑士骑着快马。一面以手挥向高空，一面赶他这可怜的疯人……巍然矗立吧，彼得的城！像俄国一样屹立不动！"

自从保罗大公夫妇被剥夺了两个儿子的抚养权之后，夫妇二人就对女皇充满了怨恨之情。尤其是保罗，他认为母亲就是他人生路上的一个巨大障碍。她不仅剥夺了他的皇位继承权，还抢走了他养育儿子的权利。叶卡捷琳娜大帝更加看不惯她的这个儿子，一直以来都将他视为自己皇位的最大威胁。如今无所事事的保罗大公每日沉浸在训练普鲁士士兵之中。他的这种行为总是让叶卡捷琳娜想起她那个令人厌恶的亡夫彼得三世。整个宫廷里的人都知道女皇母子之间的不和，就连来圣彼得堡进行了短暂访问的约瑟夫二世都看出了他们母子之间的问题。约瑟夫就保罗大公的问题向叶卡捷琳娜提了一个不错的建议，他建议保罗夫妇来一趟欧洲之旅，以此开拓他们的视野，或许还可以通过旅行平和大公的心态。叶卡捷琳娜非常赞同这个主意。考虑到她的儿子事事都跟她反着干，她用了一计促使他们成行。叶卡捷琳娜找来了保罗的朋友赖普宁亲王，让他向大公提出旅行的事。大公夫妇不知道赖普宁亲王是忠于女皇陛下的。为了完成女皇交代的使命，赖普宁故意激励大公夫妇说，如果他们提出对欧洲各国进行访问，一定是对女皇权威的一种挑战。果然，听到可以挑战母亲权威这句话的保罗顿时认为这是一个好主意。他与大公夫人玛利亚甚至开始畅想起他们的欧洲之旅了，玛利亚更是因为可以借助这个机会衣锦还乡而激动不已。主意已定的保罗向母亲提出了出行欧洲的计划。叶卡捷琳娜首先表现出震惊，然后又表现出怀疑和愤怒。她"质问"保罗离开圣彼得堡的目的何在。保罗几乎哀求一样地说是为了增长见识，同时为了与欧洲各国交好。在保罗的苦苦哀求之下，叶卡捷琳娜终于"妥协"了，勉强同意了他的出行计划。但是考虑到保罗对腓特烈大帝非比寻常的崇拜之情，她禁止大公夫妇访问柏林。叶卡捷琳娜大帝盼望着将她这个碍眼的儿子尽快打发到欧洲去。这场精彩的演出结束之后，她迅速命人将俄国大公夫妇即将访问欧洲的事宜正式通知欧洲各国宫廷。

眼看着大公夫妇即将顺利成行，没想到一个人的干预导致女皇的计划差点破产。这个人就是保罗大公最信任的人尼基塔·帕宁。自从约瑟夫二世成功访问俄国并且俄奥双方建立了攻守同盟以来，俄国外交部的负责人尼基塔·帕宁就意识到他提倡的"北方体系"已经失败，国家的外交部门也没有了他的位置。果然，叶卡捷琳娜大帝将已经过时了的帕宁从外交部长的位置上撤了下来，由波将金顶替他的位置。这对帕宁的打击是巨大的。从岗位上退下来的帕宁开始频繁地与保罗的小宫廷来往。在听说保罗夫妇的欧洲之旅后，精明的帕宁就猜到这是女皇布置好的一出戏。为了报复抛弃了他的女皇，帕宁向大公夫妇揭发这是女皇的一个阴谋。他危言耸听地对保罗说，女皇是想趁他们离开俄国的时候剥夺他的皇位继承权并宣布皇长孙亚历山大为皇位继承人。帕宁甚至还提到了彼得大帝的儿子阿列克谢。他恐吓保罗道："当年皇子阿列克谢正是从欧洲回来之后被他的父皇折磨致死。"这很显然不符合逻辑，阿列克谢当年是自己逃跑到的欧洲，并非彼得大帝为他安排的欧洲之旅。但是保罗不会细想这些，作为帕宁曾经的学生，保罗对他极为信任。当听到皇子阿列克谢的时候，大公夫妇感到无比惊恐。受到惊吓的夫妇俩似乎已经看到了自己的权力被剥夺然后被放逐的凄凉场景。保罗大公绝对不能让自己落到阿列克谢那样的下场。惊慌失措的他立即跑去求见自己的母亲，他跪在母亲面前乞求她让他们留在圣彼得堡。但是身为女皇的叶卡捷琳娜是绝对不允许他们出尔反尔的。她以已经将访问计划通知了欧洲各国宫廷为由严词拒绝了他们。出行的这一天，大公夫妇就像要与他们的孩子永别了似的泪流满面地亲吻他们。叶卡捷琳娜几乎是拖着保罗的胳膊硬把他推到了马车上。大公夫人更是吓得昏了过去，最后不得不让人将她抬上车。将他们送走之后，叶卡捷琳娜就像甩掉了两个包袱似的，整个人都轻松了许多。他们离开的第二天，帕宁被女皇解雇了，被永远剥夺了参与政事的权利。

叶卡捷琳娜大帝很难想象这样幼稚的大公今后如何继承国家的大位。她甚至开始担心大公夫妇此次出行会给俄国带来负面影响。很快，她就会发现自己的担心并非多余。

根据行程安排，大公夫妇需要在俄国的新盟友奥地利逗留六个星期。约瑟夫二世热情地接待了他们。保罗对约瑟夫滔滔不绝地表达自己对波将金的痛恨，殊不知奥地利宫廷对他的热情接待完全是看在他母亲的面子上。在意大利，他又肆无忌惮地贬斥他母亲统治下的俄国宫廷，还放言将来自己当政之后会把波将金和母亲的那帮朋友都扔到监狱中去。在法国的凡尔赛宫，他声称自己就像生活在黑暗中的王子，被母亲剥夺了自由。如果说叶卡捷琳娜大帝曾经迫不及待地让他们成行的话，如今她又迫不及待地希望他们尽快回来，以免他们继续在外面惹是生非。

在大公夫妇旅欧期间，波将金偶然发现了尼基塔·帕宁的外甥库拉金竟是保罗大公的随从，这引起了他和叶卡捷琳娜的警觉。波将金请求奥地利宫廷允许他查看黑屋中有关保罗大公的通信记录。他几乎可以断定能够从中查到库拉金向普鲁士提供情报的信息。库拉金的确是帕宁安排在大公身边的人，而且他早就料到库拉金会有暴露身份的危险。老奸巨猾的帕宁安排保罗大公通过他的同党帕维尔·比比科夫间接地与库拉金联系。帕维尔·比比科夫是镇压普加乔夫起义的比比科夫将军的儿子。经过一番调查，波将金顺藤摸瓜地发现了比比科夫与库拉金之间的通信记录，显示出他们果然在为普鲁士提供秘密情报。这无疑是一个重磅炸弹，这些人的罪行几乎等同于叛国。叶卡捷琳娜立即下令召回正在与大公夫妇在巴黎访问的比比科夫和库拉金。经过秘密警察审讯，他们最终被定为叛国罪，理应判处死刑。但是鉴于这两个家族的庞大势力和曾经为国家做过的贡献，女皇最后宽恕了他们，将二人流放到了帝国的南方。保罗夫妇旅欧回国之后，虽然没有遭受到当年阿列克谢皇子一般的审讯，但他们小宫廷的同党已经全部被女皇处置妥当。保罗大公在朝中彻底丧失了影响力，从此以后再也没有与母亲争权的力量了。

征服克里米亚和朗斯科耶之死

与奥地利结盟之后，叶卡捷琳娜大帝算是完成了希腊计划的第一步。接下来，她将目光转向了觊觎已久的克里米亚半岛。这个悬在黑海上方的明珠对俄国来说是一种无法抵制的诱惑。1774年俄土战争结束后，根据双方签订的协议，曾经依附于奥斯曼土耳其的克里米亚完成了独立，成为克里米亚汗国。然而这种独立仅仅是形式上的，因为夹在俄国和奥斯曼土耳其两个大国之间的克里米亚不可能实现真正意义上的独立。

俄土战争结束后，俄国想方设法要将克里米亚汗国变成一个依附于沙俄的附庸国。为了在克里米亚汗国扶植一个名叫沙西金的亲俄傀儡可汗，沙俄政府已经花费了700万卢布。作为俄国的死敌,奥斯曼土耳其则一直在暗中支持克里米亚摆脱俄国的控制。对奥斯曼土耳其来说,这个黑海上的半岛同样具有重要价值。长期以来,奥斯曼土耳其人都利用克里米亚的鞑靼人把守黑海,充当奥斯曼帝国北部边境的守护者。不仅如此,克里米亚还是君士坦丁堡的那些皇室贵族们寻欢作乐的天堂。1782年,奥斯曼土耳其再次支持克里米亚境内反对沙希金的起义。这位傀儡可汗再次逃往亚速海的入海口、俄国的刻赤港避难。这一次,叶卡捷琳娜大帝开始对扶植傀儡可汗的价值做出重新考量。与之前不同,如今俄国已经与奥地利之间建立了攻守同盟,国际形势对俄国更加有利。比起花重金投资一位傀儡可汗控制克里米亚,似乎直接将其据为己有更加划算。波将金对吞并克里米亚的计划跃跃欲试。事实上,叶卡捷琳娜正是受到他的鼓舞才决定执行这一吞并方案的。波将金向女皇进言,阐明了俄国必须占领克里米亚的原因。"有了克里米亚,就能确保主宰黑海。"他对叶卡捷琳娜大帝说,"克里米亚是俄国重要的战略缓冲地带。如果没有它,奥斯曼土耳其人就可以穿越克里米亚到达俄国的心脏"。他们都清楚克里米亚是通往黑海的钥匙,也是俄国继续向南扩张的重要据点,而此时恰好是吞并这个战略意义重大的半岛的最佳时期。叶卡捷琳娜和波将金都明白只要英国和法国被美国独立战争拖着,俄国就没有什么好担心的。1782年9月1日,波将金奉叶卡捷琳娜大帝之命离开圣彼得堡,正式踏上征服克里米亚的征程。

到达南方之后,波将金对俄国士兵的装备和衣着做了一番改革。他借鉴了哥萨克骑兵宽松舒适的服装,对俄国军装做了改良,摒弃了此前缺乏灵活性的衣服。为了与俄国寒冷的气候相适应,新的服装强调保暖与舒适,并且配有可以盖住耳朵的帽子。绑腿也被取消了，换成了更加舒适的长袜。波将金禁止士兵戴假发或者往头发上扑香粉，命令所有人都要剪干净利落的短发。士兵佩戴的仅在典礼时使用的剑也被取消了，只让他们佩戴适合作战的刺刀。

自从波将金离开圣彼得堡，叶卡捷琳娜就不停地给他写信，焦急地等待着他对前方军事进展情况的汇报。但是波将金极少回复她的信，或许他想的是等大功告成之后再向女皇报喜。但对于无法亲临前线的叶卡捷琳娜来说，这段日子太难熬了。第二年的7月，叶卡捷琳娜终于失去了耐心，她在信中责怪波将金道："我已经连续五个星期没有收到你的任何消息了，你应该可以想象出我有多着急。我本以为五月中旬就可以收到占领克里米亚的消息，现在都已经七月中旬了，作为俄国的女皇，我竟然对前线究竟发生了什么状况一无所知！"在收到波将金的回信之前，发生了一个令人啼笑皆非的小插曲。在得知俄国正在对克里米亚用兵之后，俄国的老对手瑞典开始蠢蠢欲动。国王古斯塔夫三世想要拜访叶卡捷琳娜大帝，趁机打探俄国的虚实。如果时机成熟的话，他想趁火打劫收回瑞典曾经在波罗的海的势力范围。滑稽的是，在他出发前的一次阅兵式上，古斯塔夫三世的马将他甩了出去。古斯塔夫三世摔断了胳膊，最终导致他未能如期成行。当他的胳膊恢复之后，克里米亚已经被俄国吃掉了。事实上，在叶卡捷琳娜写这封信的五天前波将金已经成功占领了克里米亚。这一次，他终于不再沉默，对女皇的信做出了回应："克里米亚已经是您的了。问世间还有哪位君主能像您一样光照整个时代吗？您消灭了俄国古时的暴君——鞑靼人。请命令您的史官准备好笔墨纸张吧！这一刻值得永载史册！"收到这个消息的女皇欣喜若狂。

11月，波将金回到了圣彼得堡。为了表彰他的功绩，叶卡捷琳娜大帝拨款十万卢布用来为他修建塔夫利宫。塔夫利三个字是古希腊对克里米亚半岛的称呼，这座宫殿正是为了纪念波将金在克里米亚立下的汗马功劳。修建这座宫殿的工程持续了六年之久。建成后的塔夫利宫成为圣彼得堡规模最大的贵族府邸，也是俄罗斯帝国无数庄园的典范。当时的塔夫利宫与涅瓦河之间没有任何其他建筑遮挡，风景极佳。站在宫殿中向外望去，涅瓦河的风光一览无余。波将金还因此获得了塔夫利公爵的称号，并被晋升为陆军元帅。不久后，波将金离开了圣彼得堡，刚刚占领的土地需要他去开发建设。此后，他人生的大部分时间都将在南方度过。波将金几乎把所有的心血都倾注在开发这块刚刚获得的处女地上。他在这里建造城市、修路、建大学、设计园林、引进外资和人才、修建工厂和码头，就像一个不知疲倦、永不停歇的陀螺。他的收获也是巨大的。在南方，波将金过着皇帝一样自由的生活。叶卡捷琳娜大帝几乎赋予了他全权管辖这里的权利。他还像皇帝一样拥有自己的"后宫"，他那五个年轻貌美的外甥女都先后成了他的情人。但是这丝毫不影响他对女皇的忠诚。这一年，俄罗斯帝国进入了全盛时期。

就像凡事都必须有所交换似的，如愿以偿地获得了克里米亚的叶卡捷琳娜大帝在1783年和1784年也失去了许多。在叶卡捷琳娜步入55周岁之时，她身边的几个亲密的伙伴都在这段时间相继离世。1783年3月底，一只脚已经踏进坟墓的尼基塔·帕宁终于咽下了最后一口气，结束了他被解雇以来忧郁的生活。几乎在帕宁去世的同时，叶卡捷琳娜人生中的一名重要伙伴格里戈利·奥尔洛夫也离开了人世。自从与他的堂妹结婚之后，格里戈利过着幸福的生活。他非常爱自己这位年轻的妻子。不幸的是，他们婚后不久，新娘就患上了肺结核。格里戈利带着她在欧洲四处求医，无微不至地照顾她，但是最终仍然未能挽回她的性命。失去妻子的格里戈利回到了圣彼得堡，他的精神受到严重的刺激，已经精神失常。叶卡捷琳娜拒绝将他关起来看护，而是命人竭尽全力以最人性化的方式照看他。4月11日，年仅46岁的格里戈利·奥尔洛夫离开了人世。正在皇村准备过54岁生日的叶卡捷琳娜在接到这个消息之后非常哀伤。叶卡捷琳娜说，她失去了一个至亲的朋友和她亏欠的最多的男人。她对波将金说："似乎落到罗杰逊（她的御医）手上的人都会必死无疑。"叶卡捷琳娜和波将金都对医生充满了抗拒和鄙视，她曾讽刺地形容医生"只会放血治疗""几乎连臭虫的咬伤都治不好"。这两个人的离世让叶卡捷琳娜感到自己似乎也在迅速老去。"如果一个女皇可以永远停留在16岁那该多好。"她曾对身边的人感叹道。她没想到的是，一年之后，她生命中另外一个重要的人也离她而去。这个人的离去将对她造成重大的打击。

1784年的夏天，55岁的叶卡捷琳娜与她两个可爱的皇孙和她的挚爱朗斯科耶在皇村度假。当时俄国国内风平浪静、人民安居乐业，对外则刚刚取得了军事胜利，征服了克里米亚。从各方面来看，俄国都是一派盛世繁华的景象。在几个最亲密的人的陪伴下，叶卡捷琳娜大帝心情非常愉悦。对她来说，这是她一生中最开心的日子。然而，到了6月，快乐的日子戛然而止。6月19日，叶卡捷琳娜的情人朗斯科耶突然患病，高烧不止。他的病来势汹汹，并且迅速恶化，医生们全都束手无策。经过几天的挣扎，陪伴了叶卡捷琳娜四年的朗斯科耶于6月25日在她的怀中永远地闭上了眼睛。据说26岁的他死于白喉。叶卡捷琳娜几乎崩溃。一直以来，朗斯科耶不仅是她的情人，还是她最重要的精神伴侣，更是她人生最重要的伙伴。对此毫无防备的叶卡捷琳娜遭受到了毁灭性的打击。在给朋友的信中，她哀伤地写道："我感觉这个无可挽回的损失令我感到自己也将命不久矣。我已经到了这个年纪，本想让他陪伴我直到我人生的终点。"叶卡捷琳娜一连三个星期都卧床不起，也无法继续处理政务，并且谢绝了几乎所有的访客。叶卡捷琳娜本想在圣彼得堡修建一所教堂专门作为朗斯科耶家族的墓地以表达对朗斯科耶的爱，但是朗斯科耶的家人拒绝了她的好意，因为他们为朗斯科耶是女皇的男宠一事感到羞耻。最后，叶卡捷琳娜命人将朗斯科耶安葬在皇村的一所希腊式的坟冢里。他下葬的那天，叶卡捷琳娜将自己关在房间里，悲伤过度的她没有出席他的葬礼。波将金从南方赶了回来，他与叶卡捷琳娜相拥而泣。叶卡捷琳娜向他倾诉内心的哀伤，他像家人一样抚慰着受伤的女皇。似乎上帝是要故意加深叶卡捷琳娜的痛苦似的，还未从朗斯科耶之死的哀伤中走出来的她又收到了莫斯科信使带来的扎哈尔·切尔内绍夫的死讯。扎哈尔自她还是大公夫人时起就是她亲密的伙伴，曾陪伴她度过那段最为孤单的岁月。青年时代伙伴的离去让叶卡捷琳娜感到自己更加苍老了，只是她不清楚上帝留给她的时间究竟还有多少。对她这种充满雄心壮志的帝王来说，一生的时间过于短暂，她还有太多的事情没有完成。"如果我可以活到两百岁，我能够让整个欧洲都匍匐在我的脚下。"这是叶卡捷琳娜大帝说过的一句豪言壮语。

1785年，黑暗的一年总算过去了。这时距离朗斯科耶之死已经过去了半年。在这半年的时间里，叶卡捷琳娜大帝身边的年轻近卫军官们个个都将自己打扮得"花枝招展",渴望在女皇经过他们身边的时候得到她的"赏识"。但是叶卡捷琳娜始终没能找到一个合适的情人代替朗斯科耶。在叶卡捷琳娜大帝56岁生日的时候,波将金献给她一名新的情人——30岁的近卫军官耶尔莫洛夫。与朗斯科耶不同,这位新男宠看上去诚实本分但却没有什么学识。由于他的鼻子有些扁平,女皇给他取了一个绰号叫作"白色黑人"。在他的陪伴下,叶卡捷琳娜终于渐渐走出了阴影,内心恢复了平静。然而这位新宠似乎没有将心思花在一名宠臣该做的事情上。他在政治方面的表现很迟钝,但又喜欢故作精明。他很快就被朝廷里的人利用,卷入了一场政治阴谋。以沃伦佐夫为代表的大臣嫉妒波将金获得的一系列荣誉和地位,拉拢耶尔莫洛夫加入他们的阵营。他们利用波将金混乱的财务账让耶尔莫洛夫向女皇暗示波将金盗用公款,证据就是克里米亚傀儡可汗写的一封告发波将金侵吞他年金的信。由于波将金不在圣彼得堡,朝廷里没有什么人为他澄清真相。叶卡捷琳娜开始将信将疑。真正令她产生疑心的是波将金近年来向她不断索要的建设南方的巨款。此前只要波将金提出需求,她总是毫不吝啬地拨款。如今已经投资了300多万卢布的女皇在男宠的挑拨下终于开始对波将金产生了怀疑。1786年6月28日,在叶卡捷琳娜大帝登基庆典的这一天,波将金没有出席。这是因为他在赌气。对于圣彼得堡发生的一切,他都了如指掌,他想通过这种方式表达自己的怒气。但这令叶卡捷琳娜感到不悦,她认为波将金变得嚣张起来,已经不把她放在眼里。叶卡捷琳娜写了一封信给他,表达了自己的不满。波将金终于不再沉默。他神不知鬼不觉地回到了圣彼得堡,并且突然闯进了叶卡捷琳娜的闺房。他对她吼道:"我和他(指耶尔莫洛夫）之间你只能选择一个，要么他滚，要么我走！只要他在这里一天，我就不会再踏入皇宫的大门！"说完之后，狂怒的波将金甩门而去。叶卡捷琳娜毫不犹豫地选择了波将金。不明所以的耶尔莫洛夫就这样被解职了。和以前那些被辞退的男宠一样，女皇赏给他一笔丰厚的退休金并且打发他去欧洲进行一场为期五年的"旅行"。

耶尔莫洛夫离开之后，波将金立即为叶卡捷琳娜安排了一名新的男宠接替他的岗位。对叶卡捷琳娜来说，没有了爱情的她一分钟都活不下去。这一次"应聘"这个岗位的是波将金的副官，26岁的马莫诺夫。这位新宠的"面试"颇具创意。波将金令他献给女皇一幅水彩画，并问她对这幅画的评价如何。叶卡捷琳娜心领神会地答道："轮廓不错，只是色彩不够完美。"但她还是接受了马莫诺夫。由于这位新宠总是穿着一身红衣，叶卡捷琳娜给了他一个昵称叫作"红衣先生"。在耶尔莫洛夫被打发走的第二晚，"红衣先生"就走进了女皇的寝宫。经过一段时间相处，叶卡捷琳娜对她的"红衣先生"非常满意。与她曾经深爱的朗斯科耶一样，马莫诺夫也受过良好的教育，言谈举止很有修养。对叶卡捷琳娜来说，她需要的正是这种可以与她的思想产生共鸣的情人。不久之后，马莫诺夫便被晋升为中将，还获得了伯爵的爵位。

1786年，波将金邀请叶卡捷琳娜大帝举行一场盛大的克里米亚之旅，对这几年他在南方的建设进行一番视察，同时还能起到宣扬俄罗斯帝国国威的作用。这项提议深合女皇的心意。1786年底，叶卡捷琳娜大帝将这场南巡的筹备工作全权授予了波将金，自己则负责邀请同行的宾客。对波将金来说，这是展示他多年以来在帝国南方建树的一次千载难逢的机会。如果女皇可以亲眼看到他的成果，朝中那些污蔑他的谎言就会不攻自破。叶卡捷琳娜大帝则终于可以看到自己多年投资的收益，同时宣扬俄罗斯帝国的国威。既然决定了南巡，她开始精挑细选与她同行的人员。

自法王路易十六登基以来，法国与俄国的关系开始有所缓和。在出行准备期间，法国向圣彼得堡派来了一名新的驻俄大使塞古尔先生。32岁的他像奥地利的利尼亲王一样深受俄国宫廷欢迎。法国派他出使俄国正是希望通过他改善法俄之间的关系，为接下来两国之间贸易协定的签署做准备。这位法国大使不仅博学多识、举止优雅，而且还有着丰富的人生经历。他曾在北美独立战争期间前往美洲，对当地的风土人情颇为了解。叶卡捷琳娜大帝很快就对他产生了浓厚的兴趣。他向女皇讲述美国独立战争的故事和神秘遥远的委内瑞拉。对叶卡捷琳娜来说，发生在美洲大陆的故事令人心驰神往。她还询问塞古尔有关法国凡尔赛宫的趣闻。塞古尔还向女皇述说了她曾经心爱的启蒙思想家伏尔泰以及1784年去世的狄德罗的许多事情。叶卡捷琳娜大帝为能够再次遇到一名与她有思想共鸣的人感到快乐。塞古尔此时已经成为女皇私密小圈子里的一名重要成员。塞古尔对女皇的新宠做了一番夸赞，认为他不仅拥有英俊的面孔，还拥有卓越的才华。接着他又赞扬波将金是一名不同凡响的天才式的人物。塞古尔对保罗大公的评价就不那么令人乐观了，他认为大公为人刻薄，情绪起伏不定，这令他为俄罗斯帝国的未来感到担忧。作为女皇的座上宾，塞古尔自然在被邀请一同前往克里米亚的名单里。除了法国大使之外，叶卡捷琳娜还邀请了奥地利约瑟夫二世和利尼亲王、英国大使菲茨，还有俄国本国的显贵、重要大臣以及颇具身份地位的贵族妇女。她的男宠马莫诺夫自然也在一同前往的名单中。但是大公夫妇是被坚决排斥在外的。叶卡捷琳娜认为她这个了无生趣的儿子只会搅和了所有人的雅兴。但是她想带着两个皇孙——十岁的亚历山大和八岁的君士坦丁同行。

自从大公夫妇旅欧归来之后，女皇便将他们安置在了圣彼得堡城外的加特契那，这也是当年她让格里戈利·奥尔洛夫"隔离"的地方。大公夫妇住的地方正是当时格里戈利居住的庄园。大公夫妇彻底远离了政治中心，朝廷里的一切似乎都不再与他们有关。与他名义上的父亲彼得三世一样，保罗大公每日都将精力用在操练他的那群士兵上。在得知自己的母亲要绕过他这个皇位继承人，带着他的两个儿子南巡之时，大公夫妇强烈抗议女皇的做法。保罗表示如果女皇带上他的两个儿子的话，自己也必须一同前往。但是叶卡捷琳娜拒绝让步。"你们有五个孩子（大公夫妇还生了三个女儿），三个都已经陪在你们身边了，难道还不够吗？难道让我这个年迈之人享受六个月的天伦之乐都不行吗？"保罗大公与母亲僵持不下。最终，两位皇孙未能成行，因为他们突然在临行前出了水痘。大公夫妇总算松了一口气。

除了大公夫妇这对不受欢迎的人之外，还有一些人被排除在了女皇名单之外，其中就有来自普鲁士的大使。腓特烈大帝已经在1786年8月安然离开了人世，由于没有子嗣，他那位不受欢迎的侄子威廉继承了普鲁士王位，史称威廉二世。由于曾经在圣彼得堡的宫廷遭受了冷遇，他对俄国和叶卡捷琳娜大帝都充满了敌意，因此普鲁士的代表自然不在受邀行列。

1786年12月底，所有的准备工作都已完成。皇家雪橇整装待发，每个驿站的马匹也已准备就绪，女皇出行的信息已经全部传达到沿途各大城镇。南巡的时间一再调整，最终定在了1787年

1月7日。波将金已经先行一步安排沿途的接待事宜。1787年的元旦，叶卡捷琳娜大帝照例在冬宫接见了朝中大臣和各国大使，接受众人的新年祝福。然而她的思绪已经穿越了北境的皑皑白雪，飘向了遥远的南方。

盛大的南巡

1787年1月7日早晨，圣彼得堡的气候异常寒冷。皇村大门外14辆豪华皇家雪橇整装待发。每一辆雪橇都由8到10匹高头大马拉着，这些雪橇是为女皇以及朝中大臣和各国大使准备的。除此之外，还有160辆简易雪橇，供其他随行人员以及仆人们乘坐。每个驿站都备好了600匹马用来更换疲惫的马匹。上午十一点，伴随着轰隆隆的礼炮声，大队人马浩浩荡荡地向着帝国的南方进发。这一年是叶卡捷琳娜大帝登基以来的第25个年头。根据行程，他们将从圣彼得堡出发，到达基辅修整。他们将在基辅一直停留到第聂伯河冰雪消融，然后取水道前往南方视察波将金新建的城市赫尔松，最后再从赫尔松改换陆路前往神秘之境克里米亚。此次旅行将走完总计4000英里的路程，预计耗时6个月之久，是叶卡捷琳娜大帝一生中最为漫长的旅行经历。她迫不及待地想要看到帝国南部的繁荣之景，同时向欧洲各国大使展示俄罗斯帝国广阔的疆域以及雄厚的实力。

女皇乘坐的雪橇由10匹骏马拉着，每一面都有3扇窗。雪橇里面铺着暖和的地毯，还放有缝着软垫的长凳，可供6个人乘坐。除此之外，还摆放着沙发和桌子。女皇的雪橇异常高大宽敞，人们可以在里面站立和行走。整个雪橇看上去就像一座微型的移动城堡。为了防止车队在白雪皑皑的道路上迷失方向，波将金在车队通过的道路两旁点燃篝火。这些篝火不论白天还是晚上都在不停地燃烧，直到车队全部经过才被熄灭。1月的俄国，万物都是银装素裹。晚上，清澈的天空上闪烁着明亮的星光，道路两旁的篝火星星点点，叶卡捷琳娜大帝的车队在光滑的冰面上疾驰，坐在雪橇中的人似乎已经分不出是行走在现实里还是梦幻中。

在行进平稳的雪橇上，叶卡捷琳娜大帝仍然保持着规律的作息。每天早晨，她都是六点起床，然后独自工作到八点钟。随后，她会告诉仆人今天需要谁陪伴她一同享用早餐。为了增加旅途中的乐趣，叶卡捷琳娜会不停地更换与她同乘的旅伴。这是大家在女皇面前展现自己的机会。通常情况下她会邀请塞古尔、菲茨还有她的老朋友列夫·纳雷什金和伊凡·舒瓦洛夫陪她一起同乘聊天。法国大使塞古尔总是能给大家带来欢乐，尤其受到女皇的欢迎。1月29日，车队到达了基辅。按照计划，他们将在这里停留休整，直到第聂伯河的河水解冻再乘船出发。波将金从南方赶到了基辅与叶卡捷琳娜会合。除波将金之外，奥地利的利尼亲王也在基辅加入了女皇的巡幸队伍。利尼亲王是叶卡捷琳娜的老朋友了，他的加入给这次旅行增添了更多的乐趣。在基辅逗留期间，女皇接见了来自世界各地的外宾。除了欧洲人外，还有从中国、印度和波斯远道而来的权贵和商人。叶卡捷琳娜大帝想起了四十三年前陪同伊丽莎白女皇到基辅巡幸时的情景，当时还是大公夫人的她只有十五岁。那趟朝圣之旅让她对在宫廷之外生活的俄国大众产生了深刻的印象。如今已是女皇的她再次见到了与当年类似的场景。然而她的心态已经今夕不同往日，看到这些贫苦

18 世纪 80 年代的叶卡捷琳娜二世

大众之时她再也没有了四十三年前的惊讶和伤感。对现在的她来说，这些贫苦的俄国农民已经不是她关注和在意的焦点，她也不会再为这些人的处境感到悲伤，她早已将注意力放在了开疆拓土和维护权贵利益上面。

在基辅逗留了六个星期之后，厌倦的情绪已经开始在众人心里滋生。4月22日，第聂伯河两岸响起了轰隆隆的礼炮声，这是在告诉众人冰雪已经消融，可以开船了。女皇一行迫不及待地登上早已准备好的豪华大帆船。当天下午三点，女皇的船队正式起锚向南方行进。这支巡游的船队由七艘豪华的罗马式帆船和八十艘其他各类小艇组成。每一艘大船的船身都被涂成耀眼的金色和红色，船的内部则装饰有黄金和丝绸。豪华帆船上还配有公共画廊、图书馆、音乐室等等，甲板上安装了遮风挡雨的华盖。单是为这七艘船服务的人员，包括桨手、船员、护卫和厨师，就有三千人之多。除此之外，每一艘帆船上都安排了管弦乐队，他们通常在客人登船和下船时在甲板上演奏。叶卡捷琳娜大帝乘坐的驳船名为"第聂伯号"。她的套房里放置着两张床，分别是为女皇和她的情人马莫诺夫准备的。女皇奢华的卧室里悬挂着昂贵的丝绸，书房里摆放着舒适的红木书桌。船上的餐厅则可以容纳七十位宾客同时用餐。这次游船的经历将令所有人终生难忘。利尼亲王和塞古尔的同行为女皇的旅程增添了更多乐趣。他俩就像校园里的学生似的在船上嬉笑打闹。叶卡捷琳娜特意将他俩安排在了同一个套间。每天一大早，利尼亲王都会对着隔开他俩的卧室的薄薄的木板敲个不停，将塞古尔吵醒，然后对他大声诵读自己作的即兴诗。除了尽兴地玩乐之外，同行的各国大使并没有忘记各自肩负的使命。法国和英国均要求他们各自的大使通过此次南巡与俄国签订有利于本国的协议。从一开始，塞古尔就随时留意有没有合适的机会与叶卡捷琳娜大帝洽谈法俄之间贸易协定的问题。他比菲茨幸运的是，他得到了波将金的支持。但是作为整场南巡的筹划人，波将金很少与他们同行。有一天，波将金登上了驳船，他于百忙之中要求塞古尔马上草拟出想要与俄国签订的贸易协定条款，他将于当晚呈递给女皇过目。塞古尔知道机不可失，立即返回他的客舱准备起草工作。但是在这个紧要关头，塞古尔怎么都找不到他的仆人。找不到仆人，他就无法开始起草工作，因为他书柜的钥匙在仆人身上，没有钥匙他就没有纸和笔。情急之下，塞古尔向迎面走来的英国大使菲茨借了一支笔和几张纸。不明所以的菲茨自然而然地将纸和笔借给了塞古尔。就这样，法国大使用英国大使提供的笔墨纸张起草了对英国不利的贸易条款。叶卡捷琳娜大帝很快就与塞古尔就这些条款达成了一致并签上了她的大名。不久之后得知这个消息的菲茨感到懊悔不已，但已于事无补。

在第聂伯河上度过了三天的惬意时光之后，船队到达了俄国和波兰的交界处卡涅夫。在这里，有一个特殊人物乘着小船到访，他就是叶卡捷琳娜大帝一手打造的波兰国王、她曾经的情人斯坦尼斯瓦夫。在与叶卡捷琳娜分别了二十八年之后，斯坦尼斯瓦夫终于等到了再次见她的机会。此时的斯坦尼斯瓦夫已是五十六岁的老人，但他身上的贵族气质让他看起来依然是那么英俊优雅。二十八年来，他经历了许多难言的苦楚，却从来没有停止过对叶卡捷琳娜的思念。他向波将金说，这次可以见到叶卡捷琳娜的机会令他的心情非常激动。或许这位多愁善感的国王还在幻想着这次会面可以再次唤起叶卡捷琳娜对他的爱。他不知道的是，叶卡捷琳娜已经变了。她已不再是当年那个备受欺压需要他的爱去安抚的大公夫人，她已经是俄罗斯帝国的女皇。从她二十五年的执政经历来看，她非常适合女皇这个岗位。在她的治理下，俄罗斯帝国蒸蒸日上，整个国家都迈入了一个全新的时代。可以想象，这样的女皇拥有着多么强大的意志力和刚强的性格。在她心里，斯坦尼斯瓦夫只是她一手打造出的服务于俄国的波兰国王。虽然也是国王，但是斯坦尼斯瓦夫的执政生涯充满了失望与耻辱，完全无法与叶卡捷琳娜大帝这种卓越的政治家相媲美。在叶卡捷琳娜的眼中，斯坦尼斯瓦夫的表现非常懦弱，他的多愁善感更是令她无法忍受。对叶卡捷琳娜来说，此次与旧情人会晤的目的并不是怀旧，而是为了商讨对波兰将来的规划。可想而知接下来的重逢将会带给斯坦尼斯瓦夫多么失落的感受。怀着忐忑和激动的心情，斯坦尼斯瓦夫来到了叶卡捷琳娜的驳船上。可是在他见到她的那一刻起，他的心就已经凉了一半，因为他看到了自己朝思暮想的女人身边站着一个高大英俊的男人——马莫诺夫。叶卡捷琳娜的模样也与他想象中的完全不同了，在他面前坐着的是一个身形臃肿的女人，再也没有了当年柔美的青春气息。虽然容颜变了模样，但是叶卡捷琳娜精神矍铄，双眼流露出高傲和威严的神态。斯坦尼斯瓦夫试图向叶卡捷琳娜控诉俄国驻波兰的大使在波兰境内飞扬跋扈的作风，但是她听了之后只是礼貌又冷漠地点头。站在她旁边的男宠马莫诺夫更是用一种厌恶的眼神看着斯坦尼斯瓦夫。他退下了，脸色苍白、神情绝望。他终于意识到他们之间的往事早已随风而逝，再也回不去了。眼前的这个女人要么没有心，要么就是失去了记忆。即便如此，他还是请求女皇允许他在船上多逗留一天，但他得到的依然是冷冰冰的拒绝。当天晚宴结束的时候，斯坦尼斯瓦夫与叶卡捷琳娜有了一次偶然的接触机会，这是他此生最后一次与她说话。用餐结束后，他起身寻找自己的帽子，帽子刚好在叶卡捷琳娜旁边，于是她顺手将帽子递给了他。斯坦尼斯瓦夫一语双关地说道："哦，这是您给我的第二顶帽子，我真应该感谢陛下的慷慨和善意。"他说的第一顶帽子意指叶卡捷琳娜强加给他的波兰王冠。斯坦尼斯瓦夫就这样离开了，此生都没有再与他心爱的女人重逢。这位痴情的国王回国后，将精力全部用在了书写回忆录上，他的回忆录里充满了当年与大公夫人在一起时的美好记忆。

斯坦尼斯瓦夫的离开没有在叶卡捷琳娜心里激起任何涟漪，她已经开始期待即将出现的重要人物——奥地利约瑟夫二世的到来。女皇的船队继续顺着第聂伯河水南下。按照约定，他们将在新兴城市赫尔松与约瑟夫二世会晤。约瑟夫二世提前到达了赫尔松。这位性格急躁的皇帝独自在赫尔松视察了一番后，开始等得有些不耐烦了。他竟然独自沿着第聂伯河北上来到了另外一个城市克列缅丘格（位于今乌克兰境内）。据说这次他一点都不想加入叶卡捷琳娜大帝的南巡队伍，只是迫于俄奥结盟的压力不得不从繁忙的国事里抽身前来。对叶卡捷琳娜大帝来说，此次邀请约瑟夫二世前来的目的主要在于加强俄奥同盟。她希望奥地利将来可以在俄国对抗奥斯曼土耳其的战争中发挥一定的作用。约瑟夫则想借助此次巡游亲自视察俄国的军事实力，或者说，他想亲自证实俄国离开奥地利就什么都做不了。更重要的是，他想知道如果奥地利将来与普鲁士开战的话，俄国能为他做些什么。5月7日，叶卡捷琳娜大帝一行在克列缅丘格上岸，与约瑟夫二世会合。他们将在此改换陆路继续向克里米亚半岛行进。在众人的陪同下，

第七篇 黄金时代

叶卡捷琳娜二世与约瑟夫二世一同前往了波将金正在兴建的一座以女皇的名字命名的"未来之城"——叶卡捷琳诺斯拉夫。在这里，两国元首将为这座城市举行奠基仪式。叶卡捷琳娜大帝放下了这座新城的第一块基石，然后邀请约瑟夫放置第二块。事后，约瑟夫二世鄙夷地对塞古尔耳语道："她放下的是第一块，我的是最后一块。"不久的将来，他就会知道自己的预言大错特错。接下来，他们将要穿越茫茫草原，向波将金建设的第一座城——赫尔松——前进。

5月12日，女皇一行列队进入赫尔松的城门。拱门上赫然刻着用希腊文书写的激动人心的句子"通往拜占庭之路"。这是对奥斯曼土耳其帝国的公然挑衅。城内笔直的道路上绿树成荫，人们在种满鲜花的大街小巷里穿梭。眼前祥和繁华的景象令所有人感到震惊，塞古尔和利尼亲王更是对波将金的成就赞不绝口。1774年俄土之间《库楚克开纳吉条约》签订之前，赫尔松地区一直处于克里米亚的管辖范围内。1778年，在波将金的建议下，叶卡捷琳娜大帝下令建造了这个全新的港口。经过短短九年的努力，波将金就像变魔术一般将这片荒芜的沼泽地变成了一座拥有一千二百栋石头房子、人口达到五万的新兴城市。不仅如此，他还在赫尔松修建了大型造船厂，还有可以容纳两万名士兵的营房。港口上停泊着大量战舰和船只，那是波将金正在组建的黑海舰队。有了这支舰队，再加上彼得大帝打造的波罗的海舰队，俄国一跃成为可以与西班牙和法国平起平坐的海军强国。此时波将金的人生达到了巅峰。女皇不仅任命波将金为黑海舰队总司令，还让他担任黑海哥萨克的大盖特曼。这是属于波将金的荣耀，也是叶卡捷琳娜大帝的骄傲。叶卡捷琳娜大帝得意地看着眼前的一切，这就是她此前的巨额投资没有白费的最佳证明。那些曾经诋毁波将金成就的谎言此刻不攻自破。但是那些与波将金敌对的人不会善罢甘休，保罗大公就是其中之一。

自波将金受到母亲宠爱以来，保罗大公就对他怀恨在心。他认为波将金夺走了本该属于自己的荣耀，正是这个人严重威胁着自己的皇位继承权。因此，保罗迫不及待地想要听到此次同行的人员向他汇报波将金的那些成就都是虚张声势的消息。为了迎合保罗大公和朝中敌对波将金的势力，有人向圣彼得堡的小宫廷汇报称第聂伯河沿岸的那些看似整洁的村庄都是波将金用纸板临时拼凑起来蒙骗女皇的，就连那些山呼万岁的村民也是他找来的临时演员。在此次巡幸途中，波将金为了营造气氛、制作大排场，的确粉饰了一些繁华景象，但是他的成就远远大于这些夸张的表演。只是那些心怀叵测的人对波将金的成就视而不见，将他称为弄虚作假的高手，给第聂伯河沿岸的这些村庄取名为"波将金村"，以示对波将金的讽刺。后来，"波将金村"在俄国成了弄虚作假和欺骗的代名词。很显然，这是有失公允的。对叶卡捷琳娜大帝来说，她完全分得清楚哪些是政治作秀，哪些是实实在在的成就。就连一向认为俄国落后的约瑟夫二世都忍不住赞叹道："只有身临其境才能相信我所看到的景象。"

离开赫尔松之前，叶卡捷琳娜大帝本想再向前推进一步，前往俄国最新占领的战略要塞、黑海沿岸的金布恩视察一番。但是充满敌意的奥斯曼战舰近在咫尺，为了避免挑起事端，女皇一行只得作罢。他们调转方向，准备前往此行的终点站——克里米亚。这里是鞑靼人生活的热土，是属于东方的神秘之境。在18世纪西方人的想象中，东方是有着奢华的宫殿与王位的享乐之地，也是文学家们丰富想象力的来源。对俄国人来说，位于帝国南部的高加索和克里米亚地区就是充满异域风情的东方。所有人都对即将开启的旅行充满期待。当车队驶入克里米亚半岛之后，映入眼帘的是一望无际的草原，女皇一行将在茫茫的草原上度过几个终生难忘的夜晚。黄昏来临之时，仆人们已经扎好了帐篷。看着一望无际的草原，约瑟夫对塞古尔说："谁能想象得到一位奥地利君主和一位俄国女皇还有法国和英国的大使会同时出现在这片属于鞑靼人的原野中？这段经历一定值得载入史册。""这儿让我想起了《一千零一夜》中记载的仙境。"塞古尔回答道。在他说到"一千零一夜"时，约瑟夫揉了揉自己的眼睛："我不知道自己是在现实中还是被你提到的阿拉伯之夜带到了梦境，看那里！"不远处，一顶巨大的帐篷正在缓缓地向他们营地的方向移动，好像自己长了腿一样。约瑟夫和塞古尔吃惊地凝视着这奇特的一幕。他们看到的是生活在伏尔加河下游的卡尔梅克人，他们拥有带着完整的帐篷搬迁的技能。到达曾经的克里米亚汗国的都城巴赫奇萨赖之后，女皇一行在可汗的旧宫殿安顿下来。似乎是为了增强那种来自神秘东方的氛围，波将金在宫殿的圆形露天剧场布置了星星点点的灯笼。叶卡捷琳娜大帝坐在可汗曾经的王位上感叹，四百年之前，这里是蒙古可汗的天下，权力的更迭令她唏嘘不已。鞑靼人曾经征服了俄国，对斯拉夫人进行了残酷独裁的统治，造成了这片土地的封闭与落后。如今叶卡捷琳娜大帝统治下的俄国又占领了这块土地，让鞑靼人臣服在她的脚下。但是叶卡捷琳娜并不打算计较往日的恩仇，下令保护当地的民俗和语言。"鞑靼人也是我的臣民。"女皇这样说道。

离开可汗旧宫之后，他们来到了波将金新建设的港口、黑海的门户塞瓦斯托波尔。这里停泊着波将金正在打造的黑海舰队战舰。当女皇到来之时，舰队上礼炮齐鸣向她致敬。叶卡捷琳娜大帝询问身边的法国大使塞古尔对此有何感想，他答道："陛下在南方的建树已经超越了当年彼得大帝在北方的成就。"这正是叶卡捷琳娜大帝最想听到的话。约瑟夫二世在他的日记里写道："这是我见过最美的港口。"这个由三个炮台守护的港口是波将金花了两年的时间精心打造的。叶卡捷琳娜公正地评价道，这都是波将金的功劳，并提醒在场的有些人以后不要再诋毁他。对自身的军事力量颇有信心的叶卡捷琳娜和波将金认为他们不久就可以与奥斯曼土耳其开战了。叶卡捷琳娜大帝试探性地与约瑟夫二世商讨对奥斯曼土耳其的开战时机，约瑟夫提醒她需要注意法国和普鲁士的动向。叶卡捷琳娜大帝自信地说："普鲁士的新国王根本不足为惧。至于法国，他们只会表示强烈抗议然后加入瓜分的阵营。"为了将来可以分到一块蛋糕，约瑟夫二世向叶卡捷琳娜大帝保证，奥地利这个盟友肯定靠得住。两位皇帝在黑海的北岸谋划瓜分奥斯曼土耳其之时，同一片海域的另外一端，奥斯曼帝国的宫廷也在筹划着对俄国的战争。

对塞瓦斯托波尔港口视察的结束意味着克里米亚之行的终结。6月2日，叶卡捷琳娜大帝与约瑟夫二世就此分别。约瑟夫要从此地一路向西返回维也纳，叶卡捷琳娜则要向北前往莫斯科。俄奥之间建立的攻守同盟很快就会在战场上得到考验。

6月8日，女皇一行到达了俄国与瑞典打北方战役的战场所在地波尔塔瓦。彼得大帝曾在此大败瑞典国王查理十二世，最终奠定了俄罗斯帝国波罗的海霸业的基础。为了纪念这场伟大的胜利，波将金在此地安排了一场巨型舞台剧。为了再现1709年彼得大帝与查理十二世那场气势恢宏的波尔塔瓦之战，他总共安排了近五万名俄国士兵参演。舞台剧的场景如此真实，使在场的每个人都看得热血澎湃。叶卡捷琳娜大帝的眼中更是闪耀着无比骄傲和自豪的神态，仿佛她的身体里流着的是彼得大帝的血。叶卡捷琳娜大帝完全拥有骄傲的资本，事实上，她不仅继承了彼得大帝打造的帝国，还将这个国家变得更加强大。在她之后，罗曼诺夫王朝再也没有出现超越她的帝王。舞台剧结束之后，这段美妙的旅程也基本上宣告完结。到达哈尔科夫（位于今乌克兰东北部）之后，波将金与叶卡捷琳娜话别，他将从这里返回属于他的南方。

在叶卡捷琳娜大帝即位第25年纪念日的前夕，车队驶入了旧都莫斯科。第二天，女皇巡幸了舍列梅捷夫的府邸。舍列梅捷夫家族是18世纪俄罗斯帝国一个非常富有和庞大的家族。他们的祖先鲍里斯·舍列梅捷夫曾在波尔塔瓦战役中表现出色，被彼得大帝授予陆军元帅的荣誉称号，由此成为俄国历史上第一位陆军元帅。叶卡捷琳娜大帝时期的舍列梅捷夫家族拥有超过80万公顷的土地和超过20万个登记在册的农奴，可以说是当时最大的地主。但是与多数西欧国家的封建领主不同，俄国地主拥有的土地都很分散。为了不让他们在某一区域形成强大的势力，沙皇刻意地将分布在各地的土地赏赐给封建领主或者有功之臣。为了迎接女皇的到来，鲍里斯·舍列梅捷夫的孙子尼古拉自上一年的秋季就开始为接待工作做准备。舍列梅捷夫的庄园外早早地装饰好了象征胜利的拱门。丰盛的宴席是必不可少的。除此之外，尼古拉还亲自精心排练了一场演出。庄园里新落成的剧场是曾经设计凡尔赛宫皇家剧院的法国建筑大师设计的，可以容纳150人观剧。叶卡捷琳娜大帝坐在专程为她安排的镀金王座上，看完了这场演出。

女皇由衷地赞赏这场精彩绝伦的舞台剧，相比之下皇家剧院的演出都逊色了不少。谢幕之后，尼古拉将女主角普拉斯卡维亚介绍给女皇，这位美丽优雅的女子正是他的妻子。这位美女之所以能够在历史上留名，与她特殊的身份有着很大的关系——她生于农奴之家，是一位农奴。她凭借自己的美貌和嗓音吸引了主人的目光，尼古拉专门培养她学唱歌剧，最终成长为一名出色的女高音歌手。看着普拉斯卡维娅在他的庄园里从一个小姑娘成长为舍列梅捷夫歌剧院的女主角，尼古拉深深地爱上了她。在当时的社会，爱上一个农奴虽然并不稀奇，但娶她们为妻则是极为罕见的事。尼古拉在这种复杂的矛盾和巨大的压力中挣扎徘徊了许久，最终遵循了自己的内心，娶了这位农奴的女儿。

1787年7月，在外巡幸了半年之久的叶卡捷琳娜大帝终于返回了圣彼得堡。女皇和此次南巡的大臣们发现自己一时间无法适应宫廷那种繁忙无趣又充满尔虞我诈的日常生活。叶卡捷琳娜于8月驾临皇村，她将在这里避暑，度过这一年的夏天。唯一令她感到欣喜和期待的是她终于可以再次见到自己两个可爱的皇孙了。亚历山大和君士坦丁好奇地拉着叶卡捷琳娜问了无数个关于此次旅行的问题。除了两个皇孙之外，其他的事情就不是那么令人愉悦了。国际社会发生了新的变化。经过法国大使塞古尔的努力，此次南巡途中俄法两国签署了友好的贸易协定，但是这激怒了法国的世仇英国。这次没有受邀参与南巡的普鲁士，自然也是对俄国充满恶意。"我每天都像马一样努力工作。"叶卡捷琳娜大帝说道，"四个秘书也完全不够用。"最重要的是，女皇在奥斯曼土耳其边境的军事示威行为激怒了奥斯曼土耳其，同时，她感受到一直对俄国心怀邪念的瑞典也在蠢蠢欲动。很快，这些积压已久的问题就会全部爆发出来，以一种最为激烈的方式。

战争风云

再战奥斯曼土耳其

叶卡捷琳娜大帝为期六个月的南方之行彰显了俄罗斯帝国的军事实力，并在宿敌奥斯曼土耳其的家门口狠狠地耀武扬威了一把。这种赤裸裸的挑衅行为成功地激怒了苏丹王廷。奥斯曼土耳其首府君士坦丁堡在3月到5月都沉浸在一片亢奋的吵闹声中。自上一次俄土战争之后，俄土双方都清楚他们之间必定还有一战，因此军备竞赛和挑衅行为其实是在两国同时进行的，而率先准备就绪的一方将会是发动战争的一方。

虽然俄国已经拥有了黑海舰队，并且叶卡捷琳娜亲自视察了军事演习，但是她清楚目前对土作战的时机仍未成熟。他们需要时间集结军队，也需要更多的时间打造足够的战舰。1787年，俄罗斯帝国的东部正在遭受严重的饥荒，因此这一年实在不是开战的最佳时机。叶卡捷琳娜大帝希望奥斯曼土耳其帝国的苏丹可以再给她几个月的时间做准备。但是苏丹阿卜杜尔·哈米德在身边主战派大臣的煽动下已经陷入了战争狂热的情绪。1787年8月，苏丹王廷通过俄国驻君士坦丁堡的大使布尔加科夫向圣彼得堡发出最后通牒，要求俄国女皇立即归还克里米亚。布尔加科夫严词拒绝了对方的要求。8月5日，苏丹王廷将布尔加科夫逮捕并囚禁在七塔要塞——这是奥斯曼土耳其向他国宣战的传统方式，上次奥斯曼土耳其也是这样做的。8月20日，奥斯曼土耳其袭击了停靠在黑海的两艘俄国护卫舰,俄土战争正式拉开帷幕。

此次俄土战争的焦点在于争夺克里米亚。对奥斯曼土耳其来说,如果要收复克里米亚,首先需要攻破俄国的南部重镇赫尔松。如果想要占领赫尔松,则需要拿到通往赫尔松的钥匙——金布恩。金布恩位于第聂伯河河口,俄军在这里建有一个小小的要塞。这座要塞的对面就是奥斯曼帝国军队的大本营奥恰科夫。对俄军来说,守住金布恩至关重要。刚刚在此地视察回来的叶卡捷琳娜对波将金充满了信心。她认为波将金一定可以带领俄军重创奥斯曼土耳其。然而波将金的表现却让众人大跌眼镜,虽然这并不是他故意所为。为南巡事宜消耗了过多精力的波将金此时正在遭受发烧和腹泻的困扰,整个人都处于一种虚弱和忧郁的状态。他写信给叶卡捷琳娜,说自己快要撑不住了。叶卡捷琳娜给予了他极大的关心和鼓舞,但还是没能帮他挽回信念。不巧的是,俄国的盟友奥地利此时正在与邻国荷兰纠缠不清。约瑟夫二世分身乏术,写信向叶卡捷琳娜大帝致歉,表明奥地利暂时无法如约为俄国提供帮助了。欧洲的其他主要国家如英国和普鲁士则坚决地站在奥斯曼土耳其的阵营,用嘴巴支持奥斯曼土耳其人的圣战。刚与俄国签署了贸易友好协议的法国正在被一股革命浪潮搞得自顾不暇,因此选择中立。俄国的宿敌瑞典则以冷眼旁观这场战争,等着瞄准时机趁火打劫,一雪前耻。叶卡捷琳娜大帝意识到自己和俄国将要面对的是一场艰苦的硬仗。

当年九月,奥斯曼土耳其向金布恩要塞发起了攻击。好在波将金手下最优秀的将军苏沃洛夫指挥俄军抵挡住了奥斯曼土耳其的进攻。深受疾病折磨的波将金意志消沉到了极点。他写信给叶卡捷琳娜建议俄国与奥斯曼土耳其议和。叶卡捷琳娜继续给他打气,让他振作起来。"你不是一个可以随心所欲的人,你属于国家,也属于我。"波将金勉强振作了一些,计划用塞瓦斯托波尔港口的黑海舰队对抗奥斯曼土耳其战舰。然而一场突如其来的巨大风暴袭击了他的战舰。支撑波将金作战的最后一根神经也随着这场风暴被摧毁殆尽。波将金彻底崩溃了。他再次写信给叶卡捷琳娜,说自己已经完了,没有了战舰就等于没有了一切,他建议女皇放弃克里米亚并且将他的指挥权交给其他将军。波将金过分的忧虑导致他丧失了分析能力,如果俄国的战舰受到风暴的摧残,奥斯曼土耳其的战舰一定也是如此。叶卡捷琳娜大帝终于失去了耐心,她责备波将金像五岁的孩童一样没有耐心,并坚定地要求他振作起来,用勇气克服一切困难。在意志力方面,叶卡捷琳娜大帝要比波将金强大得多。奥地利的利尼亲王用讽刺的口吻嘲笑波将金:"某人的秀已经谢幕了,导演已经睡着了。"一周之后,风暴终于过去,重整旗鼓的俄军发现他们只有一艘战舰在这场风暴中受损。波将金沮丧的心情终于得到了缓解,他的身体也渐渐康复了。事情终于开始向好的方面发展。风暴刚停止,奥斯曼土耳其皇家禁卫军就于十月强行登陆金布恩。天才一般的将领苏沃洛夫组织俄军进行了三次冲锋,几乎将奥斯曼土耳其的军队全部歼灭,但他自己也在冲锋中两次受伤。金布恩总算是保住了。收到这个消息的叶卡捷琳娜大帝松了一口气。如果金布恩失守,赫尔松也就失去了防护的屏障,整个克里米亚半岛就会陷入险境。守住了金布恩就意味着在第二年春天到来之前赫尔松和克里米亚半岛是安全的。金布恩之战打乱了奥斯曼土耳其的作战计划,同时为俄国集结军队准备进攻争取了宝贵的时间。

奥恰科夫之战和瑞典插曲

1788年1月，从国际事务中脱身的约瑟夫二世终于兑现了自己的诺言，向奥斯曼土耳其宣战。这一年，俄军最迫切的目标是攻下奥斯曼土耳其令人生畏的战略要塞奥恰科夫。奥恰科夫要塞控制着第聂伯河的河口，只要它一天不倒，就会随时威胁到赫尔松和克里米亚半岛的安全。当年4月，俄军主力集结完毕，新招入伍的士兵也已到齐。黑海舰队的力量得到了加强，夺取奥恰科夫的准备工作已经就绪。然而这个时候，叶卡捷琳娜大帝在她59岁生日即将到来之时病倒了，英国的泰晤士报竟然不负责任地报道了她死亡的消息。对叶卡捷琳娜来说，1788年的确是异常艰辛的一个年头，身在圣彼得堡的她没有一天不在操心前方的战事。

6月，奥恰科夫攻防战正式开始。虽然奥斯曼帝国的军队本身不足为惧，但是他们恐怖的杀人手段却令俄军胆寒。苏沃洛夫与奥斯曼土耳其斯巴达士兵发生小规模的冲突之后，奥斯曼土耳其一方将200多名被俘的俄国士兵全部斩首，并将他们的首级悬挂于城楼上。这种做法震慑了俄军，也埋下了将来俄军对他们大肆屠杀的伏笔。

1788年夏天，正当俄军围攻奥恰科夫之时，俄国的宿敌瑞典抓住了时机想要趁火打劫一番。瑞典国王古斯塔夫三世立志要收复波罗的海的失地，报当年波尔塔瓦战役的一箭之仇。他向叶卡捷琳娜大帝发出最后通牒，要求她交出瑞典曾经在波罗的海的属地，并且从克里米亚撤军，否则将会对俄开战。叶卡捷琳娜大帝将他的最后通牒称作他"最后的遗书"。"我究竟犯了什么错，上帝竟然派瑞典国王这种蠢货来侮辱我。"她在给波将金的信中写道。这位自信心爆棚的瑞典国王对他的朝臣们说不久之后自己就可以坐在圣彼得堡的冬宫享用早餐了。到时候他会将彼得大帝的青铜雕塑推倒，然后在原址上竖立自己的雕塑。

6月22日，瑞典攻击了俄国波罗的海的要塞，俄瑞战争开始。由于瑞典的议会不允许古斯塔夫三世发动这场侵略战争，他不得不从斯德哥尔摩皇家剧院借来了一些俄军的戏服，令这些穿着俄军军装的瑞典士兵佯装袭击瑞典的要塞，然后以反击"俄国的侵略"为由发动了此次战争。他的这种卑鄙的做法后来被希特勒效仿，使他成功发动了对波兰的侵略战争。7月6日，在俄瑞两国第一次海战中，俄国波罗的海舰队胜出，但是古斯塔夫的军队开始同时从陆地上向俄国的首府圣彼得堡进军。这对两线作战的俄国来说，局势非常不利。

在南方战场，波将金正在努力从国外招募更多的新兵。在科西嘉岛，一位年轻的军人想要应征入伍，要求是俄国给他对等的军衔。他写信给自己的上级，表达了想要参加俄土战争的意愿，但是他的请求被拒绝了，他最终留在了科西嘉。他的名字叫波拿巴·拿破仑。谁也没想到将来这个人会成为俄罗斯帝国的噩梦。当年八月，奥斯曼土耳其向俄军发起第二轮攻势，此次抵挡土军进攻的俄军将领是库图佐夫——他就是将来击败拿破仑拯救俄国的传奇人物。库图佐夫在此次战役中受伤，一只眼睛瞎了，像波将金一样，成了独眼龙。9月，奥斯曼土耳其最有能力的将领击败了俄国的盟友奥地利，差点俘虏约瑟夫二世。这次令约瑟夫二世毛骨悚然的经历让他意识到自己远远比不上腓特烈大帝。

自从上一次俄土战争失败后，奥斯曼土耳其的确不一样了，他们改进了作战方式，更新了武器装备，治军也变得更加严明起来。冬天即将到来，对仍未攻下奥恰科夫的俄军来说，接下来的日子将会异常煎熬。叶卡捷琳娜大帝焦急万分。圣彼得堡的危机仍未解除，城中的权贵们已经纷纷驾车逃离首都。朝臣们开始劝说女皇放弃圣彼得堡迁往莫斯科避难，但她意志坚定地说"圣彼得堡与我同在"。叶卡捷琳娜大帝迫切地需要波将金拿下奥恰科夫。"攻下奥恰科夫，尽快与奥斯曼土耳其和谈！"这是她向波将金下达的指示。波将金准备集结力量向奥恰科夫发起总攻。此时，他的爱将苏沃洛夫身受重伤正在休养，波将金披上战袍亲自指挥此次进攻。为了激励士兵们拼尽全力，他允许战士们破城之后肆意屠杀和劫掠。12月6日，大军集结，在波将金的指挥下兵分六路强攻奥恰科夫。土军的抵抗异常顽强，最后两军展开了激烈的肉搏战。经过几个小时的厮杀，俄军终于攻下奥恰科夫。俄军展开了疯狂的报复行为，烧杀抢掠无所不为，整个奥恰科夫瞬间沦为人间地狱。波将金命人将胜利的消息快马加鞭地传给女皇。收到消息后的叶卡捷琳娜激动地抽泣起来。

在叶卡捷琳娜大帝为帝国的对外战争殚精竭虑之时，她不省心的男宠马莫诺夫竟然在此时背叛了她。事实上，马莫诺夫很早就表现出了对女皇不耐烦的情绪，与她在一起时总是闷闷不乐。他坦白自己在皇宫里的生活就像坐牢一样痛苦。宫廷里的许多人都知道马莫诺夫正在与女皇的女侍臣谢尔巴托娃偷情，只有女皇被蒙在鼓里。不过马莫诺夫也还算是坦诚，他曾写信给波将金请求他允许自己离职。但是波将金斩钉截铁地拒绝了他，并警告他要恪守本分。到了1789年初，马莫诺夫再也无法忍受男宠的生活。他向叶卡捷琳娜摊了牌，说自己爱上了她的女侍臣。叶卡捷琳娜大为震惊，但是仍然保持了她惯有的尊严和克制。她成全了这对恋人，允许他们成婚，甚至慷慨地赠给他们大量财富和一处庄园。这种气度在古今中外的帝王之中都实为罕有。但是叶卡捷琳娜的内心还是遭受了巨大的创伤，她向波将金写信，倾诉自己遭受的不公正待遇还有内心的痛苦。当年二月，收到来信的波将金即刻赶回圣彼得堡，安慰他受伤的小母亲，并献给她一个来自奥恰科夫的战利品———一颗鸡蛋大小的祖母绿宝石。

革命风暴和瑞典的退出

1789 年，欧洲的形势发生了很大的变化。俄国的卫星国波兰再次掀起了反对俄国霸权的爱国主义运动。普鲁士一边冷笑一边支持波兰的爱国运动，挑唆他们与俄国对抗。其实普鲁士的真实目的是想要等待时机再次瓜分波兰。3 月，相对冷静平和的奥斯曼土耳其帝国苏丹阿卜杜尔·哈米德驾崩，年仅 18 岁的塞利姆三世即位，成为新的苏丹。这对俄国来说相当不利，因为这位年轻的苏丹非常冲动好斗，他的大脑里充斥着穆斯林的狂热，而这种狂热在居心叵测的外国势力普鲁士和瑞典的煽动下变得更加强烈。俄奥两国与奥斯曼土耳其和谈的希望由此彻底破灭，看来和平只能在战场上实现了。1789 年 5 月，波将金离开了圣彼得堡，再次前往南方的战场。此次分别后，波将金与叶卡捷琳娜大帝再次相见则是两年之后的事情了。

由于战局紧迫，行程匆忙的波将金没有时间为叶卡捷琳娜安排好一名新的男宠，这个漏洞造成了严重的后果。他离开后不久，在叶卡捷琳娜一位密友的推荐下，普拉图·祖博夫走进了她的生活，成为她的男宠。普拉图·祖博夫也是叶卡捷琳娜大帝的最后一位男宠。女皇的宠臣总是代表着朝廷里的某一方势力，祖博夫是朝廷里与波将金对立的势力见缝插针向女皇推荐的宠臣。与此前的男宠不同，这位年仅22岁的新人非常自负，爱慕虚荣，对金钱和权力贪得无厌。但他的样貌非常英俊，可以说是叶卡捷琳娜所有情人里最帅的一个。他嫉妒波将金受到的恩宠，对他充满敌意，但是表面上非常尊重他。年迈的女皇被祖博夫的甜言蜜语所迷惑，对他深信不疑。正是在祖博夫陪伴的这段日子里，叶卡捷琳娜大帝收到了法国大革命爆发的消息。1789年7月，巴黎人民通过武装起义的方式攻占了巴士底狱，接着又通过了《人权宣言》。法国人民向全世界宣布了"人身自由、权利平等"的原则，推翻了法国的君主专制。这个消息就像晴天霹雳一样，强烈震撼了欧洲的封建制度。对西方世界来说，这是翻天覆地的变化。

得知这个消息的叶卡捷琳娜大帝大吃一惊，她对法国大使塞古尔说："你们国家第三等级的所谓的民主力量胃口也太大了……鞋匠怎么可以染手国事呢？！"虽然叶卡捷琳娜自年轻时就受到启蒙思想的熏陶，也曾努力宣扬过自由和民主。但是对她来说，这些崇高的理论只能作为理论存在，绝不可以运用于现实。她之所以为启蒙思想代言，也是以在国际中树立自己开明君主的形象为目的的。但在她心里，百姓就是百姓，必须对君主俯首听命。君主专制绝不可以动摇，任何形式的叛乱都必须毫不留情地镇压。正当叶卡捷琳娜大帝为法国的"毒瘤"感到厌恶之时，俄国境内一本书的出版触碰到了她最敏感的那条神经。书的名字是《从圣彼得堡到莫斯科旅行记》，单从名字来看这似乎是一本游记，也正是这个原因，这本书才逃过了当局的审查。但细看它的内容可就不只是游记那么简单了。整本书以一次假想的旅行为线索，描述了从圣彼得堡到莫斯科沿途俄国农奴的悲惨生活，尖锐地批判了俄国的农奴制度，控诉专制制度的罪恶，并影射沙皇是造成这一切的罪魁祸首。叶卡捷琳娜大帝怒不可遏，立即下令逮捕了本书的作者拉吉舍夫。令人意外的是，作者本人出身于大地主之家，并且还是朝廷出资培养的一名优秀学生。女皇认为他的行为是对朝廷和国家赤裸裸的背叛，将他称作"比普加乔夫更加恶劣的暴民煽动者"，并判处他死刑。不过在行刑前，女皇又将其改判为流放，把他流放到被称为"没有屋顶的大监狱"——西伯利亚。这件事情加深了叶卡捷琳娜大帝对法国的厌恶感。她认为法国大革命的流毒已经污染了俄国的年轻人。如果说叶卡捷琳娜此前对法国的文化和艺术还有着喜爱之情的话，此时的她对法国的一切都充满了抵触，包括她曾经喜爱的伏尔泰和狄德罗。受到法国大革命的鼓舞，法国驻俄国大使塞古尔向女皇表达了想要返回祖国的愿望，因为他想感受一下"民主的呼声"。女皇为他这种幼稚的想法感到可悲，但仍然礼貌地为他举办了送行的宴会。其实法国"病毒"在俄国的传播并没有叶卡捷琳娜想象的那么严重，因为当时俄国百姓的素质和文化水平都相对低下，他们暂时没有能力去理解和接受那些自由平等的启蒙思想，对女皇的权威更加没有非分之想。

在法国大革命风暴降临的同时，南方的战场传来了好消息。波将金返回前线之后，制订了接下来对奥斯曼土耳其的作战方略：俄国军团从西南方向进攻黑海，通过瓦拉几亚和摩尔达维亚公国（今天的摩尔多瓦和罗马尼亚）占领每条河上的要塞。俄军必须控制住第聂伯河直到将奥斯曼土耳其的力量削弱到俄军足以攻打多瑙河，从而进入奥斯曼帝国心脏君士坦丁堡的外围——今天的保加利亚境内。7月，俄军卓越的将领苏沃洛夫在福克沙尼（位于今罗马尼亚境内）击败了土耳其。几天之后，波将金攻下了哈吉贝伊要塞，并决定在这里建造一座新城，即今天位于乌克兰境内的"黑海明珠"敖德萨。随后，奥斯曼帝国位于第聂伯河的坚固要塞宾杰里向俄军投降。波将金写信给叶卡捷琳娜大帝，催促她提拔苏沃洛夫。"他应该被授予俄罗斯帝国最高荣誉的勋章。"波将金在给女皇的信中写道。叶卡捷琳娜大帝随即将苏沃洛夫封为伯爵，战争结束后更是提拔他为最高等级的陆军元帅。

苏沃洛夫这位被视为俄国历史上最伟大的军事家的天才将领同时也因为他的诸多怪癖而出名。他身材瘦长，毛发直竖，经常衣衫褴褛，看上去就像一个警觉的稻草人。他喜欢每天早晨一丝不挂地在草地上打滚，在全军面前做健美操，在桌子上跳来跳去，等等。但他并不是个粗人。受过良好教育的苏沃洛夫可以说六国语言，而且还是俄国古代史和文学界的权威人物。更加难能可贵的是，他还在战争的间歇编写了《制胜的科学》等军事理论著作。这位特立独行的天才将领后来成了俄国人民心目中的偶像。1941年，斯大林更是将他塑造为全俄的民族英雄，并且专门设立了表彰战斗英雄的"苏沃洛夫勋章"。

虽然福克沙尼之战让奥斯曼土耳其损失惨重，但是好战的苏丹在英国和普鲁士的煽动支持下仍旧不肯罢休。俄国意识到，与上一次的俄土战争一样，将奥斯曼土耳其逼到谈判桌的唯一方案是继续打下去。1789年，俄国仍旧没有摆脱两线作战的困境，瑞典在英国的支持下越战越勇。同时，受到法国大革命的影响，波兰境内掀起了一股爱国主义浪潮。华沙陷入宗教狂热，爱国者燃起"自由民主"的希望。不久后，波兰通过了新宪法，驱逐了俄国驻军，控制了华沙。叶卡捷琳娜大帝称波兰是一个"需要抽时间好好教训一番的国家"。

正当俄国与奥斯曼土耳其在南方打得火热之时，叶卡捷琳娜

苏沃洛夫是俄罗斯历史上最杰出的将领之一

大帝在1790年2月收到了一个不好的消息——俄国的盟友、奥地利约瑟夫二世因为操劳过度因病逝世。他的弟弟利奥波德即位，史称利奥波德二世。利奥波德的即位对俄国来说非常不利，因为他是一个亲普份子。果然，利奥波德很快就与普鲁士恢复了邦交，并且单方面从奥斯曼土耳其撤军，解除了与俄国的攻守同盟关系。俄国彻底陷入了孤立——一边需要与英国、普鲁士和波兰冷战，一边与奥斯曼土耳其和瑞典热战。这对叶卡捷琳娜大帝来说是一场严峻的考验。

迫于压力，波将金强烈建议女皇向普鲁士国王威廉二世示好，将俄国从完全被动的外交局势中拯救出来，缓解前线的压力。但是叶卡捷琳娜大帝拒绝听从他的意见，两人因此发生了激烈的口角。1790年6月，瑞典首次击败了俄国波罗的海舰队。俄军损失了64艘战舰和近1万名士兵，俄国北境陷入了史无前例的危局。即便在这种危急关头，叶卡捷琳娜大帝仍旧保持了一贯以来的雅量，没有责怪那位输掉了海战、已经忧心如焚的将领。

正在圣彼得堡笼罩在一片恐慌之中时，乌云密布的天空中突然闪现出一道亮光——瑞典国王竟然提出了和谈的请求。原来长期的战争使瑞典国内不满的声音越来越大，丹麦又趁机侵扰瑞典，支持瑞典的英国也出现了状况。国王古斯塔夫三世急于结束与俄国的对抗，只是一直缺少一个下台的理由。海战的胜利挽回了他的颜面，给了他一个完美的台阶。同样急于摆脱两线作战的叶卡捷琳娜大帝立即答应了和谈。俄瑞两国代表于8月3日在芬兰境内签署了《维雷拉条约》，约定保持两国战前的国界线。瑞典想要收回波罗的海失地的尝试以失败告终，俄国则因成功抵御了瑞典的入侵使其国际地位得到了进一步巩固。叶卡捷琳娜大帝总算松了一口气，她在给波将金的信中写道:"我们的一只爪子已经从泥潭里拔了出来,等另一只爪子也拔出来之后,我们就可以高歌哈利路亚了。"

血染伊兹梅尔

1789年福克沙尼之战后,俄军在第聂伯河沿岸新占领的宾杰里要塞建立了新的指挥部。这是一个相当理想的据点,不仅可以看到海陆两军作战的全局还能够与波兰和圣彼得堡保持通信。1790年3月,波将金任命海军将领乌沙科夫为黑海舰队司令,牵制奥斯曼土耳其的海军力量。乌沙科夫不辱使命,先后三次击败奥斯曼土耳其战舰,炸毁了他们的旗舰,粉碎了奥斯曼土耳其在克里米亚登陆的企图。乌沙科夫也因此成为俄罗斯帝国第一个世界意义上的海军名将,至今仍被视为俄国海军的保护神。

9月,波将金前往克里米亚检阅他的海上战舰,接着集结军队向多瑙河左岸挺进,并做好打到多瑙河右岸的准备。奥斯曼土耳其一方依托多瑙河沿岸的要塞布置战略防御。两军决战的时刻就要来临。多瑙河下游被奥斯曼土耳其控制的伊兹梅尔要塞在此次决战中的战略地位尤为重要。伊兹梅尔要塞被称为全欧最为坚固和令人生畏的战略要塞。如果俄军想要在左岸行动,就必须拔除伊兹梅尔。土军在此布置了所有精锐部队,等候决战的到来。

10月,准备就绪的俄军向伊兹梅尔开进。在对这座要塞进行了两次进攻均未奏效之后,波将金再次派出他手下最卓越的战将苏沃洛夫指挥伊兹梅尔攻坚战。12月11日凌晨,伊兹梅尔要塞笼罩在一层晨雾之下,苏沃洛夫率领六路纵队在浓雾的掩护下接近了伊兹梅尔城墙。守城的奥斯曼土耳其将士没能及时发现步步逼近的俄军。按照此前的约定,苏沃洛夫发出准备总攻的信号。

看到信号之后，俄军地面火炮和海上军舰同时开动、协同作战，支援苏沃洛夫的大军强攻伊兹梅尔。在决战之前，苏沃洛夫曾向要塞内的土军将领发出劝降书。但是奥斯曼土耳其军队表现出了英勇顽强的一面，断然拒绝了俄方的劝降。对奥斯曼土耳其来说，天可塌，多瑙河的河水可以倒流，但是伊兹梅尔绝不可以失守。

战斗双方都在必胜信念的支撑下展开了凶猛的白刃战。土军拼死抵抗，但依然没能抵挡住疯狂的俄军，双方激战到早上八点，伊兹梅尔的城墙终于被俄军攻破。但土军依然不肯投降，与俄军展开激烈的巷战。经过了八小时顽强的抵抗之后，土军渐渐不支，巷战演变成了屠杀。下午四点，俄军完全占领了伊兹梅尔。接下来，伊兹梅尔城内的居民将要面临的是18世纪最恐怖的大屠杀。俄军在城中尽情地杀戮和抢劫，城内尸首堆积如山。鲜血染红了伊兹梅尔城中的每一道排水沟。据统计，近两万六千名奥斯曼土耳其人在此役中丧生。

12月29日，目睹了伊兹梅尔之战的瓦列瑞安·祖博夫——女皇男宠的弟弟——赶回圣彼得堡带给女皇捷报："伊兹梅尔是陛下的了。"叶卡捷琳娜大帝精神为之一振，身体都感到舒适了许多。俄军竟然只用了一天就攻克了固若金汤的伊兹梅尔要塞，这个消息震惊了整个欧洲。主帅苏沃洛夫也因此役名声大噪，威名远播。苏沃洛夫在给女皇的信中写道："没有一个堡垒比伊兹梅尔更加坚固，没有任何一次抵抗比伊兹梅尔更激烈，但这座坚固的堡垒在陛下的王座面前倒下了，这是俄国人英勇进攻的结果。"

伊兹梅尔之战决定了俄土战争的结局，奥斯曼土耳其无力抵抗俄国的攻势，彻底丧失了获胜的可能。1791年，俄军将领库图佐夫又率领俄军两次击溃奥斯曼土耳其地面部队。同时，海军将领乌沙科夫再次于海上重创奥斯曼土耳其舰队。至此，俄土双方的军事行动总算基本结束。

在圣彼得堡的宫墙之外，嫉妒俄国的势力开始肆意蔓延。伊兹梅尔之战结束后，欧洲各国更是将斯拉夫人丑化成嗜血的野蛮人。叶卡捷琳娜大帝也被他们讽刺为对他国的领土和异性的身体贪得无厌的女人。在伦敦出版的一则漫画中，叶卡捷琳娜大帝一只脚站在俄国的领土上，另一只脚踩着君士坦丁堡。她的胯下站着十个欧洲其他国家的君主，他们用诧异的眼神仰视着贪得无厌的俄国女皇。漫画上还配有极具讽刺意味的话："什么！什么！什么！他们的扩张太惊人了！"这是英王乔治三世的标志性话语。除此之外，还有奥斯曼土耳其苏丹的发言："整个奥斯曼土耳其军团都无法满足她的胃口。"很显然，这是一句讽刺叶卡捷琳娜大帝的双关语。这幅对俄国女皇贬低的漫画将英俄之间的关系降到了冰点。

事实上，反对俄国扩张的不仅是英国，还有波兰和普鲁士等欧洲国家。伊兹梅尔陷落之前，他们就已经开始筹划如何扼制俄国势力的继续扩大了，其中英国是反俄阵营的首领。伊兹梅尔陷落后，英国首相威廉·皮特建议与普鲁士和波兰成立一个反对俄国的"联邦体系"。这一体系旨在向俄国施压，强迫俄国放弃对奥恰科夫的占领，并且让其接受建立在维持战前原状基础上的和平协议。叶卡捷琳娜大帝不可能答应这种荒唐可笑的要求。皮特于当年3月向圣彼得堡发出最后通牒，并且出动了39艘一级战列舰到波罗的海随时准备对俄开战。普鲁士也调动了8.8万名士兵摆出从陆地上进攻俄国的架势。女皇的秘书别兹博罗德科还有波将金都催促她做出让步。虽然内心极其不安，但是叶卡捷琳娜大帝仍然拒绝妥协。波将金愤怒地提醒她"俄国不可能同时与三个国家对抗",两人因此僵持不下。对叶卡捷琳娜大帝来说,俄国已经融入了她的血液,是她身体的一部分。让她将俄国万千将士用血和肉换来的领土割让出去,几乎等于活剥了她。他们不知道的是,正在俄国宫廷内部为此争论不休之时,反俄同盟内部已经开始瓦解了。在英国,反对与俄国对抗的查尔斯·福克斯在议会选举中大败威廉·皮特,成为新任首相。英国的退出意味着反俄同盟就此解体。叶卡捷琳娜大帝面临的危机再次被解除,她终于可以将注意力转向那个令她头痛的国家——波兰。

波将金之死和黄金时代的终结

自从俄国与奥斯曼土耳其开战以来,波将金就奔波于前线,无暇顾及圣彼得堡宫廷的内政。那些平日里与他敌对的势力知道战争令他无法脱身,趁此机会在女皇身边安插了一位新宠祖博夫,并且利用这位新宠削弱波将金的势力。

祖博夫对金钱和权力的胃口都极大。他在宫廷扩张自己的势力,毫不避讳地为自己和他的家族索要钱财和官职。每天到他的府邸求官求财的朝臣、地方官、外国大使和商人络绎不绝,想见到他一面可是非常不容易的事。祖博夫通常会坐在一面镜子前接待这些人。他喜欢一只脚搭在椅子或者桌角上,前来讨好他的人需要先毕恭毕敬地向他鞠躬问好,然后小心翼翼地站在他面前等候他的指示。祖博夫则总是漫不经心地伸展着慵懒的身躯,眼睛不耐烦地望着天花板。这位冷漠自负的新宠还养了一只宠物猴子。接待访客的时候,这只猴子会在会客厅随意地蹦来蹦去,有时还会踩在某个马屁精的肩膀上，扯掉他们戴的假发。但是没有人会对这种失礼的行为表示抗议。相反地，能被这只猴子给予特别"恩宠"的人会感到无比荣幸。

叶卡捷琳娜大帝对祖博夫的行为有所耳闻。如果是在十年之前，她一定会非常明智地舍弃这种损害国家利益的宠臣。可是如今女皇老了，尤其是她的身体和精神长期以来饱受战争和疾病的折磨，对感情的需求非常强烈。对她这个年纪的人来说，或许追求幸福和享受生活已经成了人生的第一要义。所以她对祖博夫的行为充耳不闻，并为他开脱"这是年轻人天真的表现"。年过六旬的叶卡捷琳娜大帝已经失去了曾经拥有的理智和判断力，爱情蒙蔽了她的双眼。在给波将金的信中，叶卡捷琳娜写道："这孩子（指祖博夫）天真无邪，特别谦虚谨慎，对周围所有的人都充满了感激之情……有时候我不允许他进我的房间，他还会像个孩子一样哭泣。"

事实上，22岁的祖博夫不仅不单纯，还非常世故圆滑。他知道波将金在女皇心目中的地位，因此在女皇面前的时候，他会说许多讨好波将金的话。他还给波将金写了许多表示关心的信，但是信里充满了假惺惺的言辞，让人一看就知道他是为了给他的家人在军中谋求一官半职。女皇也帮着他说情，迫使波将金不得不答应他的请求。他的弟弟瓦列瑞安·祖博夫就这样如愿以偿地来到了军中，并且有幸跟随波将金目睹伊兹梅尔战役。然而瓦列瑞安跟随波将金不仅仅是为了锻炼自己的能力和汇报战况这么简单。他的主要任务是监视波将金，将他的一举一动源源不断地汇报给远在圣彼得堡的哥哥。

波将金早已觉察到了这个男宠不安分的行为，只是忙于战事无法抽身。伊兹梅尔陷落之后，波将金终于决定放下手上庞杂的事务，返回圣彼得堡面见女皇。他让瓦列瑞安·祖博夫先行返回圣彼得堡将伊兹梅尔之战的捷报传给女皇，同时向女皇转达前线的状况一切顺利，只是总司令（指波将金）受到一颗坏牙的折磨，这次返回打算拔掉这颗恼人的臼齿。在俄语中，祖博夫的发音与牙齿类似，所以波将金这句话是一语双关。叶卡捷琳娜收到了波将金的消息，也明白他的意思，但装作听不懂，依然在回信中赞扬她的新宠是多么优秀。波将金的忍耐到了极限，他终于决定放下手头所有工作，快马加鞭返回圣彼得堡。他希望像此前那样让叶卡捷琳娜在他和那些不知所谓的男宠之间做出明智的选择。得知波将金即将返回圣彼得堡的女皇，在众人面前表现出期待和兴奋的神情，然而私下里却惶恐不安。她怕波将金会对她的新宠做出不理智的事。

  1791年2月，波将金回到了圣彼得堡。不久后他便发现自己的担心并非多余，祖博夫的影响力已经相当大了，宫中上上下下都在讨好这位新宠。最令他感到不安的是，连保罗大公都要让他三分。他意识到这颗"臼齿"并不好拔。当忧心忡忡的波将金见到分别已久的女皇时，他感到了从来没有过的陌生感。虽然眼前这位高贵的妇人仍然对他嘘寒问暖，将无数的财富赏赐于他，但他还是感受到她变了。她的这些关怀中夹杂了一丝礼貌的距离感。他想方设法让她离开祖博夫，再次回到他的身边。但是这一次叶卡捷琳娜没有听从他的建议，认为他这样做完全是出于对自己新宠的嫉妒。波将金知道自己已经无能为力，他老了，女皇已经不再需要他的爱。但他还是决定为她做最后一件事，尽自己最后一次努力赢得她的欢心。他打算为叶卡捷琳娜举办一场前所未有的盛大宴会，以战胜奥斯曼土耳其之名。宴会的日期定在了 4 月 28 日。

4 月 28 日晚 7 点，女皇的车队驾临塔夫利宫，这是波将金攻克克里米亚半岛时女皇赏给他的宫殿。叶卡捷琳娜大帝身穿一件俄式长裙，头上的皇冠在夜色的衬托下闪闪发亮。身穿暗红色燕尾服，披着镶有钻石和金色、黑色蕾丝边斗篷的波将金早已站在宫殿门口恭候女皇大驾。波将金旁边的副官双手捧着一个垫枕，上面放着一顶镶满钻石的帽子。这顶帽子无法佩戴，仅能作为荣耀和奢华的象征，因为几乎没有谁的头部可以承受它的重量。波将金缓缓地向叶卡捷琳娜走来，单膝跪在她的面前，这种场景非常亲密浪漫，让人不由得相信他们的确曾经秘密结为夫妻。叶卡捷琳娜轻轻地将他扶起，他牵着女皇的手引领她走向塔夫利宫的柱廊大厅。此时的柱廊大厅里汇集了波将金邀请的 3000 名宾客，他们在此恭候女皇的到来。

塔夫利宫中的柱廊大厅是当时全欧最大的大厅。波将金命人在这里点燃了成千上万支蜡烛，整个大厅就像白天一样通透明亮。每一位来宾都为这里极尽奢华的装饰惊叹不已。叶卡捷琳娜大帝坐在专门为她准备的宝座上，观看波将金事先安排的演出。波将金不愧为制作排场方面的高手，每一个节目都如此扣人心弦。亚历山大和康斯坦丁两个皇孙的突然出现更是让女皇眼前一亮。他们在 48 名男孩女孩的簇拥下跳了一支欧洲流行的方阵舞，这让女皇终生难忘。宴会结束后，波将金将叶卡捷琳娜单独引领到塔夫利宫的冬景花园里，他再次单膝跪在她的面前，轻吻她的手。就像叶卡捷琳娜总会在宫中留有他的房间一样，波将金也在这里为她布置了房间。女皇房间里一面墙的毯子后面，有一个秘密的房门可以通往波将金的客厅和房间，方便他们随时见面。他希望叶卡捷琳娜可以留下,并让乐团为此准备了两组序曲,如果她留下则演奏欢快的一支,如果她要离开,则演奏伤感的那支。叶卡捷琳娜最终选择了离去,乐队演奏起离别的序曲,这让离别的氛围显得格外伤感。波将金和叶卡捷琳娜就像一对相爱了很久的恋人那样热泪盈眶。波将金不停地亲吻她的双手,似乎是一种永别的仪式。叶卡捷琳娜终于登上她的马车离开了这里。虽然自始至终,叶卡捷琳娜都没有明确表达自己的想法,但是波将金明白,这一次自己所做的一切都已于事无补,他输了。

叶卡捷琳娜大帝没有太多的时间多愁善感。1791年5月3日,受到法国大革命鼓舞的波兰在议会上通过了《五三宪法》。波兰人民试图通过更加民主的君主立宪制代替现有的由权贵操控的政权。这也是波兰长期以来处于无政府状态的根本原因。波兰人民希望通过全新的宪法增强国家和民族的凝聚力,将境外势力驱逐出去。这就严重触犯了将波兰视为卫星国的俄国的利益。对外向来强势的叶卡捷琳娜大帝必定出手干预。对波兰来说,这部法案出台的时机非常不对。此时反对俄国的联盟已经解体,波兰曾经的盟友普鲁士更是背叛了他们,露出了贪婪的本质。对奥斯曼土耳其作战的胜利使俄国有足够的精力处理波兰问题。但是在收拾这个不听话的卫星国之前,叶卡捷琳娜大帝需要先将俄国与奥斯曼土耳其之间的战后事务做一个了结。

7月24日,波将金离开了圣彼得堡,向南方疾驰而去。叶卡捷琳娜寄了一封信给他:"再见了,我的朋友。把我的吻送给你。"女皇想要让他代表俄国与奥斯曼土耳其和谈,但波将金希望继续对奥斯曼土耳其用兵,直到将其彻底征服。女皇尽力向他解释国库的空虚、军队的疲惫还有国际形势,各种问题都不允许他们继续打下去。但他仍然坚持自己的想法。叶卡捷琳娜大帝已经考虑是否有必要下达一种正式的诏令让他服从皇命。好在波将金及时地改变了主意，决定前往雅西（位于摩尔多瓦境内）与奥斯曼土耳其和谈。在前往雅西的路上，波将金收到了一个坏消息，为他服务多年的一个老朋友、符腾堡的亚历山大亲王离开了人世。波将金以一种无比忧郁的心情出席了老友的葬礼。葬礼结束后，波将金准备返回自己的马车。然而当他爬上车后惊悚地发现自己走错了方向，登上的竟然是老友的灵车。当时在场的人以为波将金是要去再次送别他的老友，所以无人上前阻止。波将金是一个非常迷信的人，他认为这是一个致命的凶兆，并且预感到死神即将降临到他的头上。他变得极其狂躁。当到达雅西之后，波将金惊讶地发现赖普宁将军竟然在他尚未到场之时与奥斯曼土耳其就一些问题达成了一致。暴怒的波将金撕毁了文件，大声咒骂赖普宁，但是后者说他是根据女皇的密旨行事的。原来叶卡捷琳娜大帝担心情绪不稳定的波将金会将和谈搞砸，暗中指派了赖普宁代表俄国参加和谈。这句话带给波将金巨大的精神打击，一直以来，他唯一的精神支柱就是叶卡捷琳娜。失去了她的信任，他顿时感到自己失去了存在的意义，情绪也由狂躁变为消沉。他对政治失去了兴趣，应该说在他眼里整个世界都已经与自己无关。

长久以来的疲劳奔波加上精神的打击终于拖垮了波将金的身体。终于，自我折磨的他发起高烧，病倒了。叶卡捷琳娜写信给他，并且派最好的御医为他治疗。但他完全不配合医生治疗，不仅不服药，还在患病期间大量饮酒、暴饮暴食。发热的时候，他还把冷水浇到自己的头上。波将金已经彻底自暴自弃了，唯有叶卡捷琳娜的信可以带给他抚慰。他一遍又一遍地读着她的来信，抽泣着亲吻它们。10月,波将金给叶卡捷琳娜的信中写道:"小母亲,我已经无法承受病痛的折磨,唯一的救赎就是离开这里。您最忠诚的臣子——波将金。"他已经虚弱得几乎无法在信上署名。他命令车驾启程前往尼古拉耶夫(位于现乌克兰南部),这是他曾经建立的一座城。他的外甥女兼情妇亚历山德拉陪着他登上马车,随行的还有一名医生和三个秘书。车驾经过一片茫茫大草原。波将金在这里叫停了车队,他已经无法忍受旅途的颠簸,令人将他抬下车。"我就要死了,把我放下来。我要死在这片土地上。"在一棵树的脚下,随行的人员铺好了毯子,将他平放在上面。他的头枕在亚历山德拉的腿上,四肢伸展开来。叶卡捷琳娜正在阅读他此前的来信,并回复他:"你的医生向我保证,你已经有所好转。"但是波将金已经奄奄一息。正午时分,这个全俄最富有、地位最崇高的人在一望无际的比萨拉比亚大草原上安静地闭上了双眼。亚历山德拉在他的身旁抽泣着。按照俄国的传统,人们需要在死者的眼睛上放一枚金币,但是没有人随身携带金币。一位随行的哥萨克人从口袋里拿出了一枚五戈比的铜板,轻轻地放在了他的眼睑上。信使快马加鞭地向圣彼得堡发去消息——波将金殿下离开了人世。

10月12日,波将金离世的消息传到了圣彼得堡。叶卡捷琳娜大帝晕了过去,御医为她放血治疗。宫廷日记里全是关于女皇伤心落泪的记录。圣彼得堡的所有社交活动都停止了。叶卡捷琳娜将自己关在房间里,拒绝接见任何人,包括她两个可爱的皇孙。直到波将金离世,叶卡捷琳娜才意识到自己失去了多么重要的一个人。他不仅是自己的爱人,还是她的丈夫、挚友、导师、重臣还有军事领袖。叶卡捷琳娜写信给她的挚友:"只有他敢于批评

第七篇 黄金时代

我、指出我的错误，总是希望我可以做得更好……他就这样死去了，他怎么可以对我这么残忍？从今以后，所有的重担都落在了我一个人的身上。我到哪里才能再找到另一个波将金？"波将金的离世也是俄罗斯帝国的损失。俄国著名诗人普希金写道："他的名字对女皇和帝国来说同等重要，他为我们赢得了黑海，将会永远被历史铭记。"

波将金的外甥女将他葬在了他生前最爱的城市，也是他建立的第一座城——赫尔松。1792年的夏天，从皇村度假回来的叶卡捷琳娜大帝决定搬到塔夫利宫居住。在往后的日子里，她时常独自在这里的花园里行走，仿佛是在寻找波将金的身影。可惜的是，保罗即位后，出于对波将金的痛恨，下令将这座华丽的宫殿改造成了他的军营，而美丽优雅的冬景花园则被他当作马厩来用。保罗痛恨波将金，想方设法地诋毁他，就连他的尸骨都不肯放过。波将金与叶卡捷琳娜大帝之间的通信成了后世了解他们之间不凡关系的重要证据。出于谨慎，叶卡捷琳娜大帝将波将金写给她的大部分的信件都销毁了。幸运的是，颇具浪漫情怀的波将金保留了女皇写给他的所有信件。在他临终之时，亚历山德拉发现了这些信，波将金把它们放在了他胸口旁边距离心脏最近的口袋里。

波将金的离去让叶卡捷琳娜感到自己也时日无多。事实上，她再也没能从这份伤感中走出来。与此同时，罗曼诺夫王朝的黄金时代也随着波将金的离世落下帷幕。

Екатерина II Алексеевна

第八篇
最后的时光

雅西和约的签订和波兰的消失

罗曼诺夫王朝的巨星波将金陨落之后,叶卡捷琳娜大帝不得不重新安排朝廷中的人事分工。她的秘书别兹博罗德科被派往雅西继续与奥斯曼土耳其进行战后谈判。叶卡捷琳娜大帝累了,她不希望战争继续打下去。她知道自己有生之年可能无法看到希腊计划完全实现的那一天了。她已经如愿以偿地为俄国打下了通往黑海的出海口,她的功绩已经不亚于彼得大帝。唯一让她遗憾的是,皇孙君士坦丁在君士坦丁堡加冕的心愿终将落空。如今她只想签署一份体面的协议,尽快结束与奥斯曼土耳其的争端。1791年12月29日,俄土双方终于签订了《雅西和约》,结束了两国长达四年的战事。这是一份对俄国特别利好的协议。根据该项和约,奥斯曼土耳其帝国正式承认奥恰科夫和克里米亚是俄罗斯帝国的领土,并且将南布格河与德涅斯特河(均位于今乌克兰境内,注入黑海)的大片领土割让给俄国。自此,黑海北岸的广大领域终于全部处于沙皇俄国的统治之下,叶卡捷琳娜大帝实现了她称霸黑海的宏伟蓝图。但是四年的浴血奋战让战争双方都付出了沉重的代价。经历了太多战事的女皇希望在自己所爱的人身上得到安抚。她更加宠爱祖博夫,将他任命为外交部长,对他寄予厚望。但是多数朝臣都有一双慧眼,他们看得出这位男宠除了拥有英俊的样貌之外毫无价值,完全没有能力填补波将金的空缺。自波将金离世以来,这颗令人恼火的"臼齿"就更加肆无忌惮地显露出他贪得无厌的本色,声称自己终于拥有了

"可以自由呼吸的空气"。"臼齿"有恃无恐地插手国际和国内事务，向女皇索要官职。叶卡捷琳娜大帝像对待孩子那样溺爱他。1792年，又授予他大法官的职务。

自法国大革命爆发以来，民主的意识逐渐渗透到民众内心，欧洲各国君主的日子都变得艰难起来。他们时刻要留意的不仅是头顶上的皇冠，更重要的是自己的脑袋是否还牢固地连在脖子上。1792年3月，瑞典国王古斯塔夫三世在一场化装舞会上被一颗子弹击中身亡。当时俄瑞两国刚刚和解不久并组成反对法国大革命的联盟。古斯塔夫三世遇刺身亡的消息令叶卡捷琳娜大帝大为震惊。接下来的消息更是令女皇毛骨悚然。1793年的1月，圣彼得堡收到消息，此前被软禁的法王路易十六被法国激进的革命党送上了断头台。这一天恰好与普加乔夫的忌日在同一天。叶卡捷琳娜大帝感到极其不安，她令俄国宫廷为路易十六举行为期六周的哀悼。由此开始，她对法国的厌恶之情达到了顶峰。她下令驱逐法国驻俄国大使，与法国政府断绝外交关系。许多被大革命迫害的法国贵族逃往俄国寻求避难所。叶卡捷琳娜大帝规定所有在俄国境内居住的法国人必须签署一份与法国激进分子毫无瓜葛的承诺书，否则将被驱逐出境。她甚至令人将自己心爱的启蒙思想家伏尔泰的半身塑像搬出冬宫的展览厅，从此束之高阁。她认为正是这些宣扬民主、自由、博爱的启蒙思想家给欧洲带来了仇恨和灾难。他们的理论都是沾满鲜血的乌托邦，他们的著作就是断头台上的绞首架。她甚至难以想象自己当年为何会崇敬这些不切实际的造反分子。

法国大革命带来的与俄国利益最为相关的是波兰问题。俄土战争期间，波兰一直蠢蠢欲动，想要借此摆脱自己卫星国的地位。受到法国大革命的鼓舞，波兰更是在1791年实施了复兴波兰的《五三宪法》。这部仅仅实施了一年的宪法后来被波兰人民称为"祖国灭亡前的最后遗嘱与证词"。这部宣扬民主与独立的宪法触怒了叶卡捷琳娜大帝。毫无疑问，宪法的实施必将削弱俄国对波兰的控制力。《雅西和约》签署之后，她终于可以将全部精力用来对付这个不听话的邻国。波兰国内一批反对宪法的权贵与俄国勾结起来，谴责《五三宪法》倡导的"民主歪风"，并请求叶卡捷琳娜大帝出面干预，归还他们被宪法废除的贵族特权。叶卡捷琳娜大帝抓住了这个绝佳的时机。1792年5月，波兰境内爆发了护法运动，叶卡捷琳娜大帝趁机派遣十万俄军前往波兰境内镇压波兰的抵抗。力量薄弱的波兰无力抵抗气势汹汹的俄国大军。当年七月，波兰军队溃败，波兰的改革就此夭折。这场战争直接导致了西方列强对波兰的第二次瓜分。波兰曾经的盟友普鲁士借口防止法国大革命蔓延，背叛了波兰，转向了俄国的阵营。普鲁士露出贪婪的本质，加入瓜分波兰的行列。波兰国王斯坦尼斯瓦夫乞求他们不要再肢解他的国家，但是叶卡捷琳娜大帝根本不予理睬。这位受过良好教育并且以理性著称的女皇在涉及争夺他国领土的时候向来都是贪得无厌的。1793年1月，俄普两国正式签署对波兰的瓜分协议。根据协议，俄国抢走了波兰25万平方千米的土地和300万的人口，普鲁士掠夺了5.8万平方千米和近100万的人口。此次瓜分完毕后，波兰的领土已经所剩无几，国家面临着灭亡的危险。但是波兰的问题仍旧没有结束。

  一年半之后，波兰爱国主义者发动了反对列强的暴动。起义在科希丘什科的带领下迅速蔓延，并于1794年4月占领了华沙。愤怒的叶卡捷琳娜大帝命令名将苏沃洛夫率军全面入侵波兰，与普鲁士的军队协同作战，夹击波兰起义军。叶卡捷琳娜大帝要求苏沃洛夫"将华沙粉碎"。侵略别国的时候,她总是会露出冷血无情的面孔。9月,苏沃洛夫率军猛攻华沙的右郊普拉加。起义军无力抵抗俄军的大举进攻,经过短时间激烈的抵抗之后,起义的烈火被扑灭了。俄军肆意掠夺、烧毁市镇,近两万名居民惨遭屠杀。苏沃洛夫写信给叶卡捷琳娜大帝:"万岁!华沙是您的了!"女皇将他提拔为陆军元帅。波兰起义军领袖科希丘什科在战斗中受伤,被俄军俘虏并带回了圣彼得堡。叶卡捷琳娜大帝下令将他监禁在大理石宫的监狱里。大理石宫也就是她曾经赏赐给格里戈利·奥尔洛夫的那座宫殿。保罗大公即位之后赦免了科希丘什科,还给他自由。科希丘什科一定想不到自己有生之年还能重见天日。作为交换,他向俄国沙皇保罗宣誓效忠。

科希丘什科起义失败后,波兰作为一个国家,它的独立政权几乎不复存在。叶卡捷琳娜大帝拿出波兰的地图,筹划着如何将最后一块蛋糕吃掉。1795年10月,俄普奥三国通过谈判达成了一致,签订了第三份瓜分波兰的协议,波兰亡国。自此以后,直到1918年,地图上都不会再有波兰的名字。

俄罗斯帝国对波兰造成的伤痛是难以弥补的。波兰对俄国的恨更是刻骨铭心。在波兰人民看来,他们最大的悲哀就是离上帝太远,离俄国太近。18世纪以来,俄国对波兰的侵略和瓜分的确令人发指。但事实上,历史上从来就没有什么真正的"小白兔国家"。如果将历史向前倒退几百年,就会看到在俄国还很弱小的时候,强大的波兰对他们咄咄逼人的攻势。那个时候,俄国也几近为波兰所灭。不论怎样,在18世纪的最后几年,波兰消失了。至于叶卡捷琳娜大帝此前的情人、波兰国王斯坦尼斯瓦夫也只剩下退位的选择。对他来说,这或许是一种精神上的解脱。从一开始,

1794年3月科希丘什科在波兰克利科夫广场发表起义宣言

他就是在叶卡捷琳娜的强迫下坐在波兰国王的位置上的。如今她又强行把他拉下王位并将他带到圣彼得堡软禁起来。叶卡捷琳娜大帝鄙视他,对他没有丝毫的同情,她甚至怀疑自己当年为何会爱上这个软弱的男人。

在其他人看来,叶卡捷琳娜大帝似乎过于无情了。然而她对自己所做的一切从来都没有一丝的后悔或者内疚。从她加冕至今33年的时间里,俄国的领土得到极大的扩张,对外战事均取得了辉煌的胜利;俄罗斯帝国的人口也从1763年的2300万上升到3700万之多。无论从国土面积还是人口数量来看,俄罗斯帝国都是当时欧洲名副其实的第一大国。纵观整个 18 世纪，有哪一位欧洲君主取得过如此辉煌的成就？她无愧于自己统治的帝国，在历史这个法官面前，她完全可以自豪地昂起她的头颅。为了庆祝这场对波兰的伟大胜利，叶卡捷琳娜大帝慷慨地赏赐了她的功臣们。不过有一个没有任何功勋的人也得到了巨额的奖赏，那就是祖博夫。仅这一次，他就得到了 13199 名农奴还有十万卢布的赏金。

在辉煌胜利的背后，叶卡捷琳娜大帝清楚属于自己的地平线已经开始收缩了。她老了，除了对外战事之外，她还必须为帝国的未来做好打算。她要确保自己的继承人不要毁了她亲手创立的宏伟功业。因此，叶卡捷琳娜将儿子保罗从继承人名单中抹掉的愿望变得越来越强烈起来。

继承人问题

1794 年 2 月，叶卡捷琳娜大帝在圣彼得堡举办了自己到俄罗斯帝国五十周年的庆典。到场的来宾之中，在五十年前见证过她初到俄国场景的已经所剩无几。列夫·纳雷什金是其中一个陪伴了她五十载岁月的人，但他拒绝承认自己是他们中的一员，因为他不愿承认自己已经老去。伊丽莎白女皇的最后一个情人伊凡·舒瓦洛夫也名在此列，但年迈的他如今已经很少出门。虽然叶卡捷琳娜大帝本人在化过妆后看起来依然精神矍铄，然而换上便装的她就是另一番模样了。叶卡捷琳娜已经为自己写好了一份遗嘱："如果我在皇村离世，将我葬在索菲亚皇家公墓（挨着她最心爱的那位情人亚历山大·兰斯科伊）；如果我死在圣彼得堡，就把我安葬在亚历山大·涅夫斯基修道院（这是彼得大帝下令建造的修道院，周围有四座18—19世纪的俄国名人公墓）。要给我的遗体穿白色衣服，头戴一顶上面刻有我的教名的黄金皇冠。服丧期不准超过六个月，越短越好。"

最令叶卡捷琳娜大帝放心不下的还是她一手打造的俄罗斯帝国。她清楚彼得大帝对他叛逆的儿子阿列克谢的做法。想到自己那个颓废的儿子，她就认为彼得大帝的做法相当英明。作为彼得大帝最优秀的继承者，叶卡捷琳娜大帝早就萌生了效仿彼得大帝的想法，只是她不愿意像彼得大帝对付阿列克谢那样极端地将保罗除掉。保罗大公被排除在政权中心之外已经很久了。自旅欧归来后，大公夫妇就被打发到圣彼得堡郊外的加特契纳。远离政治中心的保罗变得更加暴躁和颓废，他诅咒朝廷里的一切，痛恨他的母亲。他在加特契纳的唯一的兴趣爱好就是没日没夜地训练他那群穿着普鲁士军装的士兵。与他那位威严又和蔼、受到满朝文武甚至仆从敬仰和热爱的母亲完全不同，已经年过四十的保罗大公性情暴躁易怒，身上没有一丝君主该有的风范。据他的近臣所述，保罗大公"极其易怒，任何忤逆他的话语或者周围的人一点点小失误都会激怒他，令他大发雷霆。他与身边的每个人都发生过冲突。大家厌恶他，也很怕他"。这样的大公绝对不是理想的皇位继承人，叶卡捷琳娜大帝将保罗比喻为令人厌恶的芥末。他训练士兵的行为总会令她想起她那位同样令人反感的丈夫彼得三世。叶卡捷琳娜大帝越来越希望找到一个合适的理由剥夺保罗的皇位继承权，然后直接传位给皇孙亚历山大。

1795年，皇孙亚历山大已经年满十八岁。在叶卡捷琳娜大帝的精心栽培下，亚历山大不论从样貌还是学识上都远远超过他的父亲。为了确保罗曼诺夫王朝后继有人，叶卡捷琳娜大帝在1792年便开始为亚历山大寻觅来自德意志的孙媳。像此前所有的俄国大公夫人一样，这次的候选人依然来自德意志影响力不大的贵族之家。叶卡捷琳娜总共挑选了两位公主，她们都是来自巴登的公主，年纪稍长的名叫路易莎。叶卡捷琳娜照例为两位公主的到来举办了一场盛宴，借此安排亚历山大挑选自己喜欢的公主。亚历山大第一眼就爱上了十五岁的路易莎。路易莎也对亚历山大一见钟情，她形容眼前的这位俄国王子身材高挑，容貌如天使一般迷人，尤其是当他微笑的时候，给人一种无比尊贵和甜蜜的感觉。这对神仙眷侣似的年轻人出入宫中，令人感到无比羡慕。叶卡捷琳娜大帝也对路易莎公主非常满意，立即决定为他们举办订婚仪式。与此前嫁入罗曼诺夫王朝的德意志公主一样，亚历山大的未婚妻接受了东正教的受洗仪式，改宗东正教，成为大公夫人。叶卡捷琳娜大帝赐予她伊丽莎白·阿列克谢耶芙娜的教名。这对年轻人在1793年9月举行婚礼，正式结为夫妻。叶卡捷琳娜大帝松了一口气，她终于又完成了一项重要的任务。她相信不久之后，她的孙媳就会为帝国诞下一位优秀的皇储。然而这一次，叶卡捷琳娜大帝失算了。这位大公夫人终其一生也没有为罗曼诺夫王朝生下一男半女，整个王朝的命运也将因此逆转。但是叶卡捷琳娜大帝永远都不会知道这些未来的事，眼下的她总算是安心了。

为了将心爱的皇孙培养成优秀的继承人，叶卡捷琳娜大帝自亚历山大很小的时候就为他安排了俄国最优秀的老师教授他先进的知识。其中来自瑞士的导师拉阿尔普最受女皇和亚历山大喜爱。由于君士坦丁与亚历山大的年龄相仿，女皇要求拉阿尔普同时教授二皇孙君士坦丁。但是君士坦丁讨厌这位老师。虽然君士坦丁也是在叶卡捷琳娜大帝的照料下长大,但是他的性格却像他的父亲保罗大公。君士坦丁的性情暴躁易怒,厌恶他人的说教。他曾对着拉阿尔普大吼道,如果哪天他当政,就率军入侵瑞士这个不堪一击的小国。拉阿尔普淡定地回应道:"在我们国家的一个边境小镇上,有一个地方专门存放着殿下所说的入侵者的尸骨。"

拉阿尔普不仅学识渊博,还是一位具有启蒙思想的开明知识分子。亚历山大将他视为恩师慈父。"除了生命,我的一切都是他给的。"亚历山大这样评价这位老师。虽然法国大革命之后,叶卡捷琳娜大帝对启蒙思想敬而远之,但是睿智的她明白启蒙思想是当时的开明君主必须掌握的知识。女皇认为,普加乔夫必须被打压,拉阿尔普也必须被尊重,这并不矛盾。如今叶卡捷琳娜大帝要绕开保罗,将皇位传给亚历山大的想法越来越强烈。她想要征询拉阿尔普的意见。如果可以由他间接地劝导亚历山大关于传位之事,必然可以达到事半功倍的效果。听说此事的保罗大公愤怒不已。继承沙皇之位是他后半生的唯一希望,他每一天都在加特契纳焦虑地等待着圣彼得堡的消息。他痛恨母亲这种心血来潮的女性统治者。私下里,他与大公夫人玛利亚秘密地签订了一部新的继承法,规定将来的皇位必须由皇长子继承。如果将来保罗可以顺利即位并颁布此项继承法的话,叶卡捷琳娜大帝将成为罗曼诺夫王朝最后一位女性统治者。

叶卡捷琳娜急需得到亚历山大的答复。出乎她的意料,亚历山大向他的祖母表示自己完全没有继承皇位的欲望,原因是他认为自己的能力不足。在他看来,单靠一个资质平平的人的力量完全没有办法统治这个庞大的帝国。他对自己的人生规划是,将来父亲继承帝位后,与妻子一起到莱茵河畔度过逍遥自在的人生。

叶卡捷琳娜大帝希望拉阿尔普劝说亚历山大改变主意，但是这位反对君主专制的启蒙思想导师拒绝了女皇，并且认为教唆他的学生篡夺皇位是不道德的事情。叶卡捷琳娜大帝被触怒了，一气之下解雇了拉阿尔普并将他遣送回国。亚历山大无法接受恩师离开的事实，搂住拉阿尔普的脖子痛哭起来。拉阿尔普离开之后，亚历山大的人生似乎失去了方向，他不知道如何在祖母和父亲之间做出正确选择。他惧怕自己那个暴力、卑鄙的父亲，同时又同情他不幸的人生；他崇拜自己充满智慧、慈爱又威严的祖母，但又为年迈的她陷入与祖博夫这种男宠的恋情感到悲伤。他在祖母和父亲双方的影响中生存，形成了摇摆不定的性格。甚至在发觉祖博夫迷恋自己的妻子时，他也不敢发声，而是尴尬地装作视而不见。他向自己的密友倾诉道："我不知道该怎么办才好。如果我继续礼貌地对待祖博夫，似乎是在暗示他我默认了他的做法；如果我对他横眉冷对，毫不知情的女皇又会认为我不尊重她挚爱的人。"叶卡捷琳娜大帝最终发觉了祖博夫对自己孙媳的迷恋行为。她开诚布公地与祖博夫和亚历山大挑明了此事。前者信誓旦旦地表明自己将远离大公夫人，结束对她的迷恋；后者则表示既往不咎。但是继承人的问题仍旧没有解决。

1796年，叶卡捷琳娜大帝已经67岁了。她的身体臃肿，肿胀的双腿几乎无法走超过三步的距离。下人们将皇宫里的台阶换成了缓坡方便她行走。但是叶卡捷琳娜大帝拒绝接受自己衰老和虚弱的现实，依然像往常一样遵守作息时间，数十年如一日地勤恳工作。祖博夫时时刻刻都陪伴在她的身边，在这一点上，他的确是个颇有毅力的人。叶卡捷琳娜越来越离不开祖博夫，没有他陪伴左右，她几乎无法做出任何决策。这位男宠的权力随之达到了顶峰。祖博夫是个有想法的人，他清楚男宠的一切权力地位都源自于女皇。为了确保自己在女皇百年之后仍然可以在朝中屹立不倒，他开始效仿起波将金来。他想到了波将金生前未能完成的希腊计划。如果他可以实现这个宏伟规划，那他将位列帝国功勋卓著的人物之中，而不仅仅是一名男宠。祖博夫向女皇表达了自己的想法。朝中大臣都为他的这个提议变得惶恐不安。多年的对外战争之后，女皇和俄国已经不适合继续打仗，而且欧洲的形势也与此前有了巨大的变化，新的势力开始渐渐崛起。但是叶卡捷琳娜大帝无法拒绝这种诱惑。她已经不是当年那个精明睿智的女皇了，年迈多病让她变得失去了判断力。她只知道自己心爱的人希望为了国家去战斗，她就应该支持他。

根据祖博夫的设想，俄军应当分三路齐头并进。一支陆军由他的弟弟瓦列瑞安·祖博夫指挥，他们的目标是占领波斯地区（现伊朗），然后以其为基地向印度推进；与此同时，苏沃洛夫率领另一支军队通过巴尔干半岛向君士坦丁堡进发；俄国舰队则通过博斯普鲁斯海峡在海上协助陆军作战。这是拿整个俄罗斯帝国的命运做赌注。文武百官都认为祖博夫疯了，就连亚历山大都无法坐视不理，他清楚自己的祖母和国家无论如何都无法再次承受战争的折磨。但是叶卡捷琳娜大帝被祖博夫的"宏伟蓝图"蒙蔽了双眼，听不进去任何反对意见。1796年2月，在女皇的诏令下，大军正式开拔。瓦列瑞安·祖博夫领兵2万从圣彼得堡出发前往波斯。临行前，他向女皇保证会在9月到来之前占领波斯的首府伊斯法罕。瓦列瑞安曾经跟随着波将金经历过伊兹梅尔之战，后来被女皇提拔为中尉。在进攻波兰的时候，他被对方的炮弹击中，失去了一条腿。有了以上作战经验的他认为自己已是身经百战，所以敢在女皇面前说出这种"豪言壮语"。叶卡捷琳娜大帝对他刮目相看，赋予他领兵作战的权力。只是不知大臣们听到他的"雄心壮志"时做何感想。很快瓦列瑞安就会发现自己有多么无知。他率领的大军起初作战顺利，在上半年就占领巴库这座小城（今阿塞拜疆首都），然后在此休整。瓦列瑞安令人拿来一份波斯地图，准备接下来的进攻。当摊开地图时，他吃惊地发现自己与波斯境内的要塞之间还有接近600公里的距离，最要命的是他们中间隔着的是大面积的沙漠。此时已是盛夏时节，俄军无论如何都不可能在9月之前横渡这片炎热干旱又杳无人烟的沙漠，然后杀到伊斯法罕。好在这位男宠的弟弟并不愚蠢，他意识到自己出发前立的誓言就是天方夜谭，没有继续率军向前推进。得知俄军班师回朝消息的叶卡捷琳娜大帝意识到，自己的拜占庭之梦再次破碎了，而且此生都不会实现。

1796年6月，保罗大公的妻子玛利亚生下了他们的第九个孩子，也是第三个儿子——尼古拉。作为祖母，看到又有一位皇孙降世的叶卡捷琳娜感到非常开心；但是作为帝王，她又感到忧心忡忡。她知道以自己的年纪和身体状况再也无法将尼古拉按照自己的理念抚养成人了，这位皇孙必然会在他父母的不良影响之下成长。对帝国来说，不知将来会造成什么灾难。事实证明，她的担心不无道理。由于她优秀的皇孙亚历山大未能在有生之年诞下继承人，在他即将离世之时，亚历山大不得不将沙皇之位传给他的第三个弟弟，也就是这位新出生的尼古拉。此后，罗曼诺夫王朝的香火也将由尼古拉一脉延续下去直至灭亡。

未能完成的心愿

1796年是叶卡捷琳娜大帝在世的最后一年，虽然此时她还没有预料到自己仓促的死亡，整个俄罗斯帝国也完全没有做好女皇即将离世的心理准备。1796年8月，一桩外交事件的发生加快了叶卡捷琳娜大帝陨落的速度。

瑞典国王古斯塔夫三世在四年前遇刺身亡之后，他的儿子古斯塔夫四世继承了瑞典王位，成为瑞典国王。尽管经过多年的外交努力，俄瑞两国的关系仍旧没有得到很好的改善。1796年，俄国外交部部长、男宠祖博夫提议通过联姻的方式促进俄瑞两国关系的友好发展。俄国皇室中快要到适婚年龄的皇族成员只有保罗大公夫妇的长女亚历山德拉了。于是祖博夫提议将现年13岁的亚历山德拉许配给18岁的瑞典国王。叶卡捷琳娜非常赞同他的提议。如果这对年轻人可以顺利结合，俄国和瑞典之间的许多问题都将迎刃而解。这一次，充当媒人角色的变成了祖博夫。由于希腊计划的提议刚刚流产，急于证明自己外交能力的祖博夫非常积极地张罗皇室的联姻。叶卡捷琳娜大帝也对他寄予厚望。不过她很快就能体验到她的男宠完全无法与优秀的月老腓特烈大帝相媲美。更糟糕的是，他还会害了她，令整个国家都为此蒙羞。

在女皇的授意下，俄国外交部长祖博夫全权负责俄瑞两国联姻的谈判事宜。对瑞典一方来说，这个提议也相当具有吸引力。由于亚历山德拉年纪尚小，至少两年之后才能正式成婚，但是尽快订婚是没有问题的。订婚的相关谈判似乎进行得相当顺利。瑞典国王在他王叔的陪同下于当年8月来到了圣彼得堡，希望创造机会让两个年轻人培养感情。叶卡捷琳娜大帝为古斯塔夫四世与亚历山德拉举办了盛大的皇家欢迎舞会，借此观察两位年轻人对彼此的态度。叶卡捷琳娜欣喜地看到他们被彼此吸引的神态。起初，他们表现得非常羞涩。没过多久，他们就开始说笑起来，甚至还低声耳语。私下里，亚历山德拉对祖母说古斯塔夫四世就像是童话故事中的王子。古斯塔夫四世则认为亚历山德拉是他见过的最美丽优雅的公主。两位年轻人在接下来几天的时间里相处的得越来越融洽，叶卡捷琳娜大帝认为不久之后就可以为他们举办订婚仪式了。果然，古斯塔夫四世鼓起勇气单独找到女皇，向她吐露了自己对她孙女的爱，并且表明愿意娶她为妻。女皇对年轻国王的勇气表示赞叹，认为他不仅样貌极其英俊，还有着不凡的判断力。看到事情进展得如此顺利，叶卡捷琳娜大帝感到无比欣慰，她将订婚仪式安排在了1796年的9月11日。

9月11日，订婚之日在众人的期盼中来临。傍晚七点钟，圣彼得堡的冬宫大厅庄严肃穆。俄罗斯帝国所有重要廷臣、大贵族以及各国外交使节齐聚于此。叶卡捷琳娜大帝坐在王位上，头戴皇冠，手握着权杖，脸上的神态威严又不失祥和。女皇的右侧站着保罗大公，左边站着她心爱的亚历山大。女皇的头顶上方是硕大的皇家华盖，上面绣有代表罗曼诺夫王朝的双头鹰标志。待嫁的公主亚历山德拉穿着洁白的礼服坐在女皇的前面。皇家交响乐团等待着随时会出现的演奏信号。所有人都安静地等待着古斯塔夫四世的到来。

此时的瑞典国王古斯塔夫四世正在隔壁房间与祖博夫敲定最后的订婚协议。所有的条款都在事前商议稳妥了——至少祖博夫认为是这样，古斯塔夫四世只需要在上面签上他的名字，婚约就算正式定下了。然而，在最后这个环节，意外发生了。古斯塔夫四世在浏览婚约时，忽然发现其中有一条赫然写着亚历山德拉与他成婚后将继续保留东正教的信仰。年轻的国王顿时大发雷霆，认为自己受到了欺骗。他吼道自己绝不可能给瑞典人民带来一个信仰东正教的王后，因此他绝不可能在婚约上签字。祖博夫慌了，他知道叶卡捷琳娜大帝特别强势，绝不可能在这一点上做出让步。在此之前，女皇还特别交代过俄罗斯帝国的公主绝不可以改变自己的宗教信仰，更何况她的孙女是嫁给瑞典这个两次败给俄国的国家。其实在此前的谈判中，俄瑞双方都提到过关于新娘是否改宗的问题。当时古斯塔夫四世就明确提出了要求未婚妻必须改宗路德教。但是祖博夫特别担心不能谈成这门婚事，再次在俄国满朝文武面前丢了脸面，于是在看到瑞典国王如此强势地要求新娘改宗时，含糊其辞地回避了这个问题。他天真地认为只要古斯塔夫能见到亚历山德拉并且爱上她，宗教问题就会迎刃而解。更何况娶到俄国公主会为俄瑞两国带来许多实惠，瑞典一方肯定无法拒绝。他万万没想到这个十八岁的国王如此顽固不化，竟然在最后的关头拒绝签字。

可怜的亚历山德拉不断地回头看她的祖母，向她投去求助的眼神。叶卡捷琳娜大帝则仍旧端坐在那里，她的脸如雕塑一般威严冷峻。了解她的人知道表面毫无波澜的女皇此时已是怒火沸腾。每个人都惶恐不安地盯着那扇紧闭的大门，时间似乎已经停止了。突然间，门被推开了。正当所有人都准备大松一口气时，大家惊讶地发现进来的人竟然是祖博夫。他神色慌张地来到女皇面前，对她耳语了一番。女皇身边的人听到她以一种被压制住愤怒的声音低语了一句："我会处理这个小杂种的。"大厅里一片死寂，每一秒钟都是煎熬。贴身侍卫递给女皇一杯水。她喝了下去，冷静了片刻之后，叶卡捷琳娜大帝以一种难以辨认的平和口吻说道："国王古斯塔夫四世突然染病无法前来，我宣布订婚仪式延迟举行。"在亚历山大的搀扶下，叶卡捷琳娜拖着沉重的脚步离开了大厅。亚历山德拉当场昏了过去，被人抬回了房间。宾客们窃窃私语着渐渐散去。

对叶卡捷琳娜大帝来说，此次外交上受到的侮辱比战场上的失败带来的打击还要大。她感到有些眩晕，可能还出现了轻微的中风症状，但她仍旧没有放弃。第二天，叶卡捷琳娜强打起精神，再次安排了一场舞会，邀请古斯塔夫四世和亚历山德拉参加。她希望两个相爱的人再次见面会带来转机。古斯塔夫四世如约到来，像往常一样彬彬有礼，但是他的神态中显露出王室不可侵犯的尊贵感，对亚历山德拉也仅仅剩下友好的礼貌。在一旁观察的叶卡捷琳娜意识到一切都已是徒劳，两国联姻的设想以失败告终。不久之后，古斯塔夫四世与他的王叔返回了瑞典，两国联姻之事再也没人提起。亚历山德拉没日没夜地哭泣，她的祖母耐心地安慰她。其实叶卡捷琳娜自己的身心也遭受到无可挽回的打击。自登基以来，这是她第一次遭遇如此令她颜面扫地之事。叶卡捷琳娜大帝似乎意识到自己的时间不多了。几天之后，她再次召来亚历山大，向他提起皇位继承之事，但他仍旧不置可否。

1796年10月的一天傍晚，叶卡捷琳娜大帝与她的女侍臣，也是她最亲密的朋友纳雷什金娜夫人在皇村漫步。这时天空中划过一颗流星，叶卡捷琳娜大帝自言自语道："我的时间应该不多了。"纳雷什金娜有些吃惊地说："陛下以前可是从来都不相信这些的啊。"叶卡捷琳娜大帝叹息道："是的，以前不相信。"叶卡捷琳娜大帝曾经打算在1797年的元旦正式宣布亚历山大为她的合法继承人，同时废掉保罗大公的继承权。但是现在她等不及了，将时间提前到1796年的11月24日，她命名日的这一天。叶卡捷琳娜大帝开始减少在公共场合的露面。除非必要，也不再参加任何聚会，不再外出。她希望积攒全身的力量等待这一天的到来。但是，她已经没有时间了。

无言的告别

1796年11月4日晚上，叶卡捷琳娜大帝在她的"艾尔米塔什"隐宫召集了她私密的朋友圈子。她的老伙伴们像往常一样围绕在她身旁，陪她说话。陪伴了她一生的伙伴列夫·纳雷什金还打扮成一个售货员，像老顽童一样逗大家开心。叶卡捷琳娜当晚多次开怀大笑，由于兴奋过度，她表示自己有些不舒服，于是回到自己的房间休息。11月5日早晨，她像往常那样早早地起床，喝下仆人为她准备好的热咖啡，并且心情愉悦地告诉身边的人昨晚的聚会让她很开心。稍后，她接见了祖博夫还有她的秘书，像往常那样听他们汇报工作，没有表现出任何异样。任何人都没有想到，这竟是女皇最后一次清醒地在他们面前出现。在此之后，叶卡捷琳娜让所有人退下，自己去了盥洗室，过了很长时间仍然没有出来。她的两名贴身侍从感到事情不对，一同来到她的卧室，但女皇并不在这里。他们开始敲盥洗室的门，但是无人应答。意识到事态严重性之后，他们强行将门推开。恐怖的一幕出现了，叶卡捷琳娜大帝的身体瘫在地面上，由于浴室空间狭小，她的半个肩膀靠在浴室门上，腿也无法伸展。她的双眼紧闭，面色深红，口吐白沫，喉咙里发出沉重的喘息声。侍从们发出恐惧的尖叫声，其他的仆人们闻声迅速跑来。在几个人的努力下，他们将女皇沉重的身体抬了出来。叶卡捷琳娜大帝患的是中风。她的英国御医罗杰逊迅速赶来，给她进行放血治疗，并在她浮肿的双腿上敷了一层草药。其他的医生也陆续赶来，用尽浑身解数抢救昏睡不醒的女皇。但她再也没能醒过来。

窗外，圣彼得堡下起了大雪。叶卡捷琳娜大帝四肢伸展地躺在她的大床上。牧师替代了御医，为她做临终告解。祖博夫和朝中大臣们站在她的床榻边。祖博夫的脸如死尸一般苍白。在朝中树敌众多的他将来要面临如何的处境？叶卡捷琳娜大帝的朋友们在她的床边抽泣着。她的面色渐渐地从深红色变为白色，仆人们不停地为她擦拭嘴角的白沫。她的喘息如此沉重，隔着房门都可以听到。她似乎在用强烈的意志力支撑着自己，不肯咽下最后一口气，因为她还没有来得及交代后事。她留恋这个世界，不舍得俄国。朝臣们万分焦虑，谁都猜不透接下来帝国究竟会由谁接管。保罗大公还被隔离在加特契纳，对圣彼得堡发生的事情一无所知。亚历山大与他的弟弟正在郊外滑雪。立功的时候到了，为了自己的前途，祖博夫派出弟弟瓦列瑞安立即前往加特契纳将女皇病危的消息报告给保罗大公。女皇的侍从长罗斯托普钦也快马加鞭地奔向加特契纳。

保罗正在他的军营里训练士兵。当听到瓦列瑞安·祖博夫到访的消息时，他惊慌失措地以为自己继承人生涯到头了，这个人一定是来宣布废掉自己的诏令的。然而，瓦列瑞安一见到他就在他的面前跪了下来。一切都变得清晰明朗起来，保罗猜到自己的母亲出事了。瓦列瑞安向他讲明了圣彼得堡的情形，劝他立即返回冬宫继承大统。这是决策的关键时刻。万一女皇醒来，保罗面临的将是被废的命运；如果他不去，就会错过登基的时机。正当他犹豫不决时，罗斯托普钦到了，他带来了最新的消息，女皇不会醒来了。保罗不再犹豫，立即带领家眷和亲信向圣彼得堡前进。亚历山大已经来到了祖母的床榻边。他清楚祖母最大的心愿就是将帝国交付于他，或许叶卡捷琳娜大帝迟迟不肯离去正是为了看到她的皇孙即位。但是亚历山大没有勇气忤逆他的父亲，他想起了恩师拉阿尔普，于是更加不肯接受唾手可得的皇位。冬宫很快收到了保罗大公赶来的消息。为了讨好他们的父亲，亚历山大和君士坦丁都顺从地换上了普鲁士军装。进入圣彼得堡的保罗感慨万千，在度过了42年煎熬的岁月之后，他的时代终于要来临了。但叶卡捷琳娜大帝始终不肯咽下最后那口气。在匆匆瞥了一眼他垂死的母亲之后，保罗来到她的办公室。他命令女皇的秘书别兹博罗德科打开她所有的抽屉，整理她的书信。他找到了那份准备在女皇命名日公布的将亚历山大立为帝国继承人的召令。带着蔑视和厌恶之情，保罗将其付之一炬。别兹博罗德科亲眼见证了这一幕。保罗还意外地发现了34年前"疤脸"阿列克谢·奥尔洛夫在杀死彼得三世之后写给女皇的那张字条。直到此时，他才终于相信母亲没有参与谋杀彼得三世的阴谋。1796年11月6日上午10点，挣扎了24小时之久的叶卡捷琳娜大帝与世长辞，享年68岁。在咽下最后一口气的那一刻，叶卡捷琳娜大帝的面部表情立即恢复了安详和威严的神态。与叶卡捷琳娜说再见是一件令人伤感的事。她生前的好友们在她遗体的周围抽泣着。俄罗斯帝国元

叶卡捷琳娜二世的长子、继承人，
保罗一世（1754—1801）

老院主席推开房门，宣布叶卡捷琳娜大帝永远地离开了人世。

保罗从隔壁房间赶了过来，在他母亲的床前简单地画了一个十字之后便开始准备自己的即位事宜。为了这一天的到来，他等得太久了。终于获得这个位置的他此刻有一种难以掩饰的痛快感和成就感。他的儿女和大臣们跪在他的脚下向他宣誓效忠。保罗终于体会到了身为天子的那种高高在上的感觉。由于他是第一个叫作保罗的沙皇，因此被称为保罗一世。

保罗一世登基后的首要任务就是毁掉母亲用了34年之久的心血铸造的辉煌。他要将国家恢复到1762年他的父皇彼得三世被杀那年的模样。叶卡捷琳娜大帝离世还未超过24小时，加特契纳的士兵便在新沙皇的诏令下武装踏进圣彼得堡。这些士兵身穿普鲁士军装，长靴踏在地面发出的声音活像入侵者占领了这座城市。整个冬宫都变成了一座兵营，再也没有了往日温馨和谐的场景。叶卡捷琳娜大帝生前心爱的艾尔米塔什私人聚会也不复存在。

得知叶卡捷琳娜大帝离世消息的奥地利利尼亲王失声痛哭："照亮我们人类星球的一颗最闪亮的星星消失了，再也不会有叶卡捷琳娜大帝了！"启蒙思想家狄德罗曾在1774年说过："彼得一世是幸运的，因为叶卡捷琳娜二世继承了他伟大的事业。但是叶卡捷琳娜二世之后呢？恐怕不会再有人超越她了。"叶卡捷琳娜大帝的成就令人难以企及。她在俄国生活的52年的岁月里，无时无刻不在为融入这个国家而努力。她忘记了自己曾是一名德意志人，全身心地投入斯拉夫的世界，用行动证明自己对这个国家的热爱。俄国人民同样热爱着她。在她离世之后，圣彼得堡的人民自发跪在雪地上送别他们的"小母亲"。在叶卡捷琳娜大帝的统治下，俄国南部来自奥斯曼土耳其帝国的威胁被解除，克里米亚半岛纳入俄罗斯帝国版图；她如愿以偿地为俄国打造出一支可以与波罗的海舰队媲美的黑海舰队，使俄罗斯帝国拥有了黑海霸权；三次瓜分波兰直至使其灭亡；俄国实现了16世纪中叶以来最大的版图扩张。即位之初，她以完成彼得大帝的遗愿作为自己的奋斗目标，最终取得了与彼得大帝比肩的成就。不仅如此，她还用尽全力创建理性开明的君主专制。虽然民主的思想未能在俄国的土壤生根发芽，但是她成功地开启了俄国通往西方文明世界的大门。遗憾的是，她离世后，这种宽容开明的治国理念也随她而去。她的儿子、新即位的沙皇保罗一世在登基不久后便颁布了此前与皇后玛利亚秘密签署的继承法，宣布此后沙皇之位只能由皇长子继承。俄罗斯帝国从此再无女皇。

后 记

叶卡捷琳娜大帝的遗体起初被随便放置在了亚历山大·涅瓦斯基修道院。保罗一世希望通过这种方式昭告天下,这个女人无权统治俄国。11月8日,在对叶卡捷琳娜大帝的遗体做过防腐处理之后,保罗终于将她的棺椁抬到了冬宫供众人瞻仰。皇后玛利亚负责照看女皇的遗体。与丈夫一同被限制在加特契纳多年之后,玛利亚与保罗一样厌恶叶卡捷琳娜大帝。她不仅不虔诚地为女皇祈福祷告,还耀武扬威地对待前来送别女皇的人群。已经坐上沙皇大位的保罗一世对彼得三世之死无法释怀。他认定了彼得三世是自己的生父,一想到生父被人篡夺皇位并遭到谋杀他就暴跳如雷。他决定对彼得三世做出补偿。

11月8日,保罗一世做了一件令人毛骨悚然的事——将彼得三世的遗体挖出来,与他的母亲叶卡捷琳娜大帝合葬。在平静地死亡了34年之久后,彼得三世就这样被他的儿子挖了出来。更加令人作呕的是,保罗坚持亲吻了彼得三世腐烂的遗体。为了表明彼得三世才是罗曼诺夫王朝名正言顺的沙皇,保罗在他的棺椁上放置了一顶硕大的皇冠。这还不算完,保罗一世还打算为他的生父补办一场体面的葬礼。为了惩罚当年谋杀彼得三世的罪魁,保罗揪出了老态龙钟的"疤脸"阿列克谢·奥尔洛夫,命令他双手托着彼得三世的皇冠一路护送其棺椁到冬宫,放置在叶卡捷琳娜大帝的遗体旁边。他们的灵堂上挂着横幅,上面写着俄语献词:生前分离,死后重逢。这种场景极其诡异,很像充满鬼魅气息的冥婚。如果叶卡捷琳娜大帝在天有灵,不知她会做何感想。瞻仰结束后,保罗一世将两人的棺椁放置到了圣彼得堡保罗教堂彼得大帝的灵柩旁边。

为了宣泄内心的不满,保罗一世下令将全欧洲最宏伟壮观的府邸,也是叶卡捷琳娜和波将金生前最爱的塔夫利宫改造成了兵营。塔夫利宫中以优雅浪漫著称的冬景花园则变成了马厩。做完这些之后,保罗仍旧觉得不够过瘾。想到母亲生前对波将金的厚爱,他又变得怒不可遏。为了发泄对波将金的愤恨,保罗命人前往赫尔松,挖掘波将金的陵墓,将他的尸骨抛弃荒野。完成了自己多年以来的心愿之后,保罗总算舒心了。为了彰显自己比母亲还要包容的胸怀,他将叶卡捷琳娜大帝生前的情人之一、波兰被废的国王斯坦尼斯瓦夫释放了出来,同时赦免了《从圣彼得堡到莫斯科旅行记》的作者拉吉舍夫,让他回到了圣彼得堡。波兰民族起义领袖科希丘什科和近两万名波兰战俘也被释放出狱。保罗终于将历史问题解决完毕,可以着手处理帝国未来的问题了。

与叶卡捷琳娜大帝不同,保罗一世未能深刻领悟到沙皇的统治要倚靠贵族的支持。他的一系列改革一味地以加强君主专制为导向,想方设法地削弱贵族特权,由此严重触犯了俄国贵族的利益。他喜怒无常的个性又导致了身边的人对他的强烈不满。对一国之君来说，这是极其危险的。终于，这种对他的不满情绪在1801年达到了顶点。1801年3月，即位四年半之后，保罗一世的统治结束了。像他的父皇彼得三世一样，保罗一世也死于宫廷暗杀。

1801年3月23日晚，保罗在他新建的圣米迦勒城堡的房间中被一伙对他不满的官员和暴徒谋杀，其中包括祖博夫还有三个被保罗鞭笞过的军官。在这群人冲进保罗的寝宫之前，保罗已经被男仆的尖叫声唤醒。他意识到大事不妙，匆匆跑向自己的办公室。他的办公桌下有一道暗门连接着地道，可以直接逃往宫外。但他还没有来得及打开暗门，祖博夫就带头闯了进来。他们四处寻找保罗，最后在桌子底下发现了他光着的双脚。他们将保罗从桌子底下拖了出来，宣布他的统治结束了，并把他逼到桌子旁试图逼迫他签署退位声明。但是保罗不肯就范，他大声吼叫着，企图用沙皇的威严震慑他们。但是这些人已经丧失了理智。其中一个暴徒被保罗激怒了，抓起桌上的一个鼻烟壶用力朝他的脸上砸去。接下来，更多的人扑到保罗身上，疯狂地殴打他。混乱之中，有人将绶带缠绕在了保罗的脖子上，用力拉紧，勒死了奄奄一息的沙皇。但是情绪激动的暴徒仍不解气，继续用力踩踏和摧残他的尸体直到尸体变得残缺不全。保罗的死比他的父亲彼得三世还要惨烈。不过在很早之前，普鲁士的腓特烈大帝就预言了他被刺杀的命运，这也算是为他执政期间犯下的错误所付出的代价。

保罗一世死后，俄国沙皇之位由他23岁的儿子、叶卡捷琳娜大帝的长孙亚历山大继承，史称沙皇亚历山大一世。由于目睹了自己被刺杀的父亲的遗体，亚历山大深知即使身在沙皇之位也不可以为所欲为。最重要的是，他领悟到遵循祖母的统治之道才是明智的选择。即位的第一天，亚历山大就在御前宣誓，自己将完全依照叶卡捷琳娜大帝的理念治理国家。叶卡捷琳娜大帝生前的最后一个愿望终于得以实现。

位于圣彼得堡的叶卡捷琳娜大帝纪念碑，
周围环绕着与她同时代的杰出人物

出 品 人：许　永
出版统筹：林园林
责任编辑：朱东岳　范先鋆
特邀编辑：尹　璐　钱成峰
封面设计：海　云
内文制作：万　雪
印制总监：蒋　波
发行总监：田峰峥

投稿信箱：cmsdbj@163.com
发　　行：北京创美汇品图书有限公司
发行热线：010-59799930

创美工厂
官方微博

创美工厂
微信公众号

小美读书会
公众号

小美读书会
读者群